Publikationen aus dem Zentrum für Informations- und Kommunikationsrecht der Universität Zürich

Karin F. Schwab

Die Übernahme von Allgemeinen Geschäftsbedingungen in elektronisch abgeschlossene Verträge

Schulthess § Zürich 2001   16

Das 1998 geschaffene «Zentrum für Informations- und Kommunikationsrecht» an der Rechtswissenschaftlichen Fakultät der Universität Zürich (Lehrstuhl Prof. Dr. Rolf H. Weber, Hirschengraben 56, 8001 Zürich) dient als Forschungsstelle sowie als Anlauf- und Kontaktstelle für an diesem Rechtsgebiet interessierte Personen und Gruppen.

Abdruck der der Rechtswissenschaftlichen Fakultät
der Universität Zürich vorgelegten Dissertation

© Schulthess Juristische Medien AG, Zürich 2001
ISBN 3 7255 4300 3

*Meinen Eltern
und Marc*

VORWORT

Zum erfolgreichen Abschluss der vorliegenden Dissertation haben sehr viele Menschen beigetragen, denen ich an dieser Stelle aufrichtig dafür danke.

Namentlich erwähnen möchte ich vorab meinen Doktorvater, Prof. Dr. Rolf H. Weber, der mir bei der Bearbeitung des Themas grösste Freiheiten gewährte und die Dissertation äusserst speditiv betreute. Dank seinen wertvollen Anregungen hat diese Arbeit wesentlich an Wert gewonnen.

Sacha Stadelmann danke ich für seinen unverzichtbaren Beistand in technischen Fragen. Spezieller Dank gebührt Dr. rer. pol. Armin W. Zenger für die Besorgung des Lektorats. Für ihre moralische Unterstützung möchte ich mich bei lic. iur. Doris Anthenien, Rechtsanwältin, und lic. iur. Christine Kessi, Fürsprecherin, bedanken.

Einen ganz besonderen Dank verdient meine Familie, die mich auf meinem Weg stets so stützte, wie ich es brauchte. Die immerwährende Förderung und der Beistand meiner Eltern, Marianne und Fredi Schwab, haben es mir ermöglicht, diese Dissertation zu schreiben. Herrn lic. rer. pol. Marc Wälti möchte ich schliesslich dafür danken, dass er immer für mich da war. Seine Bereitschaft, mich beim Erreichen meiner Ziele zu unterstützen, und seine Gabe, mich immer wieder zum Lachen zu bringen, sind für die Entstehung dieses Buches von unschätzbarem Wert.

Die Dissertation wurde per Ende April 2001 abgeschlossen. Nach diesem Datum erschienene Materialien konnten – von einigen aktuellen Beiträgen abgesehen – nicht mehr berücksichtigt werden.

Zürich, im Juli 2001

INHALTSÜBERSICHT

Inhaltsübersicht .... *VII*
Inhaltsverzeichnis .... *X*
Abbildungsverzeichnis .... *XVII*
Abkürzungsverzeichnis .... *XVIII*
Literaturverzeichnis .... *XXIII*

ERSTER TEIL: GRUNDLAGEN 3

1. KAPITEL: THEMA UND AUFBAU DER UNTERSUCHUNG 3

§ 1 *Thema der Untersuchung* 3
    I. Problemstellung und Ziel der Untersuchung 3
    II. Beschränkung auf elektronisch abgeschlossene Verträge 4
    III. Beschränkung auf die Übernahme von AGB 5
§ 2 *Aufbau der Untersuchung* 6

2. KAPITEL: AGB-RECHT IM ALLGEMEINEN 9

§ 3 *Grundlagen des AGB-Rechts* 9
    I. Rechtsbegriff 9
    II. Bedeutung und Zweck von AGB 10
    III. Arten von AGB-Verträgen 11
§ 4 *Rechtliche Rahmenbedingungen für AGB-Verträge* 19
    I. Rechtliche Rahmenbedingungen in der Schweiz 19
    II. Rechtliche Rahmenbedingungen in der EU 29

ZWEITER TEIL: AGB IN ELEKTRONISCH ABGESCHLOSSENEN VERTRÄGEN ... 33

3. KAPITEL: ELEKTRONISCH ABGESCHLOSSENE VERTRÄGE ... 35

§ 5 Regelungsansätze für elektronisch abgeschlossene Verträge ... *35*
  I. Regelungsansätze in der Schweiz ... 36
  II. Regelungsansätze in der EU ... 39

§ 6 Elektronischer Vertragsabschluss ... *48*
  I. Elektronische Willenserklärung ... 48
  II. Antrag ... 53
  III. Annahme ... 59
  IV. Widerrufsrecht ... 60
  V. Formvorschriften ... 62
  VI. Zusammenfassung ... 64

4. KAPITEL: ÜBERNAHME VON AGB IN ELEKTRONISCH ABGESCHLOSSENE VERTRÄGE ... 65

§ 7 Hinweis auf die AGB ... *66*
  I. Zeitliche Platzierung des Hinweises ... 66
  II. Örtliche Platzierung des Hinweises ... 68
  III. Form des Hinweises ... 75
  IV. Zusammenfassung ... 78

§ 8 Möglichkeit zumutbarer Kenntnisnahme ... *80*
  I. Möglichkeit der Kenntnisnahme ... 80
  II. Zumutbarkeit der Kenntnisnahme ... 83

§ 9 Übernahmeerklärung ... *105*
  I. Ausdrückliche Übernahmeerklärung ... 105
  II. Stillschweigende Übernahmeerklärung ... 108
  III. Fehlende Übernahmeerklärung ... 114

§ 10 Übernahme ungewöhnlicher Klauseln ... *116*
  I. Geschäftsunerfahrener Kunde ... 116
  II. Geschäftserfahrener Kunde ... 117

DRITTER TEIL: SCHLUSSBETRACHTUNG 119

5. KAPITEL: ZUSAMMENFASSUNG DER ERGEBNISSE 121

§ 11 Zusammenfassung *121*
    I. Erklärungsverhalten 121
    II. Übernahmewille 124

§ 12 Problematik des geschäftserfahrenen Kunden *130*
    I. Sonderregeln für den geschäftserfahrenen Kunden 130
    II. Bedeutung in der Praxis 131

6. KAPITEL: UMSETZUNG DER ERGEBNISSE IN DIE PRAXIS 132

§ 13 Praktische Anwendungsbeispiele *132*
    I. Haushaltsartikel 133
    II. Wohnbedarf 136
    III. Lebensmittel 139
    IV. Flugtickets 141
    V. Transportmittel 143

§ 14 Empfehlungen für die Praxis *145*

INHALTSVERZEICHNIS

ERSTER TEIL: GRUNDLAGEN ... 3

1. KAPITEL: THEMA UND AUFBAU DER UNTERSUCHUNG ... 3

§ 1 Thema der Untersuchung ... 3
    I. Problemstellung und Ziel der Untersuchung ... 3
    II. Beschränkung auf elektronisch abgeschlossene Verträge ... 4
    III. Beschränkung auf die Übernahme von AGB ... 5

§ 2 Aufbau der Untersuchung ... 6

2. KAPITEL: AGB-RECHT IM ALLGEMEINEN ... 9

§ 3 Grundlagen des AGB-Rechts ... 9
    I. Rechtsbegriff ... 9
    II. Bedeutung und Zweck von AGB ... 10
    III. Arten von AGB-Verträgen ... 11
        A. Nach dem Zeitpunkt der Vereinbarung ... 11
            1. Ausgangslage ... 11
            2. Einzelvertrag ... 12
            3. Rahmenvertrag ... 12
            4. Änderungsvertrag ... 13
        B. Nach den beteiligten Parteien ... 13
            1. Strukturunterschiede zwischen Individuum und Organisation ... 13
                a) Spezialisierung ... 13
                b) Rationalität ... 14
                c) Beziehung zum Recht ... 14
                d) Durchschaubarkeit ... 14
                e) Finanzielle Möglichkeiten ... 14
                f) Ergebnis ... 15
            2. Rechtliche Bedeutung des strukturellen Ungleichgewichtes für AGB-Verträge ... 15
                a) Vertragsfreiheit ... 15
                    aa) Allgemeines ... 15
                    bb) AGB-Verträge ... 15

    b) Eingriff in die Vertragsfreiheit 17
     aa) Allgemeines 17
     bb) AGB-Verträge 17
  3. Ergebnis 18

§ 4 Rechtliche Rahmenbedingungen für AGB-Verträge 19
 I. Rechtliche Rahmenbedingungen in der Schweiz 19
  A. Geltungskontrolle 19
   1. Übernahme der AGB 19
    a) Erklärungsverhalten 20
    b) Übernahmewille 22
    c) Zusammenfassung 23
   2. Ungewöhnlichkeitsregel 23
  B. Auslegungskontrolle 24
   1. Auslegung im Allgemeinen 25
   2. Unklarheitsregel 25
  C. Inhaltskontrolle 26
   1. Ausgangslage 26
   2. Art. 8 UWG 27
   3. Generalklauseln des Privatrechts 28
   4. Zusammenfassung 28
 II. Rechtliche Rahmenbedingungen in der EU 29
  A. AGB-Richtlinie 29
  B. Bedeutung für die Schweiz 30

ZWEITER TEIL: AGB IN ELEKTRONISCH ABGESCHLOSSENEN VERTRÄGEN 33

3. KAPITEL: ELEKTRONISCH ABGESCHLOSSENE VERTRÄGE 35

§ 5 Regelungsansätze für elektronisch abgeschlossene Verträge 35
 I. Regelungsansätze in der Schweiz 36
  A. Elektronische Signatur 36
   1. ZertDV 36
   2. E-BG über Zertifizierungsdienste im Bereich der elektronischen Signatur 37
  B. VE-BG über den elektronischen Geschäftsverkehr 38
  C. Zusammenfassung 39

	II. Regelungsansätze in der EU	39
	A. Fernabsatz-Richtlinie	40
	1. Allgemeines	40
	2. Informationspflicht	41
	B. Signatur-Richtlinie	42
	C. E-Commerce-Richtlinie	43
	1. Allgemeines	43
	2. Elektronischer Vertragsabschluss	45
	D. Bedeutung für die Schweiz	46

§ 6 *Elektronischer Vertragsabschluss* *48*

    I. Elektronische Willenserklärung 48
       A. Verbindlichkeit der elektronischen Willenserklärung 48
          1. Elektronisch übermittelte Erklärung 49
          2. Elektronisch ermittelte Erklärung 49
       B. Erklärungsvorgang 50
          1. Abgabe der Willenserklärung 50
          2. Zugang beim Empfänger 50
              a) Machtbereich des Empfängers 51
              b) Kenntnisnahme 51
                  aa) Geschäftliche Nutzung 52
                  bb) Private Nutzung 52
                  cc) Automatische Abwesenheitsmitteilung 53
    II. Antrag 53
       A. Elektronische Angebote 53
          1. Ausgangslage 53
          2. Qualifikation von elektronischen Angeboten 54
              a) Rechtsverbindlicher Antrag 54
              b) Einladung zur Offertstellung 55
              c) Ergebnis 56
       B. Bindungsdauer 56
          1. Erklärung unter Anwesenden oder unter Abwesenden ... 57
          2. Dauer der Verbindlichkeit des Antrages 58
    III. Annahme 59
    IV. Widerrufsrecht 60
       A. Widerruf von Antrag und Annahme 60
       B. Widerrufsrecht bei Haustürgeschäften 61
    V. Formvorschriften 62
       A. Erklärung in Schriftform 63
       B. Unterzeichnung der Erklärung 63
       C. Beabsichtigte Revision 64

VI. Zusammenfassung 64

4. KAPITEL: ÜBERNAHME VON AGB IN ELEKTRONISCH ABGESCHLOSSENE VERTRÄGE **65**

§ 7 *Hinweis auf die AGB*.. *66*
    I. Zeitliche Platzierung des Hinweises 66
        A. Ausgangslage 66
        B. World Wide Web 66
        C. E-Mail 67
    II. Örtliche Platzierung des Hinweises 68
        A. Ausgangslage 68
        B. Qualifikation des elektronischen Angebotes 69
            1. Qualifikation des Web-Angebotes 69
                a) Web-Angebot im Allgemeinen 69
                b) Individualisiertes Web-Angebot 70
                c) Ergebnis 71
            2. Qualifikation des E-Mail-Angebotes 71
                a) E-Mail-Angebot im Allgemeinen 71
                b) Werbe-E-Mail 71
                c) Ergebnis 71
        C. Örtliche Platzierung des Hinweises im elektronischen Geschäftsverkehr 72
            1. World Wide Web 72
            2. E-Mail 74
            3. Sondervorschriften für den geschäftserfahrenen Kunden 74
    III. Form des Hinweises 75
        A. Ausgangslage 75
        B. Volltext der AGB 76
        C. Verweis auf AGB 77
    IV. Zusammenfassung 78

§ 8 *Möglichkeit zumutbarer Kenntnisnahme* *80*
    I. Möglichkeit der Kenntnisnahme 80
        A. Unmittelbare Übergabe 80
        B. Mittelbare Übergabe 82
        C. Zusammenfassung 83

II. Zumutbarkeit der Kenntnisnahme 83
    A. Zumutbarkeit der Kenntnisnahme im weiteren Sinn 84
        1. Zugriff auf die AGB 84
            a) Ausgangslage 84
            b) AGB-Text übermittelt 85
            c) AGB-Text nicht übermittelt 85
                aa) Hyperlink 85
                bb) Uniform Resource Locator 86
                cc) Kette von Hyperlinks 86
        2. Kosten 86
        3. Sondervorschriften 87
            a) Versicherungsvertrag 88
                aa) Ausgangslage 88
                bb) World Wide Web 88
                cc) E-Mail 89
            b) Pauschalreisevertrag 89
        4. Zusammenfassung 90
    B. Zumutbarkeit der Kenntnisnahme im engeren Sinn 91
        1. Umfang elektronischer AGB 91
            a) Ausgangslage 91
            b) Praxis und Lehre zu Bildschirmtext 92
            c) Übertragbarkeit auf Internet-Sachverhalte 93
                aa) Flüchtigkeit 93
                bb) Limitierte Darstellungsmöglichkeiten 94
                cc) Vergleichsmöglichkeiten 96
                dd) Ergebnis 96
            d) Mobile Kleinstkommunikationsgeräte 98
            e) Zusammenfassung 99
        2. Abbildung und Gestaltung elektronischer AGB 99
            a) Abbildung elektronischer AGB 99
            b) Gestaltung elektronischer AGB 100
            c) Ergebnis 102
        3. Sprache elektronischer AGB 102
            a) World Wide Web 103
            b) E-Mail 104
            c) Ergebnis 104
        4. Zusammenfassung 104

§ 9	***Übernahmeerklärung***	***105***
	I. Ausdrückliche Übernahmeerklärung	105
	A. Übernahmeerklärung des Kunden	105
	1. Ausgangslage	105
	2. World Wide Web	106
	3. E-Mail	106
	B. Übernahmeerklärung des Verwenders	107
	1. World Wide Web	107
	2. E-Mail	107
	C. Zusammenfassung	108
	II. Stillschweigende Übernahmeerklärung	108
	A. Ausgangslage	108
	B. Übernahmeerklärung des Kunden	109
	1. Geschäftsunerfahrener Kunde	109
	a) Hinweis auf die AGB	109
	b) Fehlender Hinweis auf die AGB	110
	2. Geschäftserfahrener Kunde	112
	C. Übernahmeerklärung des Verwenders	113
	D. Zusammenfassung	113
	III. Fehlende Übernahmeerklärung	114
§ 10	***Übernahme ungewöhnlicher Klauseln***	***116***
	I. Geschäftsunerfahrener Kunde	116
	II. Geschäftserfahrener Kunde	117

DRITTER TEIL: SCHLUSSBETRACHTUNG **119**

5. KAPITEL: ZUSAMMENFASSUNG DER ERGEBNISSE **121**

§ 11	***Zusammenfassung***	***121***
	I. Erklärungsverhalten	121
	A. Ausdrückliche Erklärung	122
	B. Stillschweigende Erklärung	122
	1. Allgemeines	122
	2. Kenntnis der AGB	123
	II. Übernahmewille	124
	A. Vollübernahme	124

  B. Globalübernahme 125
   1. Kenntnisnahme im weiteren Sinn 125
    a) AGB-Text im Pop-up-Fenster 125
    b) AGB-Text im Web-Formular oder in der E-Mail 126
    c) Verlinkter Verweis auf AGB 126
    d) Verweis auf AGB in Attachment 127
    e) Verweis auf AGB ohne Link 127
   2. Kenntnisnahme im engeren Sinn 127
    a) Umfang 127
    b) Gestaltung 128
    c) Sprache 128

§ 12 *Problematik des geschäftserfahrenen Kunden* *130*
  I. Sonderregeln für den geschäftserfahrenen Kunden 130
  II. Bedeutung in der Praxis 131

6. KAPITEL: UMSETZUNG DER ERGEBNISSE IN DIE PRAXIS 132

§ 13 *Praktische Anwendungsbeispiele* *132*
  I. Haushaltsartikel 133
   A. Bestellformular 133
   B. AGB-Text 135
  II. Wohnbedarf 136
   A. Bestellformular 136
   B. AGB-Text 138
  III. Lebensmittel 139
   A. Bestellformular 139
   B. AGB-Text 140
  IV. Flugtickets 141
   A. Bestellformular 141
   B. AGB-Text 142
  V. Transportmittel 143

§ 14 *Empfehlungen für die Praxis* *145*

ABBILDUNGSVERZEICHNIS

Abb. 1: Bestellformular Haushaltsartikel 133
Abb. 2: AGB-Text Haushaltsartikel 135
Abb. 3: Bestellformular Wohnbedarf 136
Abb. 4: AGB-Text Wohnbedarf 138
Abb. 5: Bestellformular Lebensmittel 139
Abb. 6: AGB-Text Lebensmittel 140
Abb. 7: Bestellformular Flugtickets 141
Abb. 8: AGB-Text Flugtickets 142
Abb. 9: Bestellformular Transportmittel 143

ABKÜRZUNGSVERZEICHNIS

A.	Auflage
a.A.	anderer Ansicht
Abb.	Abbildung
ABl.	Amtsblatt der Europäischen Gemeinschaften (Brüssel)
Abs.	Absatz
AGB	Allgemeine Geschäftsbedingungen
AGBG	Gesetz zur Regelung des Rechts der Allgemeinen Geschäftsbedingungen vom 9. Dezember 1976 in der Fassung vom 21. Juli 1999, BGBl 1999 I, 1642 (Deutschland)
AGB-RL	Richtlinie 93/13/EWG des Rates vom 5. April 1993 über missbräuchliche Klauseln in Verbraucherverträgen; ABl. 1993 L 95/29 vom 21. April 1993; http://europa.eu.int/eur-lex/de/lif/dat/1993/de_393L0013.html [Stand 30.4.01]
AJP	Aktuelle Juristische Praxis (St. Gallen)
Art.	Artikel
B	Beilage
BBl	Bundesblatt
Bd.	Band
BG	Bundesgesetz
BGBl	Bundesgesetzblatt (Deutschland)
BGE	Entscheidungen des Schweizerischen Bundesgerichts
BGH	Bundesgerichtshof
Btx	Bildschirmtext
bzw.	beziehungsweise
CR	Computer und Recht (Köln)
ders.	derselbe (Autor)
dies.	dieselbe (Autorin)
Diss.	Dissertation
E	Entwurf
E-Commerce	Electronic Commerce

E-Commerce-RL	Richtlinie 2000/31/EG des Europäischen Parlamentes und des Rates vom 8. Juni 2000 über bestimmte rechtliche Aspekte der Dienste der Informationsgesellschaft, insbesondere des elektronischen Geschäftsverkehrs im Binnenmarkt (RL über den elektronischen Geschäftsverkehr); ABl. 2000 L 178/1 vom 17. Juli 2000; http://europa.eu.int/eur-lex/de/lif/dat/2000/de_300L0031. html [Stand 30.4.01]
EDI	Electronic Data Interchange
EDV	Elektronische Datenverarbeitung
EGBGB	Einführungsgesetz zum Bürgerlichen Gesetzbuch vom 18. August 1896, RGBl S. 604 (Deutschland)
E-Mail	Electronic Mail
et al.	et alii
etc.	et cetera
EU	Europäische Union
EuGH	Europäischer Gerichtshof
EuGVÜ	Brüsseler Übereinkommen vom 27. September 1968 über die gerichtliche Zuständigkeit und die Vollstreckung gerichtlicher Entscheidungen in Zivil- und Handelssachen (Brüsseler Übereinkommen); ABl. 1998 C 027/1 vom 26. Januar 1998; http://europa.eu.int/ISPO/ecommerce/legal/favorite.html [Stand 30.4.01]
EuZW	Europäische Zeitschrift für Wirtschaftsrecht (München/Frankfurt a. M.)
E-ZertES	Enwurf Bundesgesetz über Zertifizierungsdienste im Bereich der elektronischen Signatur (zur Zeit der Drucklegung noch nicht im BBl publiziert); http://www.ofj.admin.ch/d/index.html [Stand 6.7.01]
f./ff.	und folgende (Seite/Seiten, Note/Noten usw.)
Fernabsatz-RL	Richtlinie 97/7 des europäischen Parlaments und des Rates vom 20. Mai 1997 über den Verbraucherschutz bei Vertragsabschlüssen im Fernabsatz; ABl. 1997 L 144/19 vom 4. Juni 1997; http://europa.eu.int/eur-lex/de/lif/dat/1997/de_397L0007. html [Stand 30.4.01]
FN	Fussnote
ggf.	gegebenenfalls
Hrsg.	Herausgeber
HTML	Hypertext Markup Language
HTTP	Hypertext Transport Protocol
ICANN	Internet Corporation for Assigned Numbers and Names

i.d.R.	in der Regel
i.e.S.	im engeren Sinn
i.f.	in fine (= am Ende)
IP	Internet Protocol
IPR	Internationales Privatrecht
IPRG	BG vom 18. Dezember 1987 über das Internationale Privatrecht (SR 291)
i.w.S.	im weiteren Sinn
JKR	Jahrbuch des Schweizerischen Konsumentenrechts (Bern)
JuS	Juristische Schulung (München und Frankfurt)
Kap.	Kapitel
K&R	Kommunikation & Recht (Heidelberg)
LG	Landgericht (Deutschland)
lit.	litera
LugÜ	Lugano-Übereinkommen vom 16. September 1988 über die gerichtliche Zuständigkeit und die Vollstreckung gerichtlicher Entscheidungen in Zivil- und Handelssachen (SR 0.275.11)
M-Commerce	Mobile Commerce
m.E.	meines Erachtens
MMR	MultiMedia und Recht, Zeitschrift für Informations-, Telekommunikations- und Medienrecht (München)
MS	Microsoft
N	Note/Randnote
NJW	Neue Juristische Wochenschrift (München und Frankfurt)
NJW-CoR	NJW-Computerreport (München)
NJW-RR	NJW-Rechtsprechungs-Report (München)
Nr.	Nummer
NZZ	Neue Zürcher Zeitung (Zürich)
ÖJZ	Österreichische Juristen-Zeitung (Wien)
OLG	Oberlandesgericht (Deutschland)
OR	BG vom 30. März 1911 betreffend die Ergänzung des Schweizerischen Zivilgesetzbuches (Fünfter Teil: Obligationenrecht) (SR 220)
PC	Personal Computer
PDA	Personal Digital Assistant
PDF	Portable Document Format
plädoyer	Das Magazin für Recht und Politik (Zürich)
recht	Zeitschrift für juristische Ausbildung und Praxis (Bern)

RL	Richtlinie
Rs.	Rechtssache
Pra	Die Praxis des Bundesgerichts (Basel)
PRG	BG vom 18. Juni 1993 über Pauschalreisen (SR 944.3)
resp.	respektive
RGBl	Reichsgesetzblatt (Deutschland)
S.	Seite(n)
SAG	Schweizerische Aktiengesellschaft – Zeitschrift für Handels- und Wirtschaftsrecht (Zürich)
SchKG	BG vom 11. April 1889 über Schuldbetreibung und Konkurs (SR 281.1)
sic!	Zeitschrift für Immaterialgüter-, Informations- und Wettbewerbsrecht (Zürich)
Signatur-RL	Richtlinie 99/93 des Europäischen Parlamentes und des Rates über gemeinschaftliche Rahmenbedingungen für elektronische Signaturen vom 13. Dezember 1999; ABl. 2000 L 13/12 vom 19. Januar 2000; http://europa.eu.int/ISPO/ecommerce/legal/digital.html [Stand 30.4.01]
SJ	La Semaine judiciaire (Genf)
SR	Systematische Sammlung des Bundesrechts
StGB	Schweizerisches Strafgesetzbuch vom 21. Dezember 1937 (SR 311.0)
SZW	Schweizerische Zeitschrift für Wirtschaftsrecht (Zürich)
TCP	Transmission Control Protocol
u.a.	unter anderem
UN	United Nations
UNCITRAL	UN Commission on International Trade Law
UNO	United Nations Organization
URL	Uniform Resource Locator
usw.	und so weiter
u.U.	unter Umständen
UWG	Bundesgesetz vom 19. Dezember 1986 gegen den unlauteren Wettbewerb (SR 241)
VE	Vernehmlassungsentwurf
VE-BGES	VE zum Bundesgesetz über die elektronische Signatur vom 17. Januar 2001; http://www.ofj.admin.ch/d/index.html [Stand 30.4.01]
vgl.	vergleiche

VVG	Bundesgesetz vom 2. April 1908 über den Versicherungsvertrag (SR 221.229.1)
WAP	Wireless Application Protocol
Web	World Wide Web
WKR	Wiener Kaufrecht: Übereinkommen der Vereinten Nationen über Verträge über den internationalen Warenkauf vom 11. April 1980 (SR 0.221.211.1).
WML	Wireless Markup Language
WWW	World Wide Web
z.B.	zum Beispiel
ZertDV	Verordnung über Dienste der elektronischen Zertifizierung (Zertifizierungsdiensteverordnung) vom 12. April 2000 (SR 784.103)
ZGB	Schweizerisches Zivilgesetzbuch vom 10. Dezember 1907 (SR 210)
zit.	zitiert
ZR	Blätter für Zürcherische Rechtsprechung (Zürich)
ZSR	Zeitschrift für Schweizerisches Recht (Basel)

LITERATURVERZEICHNIS

Die aufgeführten Werke werden mit dem Namen des Verfassers sowie der Seitenzahl, und sofern notwendig, mit einem Stichwort oder dem Vornahmen zitiert. Wird statt der Seitenzahl eine Randnummer oder eine Fussnote zitiert, erfolgt ein besonderer Hinweis.

AEPLI VIKTOR: Zur Inhaltsproblematik allgemeiner Geschäftsbedingungen, dargestellt anhand vorformulierter Klauseln von Banken, ZSR 2000 I, 85 ff.

AHRENS HANS-JÜRGEN: Das Herkunftslandprinzip in der E-Commerce-Richtlinie, CR 2000, 835 ff.

ARNOLD DIRK: Verbraucherschutz im Internet – Anforderungen an die Umsetzung der Fernabsatz-Richtlinie, CR 1997, 526 ff.

ARTER OLIVER/JÖRG FLORIAN S.: Welches Recht und welcher Gerichtsstand gilt im E-Commerce? – Heikle Abgrenzungsprobleme im grenzüberschreitenden Handel via Internet, NZZ Nr. 32 vom 8. Februar 2000, B 31.

ATIA-OFF KATRIN: Videotex – Zivilrechtliche Aspekte, Diss. Bern 1988 = Abhandlungen zum schweizerischen Recht, Bd. 517, Bern 1988.

AUF DER MAUR ROLF: Besonderheiten des Schweizer Rechts, in Schwarz Mathias (Hrsg.): Recht im Internet – Der Rechtsberater für Online-Anbieter und -Nutzer, Kap. 15-2.1, Loseblattsammlung, Stadtbergen 1998.

BAUDENBACHER CARL: AGB-Kontrolle: Aus dem Westen nichts Neues – Bemerkungen zu BGE 119 II 443 = Pra. 83/1994 Nr. 229, SZW 1996, 83 f.
(zit. Baudenbacher, nichts Neues)

– Die Rechtslage in der Schweiz, in Stauder Bernd (Hrsg.): Die Bedeutung der AGB-Richtlinie der Europäischen Union für Schweizer Unternehmen, Zürich 1996, 1 ff.
(zit. Baudenbacher, Rechtslage)

– Ansätze zu einer AGB-Kontrolle im schweizerischen Recht, in Baudenbacher Carl et al. (Hrsg.): AGB – Eine Zwischenbilanz, St. Gallen/Berlin 1991, 17 ff.
(zit. Baudenbacher, AGB-Kontrolle)

BAUER WALTER BRUNO: Der Schutz vor unbilligen Allgemeinen Geschäftsbedingungen (AGB) im schweizerischen Recht, Diss. Zürich 1977 = Schweizer Schriften zum Handels- und Wirtschaftsrecht, Bd. 23, Zürich 1977.

BAUMANN MAX: Zürcher Kommentar zum Schweizerischen Zivilgesetzbuch, 1. Teilband, Vorbemerkungen zu Art. 2/3, Art. 2 und 3 ZGB, 3. A. Zürich 1998.
(zit. Baumann, N ... zu Art. ... ZGB)

BELSER EVA MARIA: Freiheit und Gerechtigkeit im Vertragsrecht, Diss. Freiburg 2000 = Arbeiten aus dem Iuristischen Seminar der Universität Freiburg Schweiz, Bd. 198, Freiburg 2000.
(zit. Belser, Vertragsrecht)

- Vertragsfreiheit und Vertragsgerechtigkeit – Ein Kommentar zum deutschen Bürgschaftsbeschluss und zum Stand der richterlichen Inhaltskontrolle in der Schweiz, AJP 1998, 433 ff.
(zit. Belser, Kommentar)

BERNERS-LEE TIM: Weaving the Web – the original design and ultimate destiny of the World Wide Web by its inventor, Mitarbeit: Mark Fischetti, San Francisco 1999.

BLEISTEINER STEPHAN: Rechtliche Verantwortlichkeit im Internet – unter besonderer Berücksichtigung des Teledienstegesetzes und des Mediendienste-Staatsvertrags, Diss. Würzburg 1998 = Europäische Schriftenreihe zum Informationsrecht, Bd. 10, Köln/Berlin/Bonn/München 1999.

BOCHURBERG LIONEL: Internet et commerce électronique – Site web, Applications multimédia, Contrats, Responsabilité, Contentieux, Paris 1999.

BRENN CHRISTOPH: Der elektronische Geschäftsverkehr, ÖJZ 1999, 481 ff.

BRISCH KLAUS M.: EU-Richtlinienvorschlag zum elektronischen Geschäftsverkehr, CR 1999, 235 ff.

BRUNNER ALEXANDER: Die Kontrolle Allgemeiner Geschäftsbedingungen in der aktuellen schweizerischen Lehre und Praxis, ZSR 1999 I, 305 ff.
(zit. Brunner, ZSR)

- Was ist Konsumentenrecht?, JKR 1995, 31 ff.
(zit. Brunner, JKR)

- Der Konsumentenvertrag im schweizerischen Recht, AJP 1992, 591 ff.
(zit. Brunner, AJP)

- Allgemeine Geschäftsbedingungen im Internationalen Privatrecht (AGB im IPR) – Unter Berücksichtigung des Internationalen Zivilprozessrechtes mit rechtsvergleichenden Hinweisen (materielles Recht und Kollisionsrecht) de lege lata und de lege ferenda, Diss. Zürich 1985 = Reihe Handels- und Wirtschaftsrecht, Bd. 19, Zürich 1985.
(zit. Brunner, Diss.)

BRUNNER ALEXANDER/REHBINDER MANFRED/STAUDER BERND: Liberalisierung der Telekommunikationsmärkte und elektronischer Handel im Endverbrauchsmarkt – ein Überblick, JKR 1998, 3 ff.

BUCHER EUGEN: Wie lange noch Belastung des Kunden mit den Fälschungsrisiken im Bankenverkehr? – Ein weiteres Mal Bemerkungen zu den AGB der Banken, recht 1997, 41 ff.
(zit. Bucher, Bankenverkehr)
- Herr Bucher, braucht es ein AGB-Gesetz?, plädoyer 1/1997, 27.
(zit. Bucher, AGB-Gesetz)

BÜCHNER WOLFGANG: Interessengerechte Gestaltung der Vertragsbeziehungen im Internet, in Lehmann Michael (Hrsg.): Rechtsgeschäfte im Netz – Electronic Commerce, Stuttgart 1999, 145 ff.

BÜRGI JOHANNES/LANG CHRISTOPH: Momentaufnahme des Lauterkeitsrechts – Kurzdarstellung des BG gegen den unlauteren Wettbewerb unter Einbezug von aktuellen Streitfragen und Abgrenzungsproblemen, recht 1998, 237 ff.

BUSSE ALIKI: Softwarevertrieb in Netzen, CR 1996, 389 ff.

CAMENZIND MATTHIAS: Das letzte Stündlein für WAP – I-Mode – Die Japaner machen der Welt vor, wie drahtloses Internet bereits heute gut funktionieren kann, und rollen den europäischen Markt neu auf, Handelszeitung Nr. 27 vom 5. Juli 2000, 5.

CHISSICK MICHAEL/KELMAN ALISTAIR: Electronic Commerce – Law and Practice, 2. A. London 2000.

CICHON CAROLINE: Internetverträge – Verträge über Internet-Leistungen und Ecommerce, Diss. München 1999 = Rechtsfragen der Wirtschaft, Bd. 25, Köln 2000.

DICKIE JOHN: Internet and Electronic Commerce Law in the European Union, Oxford/Portland 1999.

DILL MARKUS: Internet-Verträge, AJP 2000, 1513 ff.

DREXL JOSEF: Verbraucherschutz im Netz, in Lehmann Michael (Hrsg.): Rechtsgeschäfte im Netz – Electronic Commerce, Stuttgart 1999, 75 ff.

EICHHORN BERT: Internet-Recht – Ein Lehrbuch für das Recht im World Wide Web, Köln 2000.

ERNST STEFAN: Der Mausklick als Rechtsproblem – Willenserklärungen im Internet, NJW-CoR 1997, 165 ff.

EIDGENÖSSISCHE KOMMISSION FÜR KONSUMENTENFRAGEN: Empfehlung der Eidg. Kommission für Konsumentenfragen (EKK) vom 7. Dezember 1999 über den elektronischen Handel, JKR 2000, 391,

FELIX DANIEL: Alle Macht den Anwendern – Ergonomisches Web-Design, NZZ Nr. 32 vom 8. Februar 2000, B 5.

FISCHER PETER: SmartBooks Computer- & Internet-Lexikon – Menschen, Technik, Wissen, 4. A. Kilchberg 2000.

FORSTMOSER PETER: Allgemeine Geschäftsbedingungen und ihre Bedeutung im Bankverkehr, in Forstmoser Peter (Hrsg.): Rechtsprobleme der Bankpraxis, Bern 1976, 11 ff.
(zit. Forstmoser, Bankverkehr)

– Gesetzgebung und Gerichtspraxis zu den Allgemeinen Geschäftsbedingungen in der Schweiz – Eine Standortbestimmung, in: Allgemeine Geschäftsbedingungen in Doktrin und Praxis, Zürich 1982, 23 ff.
(zit. Forstmoser, Standortbestimmung)

FRANK RICHARD: Bundesgesetz über Pauschalreisen vom 18. Juni 1993 – Kurzkommentar, Zürich 1994.
(zit. Frank, N ... zu Art. ... PRG)

GASSER DOMINIK: Rechtsöffnung im Cyberspace?, AJP 2001, 91 ff.

GAUCH PETER/SCHLUEP WALTER R./SCHMID JÖRG/REY HEINZ: Schweizerisches Obligationenrecht Allgemeiner Teil – ohne ausservertragliches Haftpflichtrecht, 7. A. Zürich 1998.

GIESE JOCHEN: Handel über das Internet, in Hoeren Thomas/Queck Robert (Hrsg.): Rechtsfragen der Informationsgesellschaft, Berlin 1999, 19 ff.

GIGER HANS: Geltungs- und Inhaltskontrolle Allgemeiner Geschäftsbedingungen, Zürich 1983.

GISLER MICHAEL: Vertragsrechtliche Aspekte Elektronischer Märkte – nach Schweizerischem Obligationenrecht, Diss. St. Gallen 1999.

GRABER CHRISTIAN: Digitale Zertifikate: Infrastruktur für ein sicheres Internet, in Weber Rolf H./Hilty Reto M./Auf der Maur Rolf (Hrsg.): Geschäftsplattform Internet – Rechtliche und praktische Aspekte, Zürich 2000, 9 ff.

GRAF FRINGUELLI PIETRO/WALLHÄUSER MATTHIAS: Formerfordernisse beim Vertragsabschluss im Internet, CR 1999, 93 ff.

GRAVESEN GAVAN G./DUMORTIER JOS/VAN EECKE PATRICK: Die europäische Signaturrichtlinie – Regulative Funktion und Bedeutung der Rechtswirkung, MMR 1999, 577 ff.

GRIESE JOACHIM/SIEBER PASCAL: Internet als erste Aufbaustufe des Information Highway, in Hilty Reto M. (Hrsg.): Information Highway – Beiträge zu rechtlichen und tatsächlichen Fragen, Bern/München 1996, 43 ff.

GROLIMUND PASCAL: Geschäftsverkehr im Internet – Aspekte des Internationalen Vertragsrecht, ZSR 2000 I, 339 ff.

GUROVITS ANDRAS A.: Grenzüberschreitender Datenverkehr und elektronische Märkte, in Weber Rolf H. (Hrsg.): Informatikrecht im europäischen Umfeld, Zürich 1997, 129 ff.

HANCE OLIVIER: Internet-Business und Internet-Recht – Rechtliche Regelungen auf der Datenautobahn, Brüssel 1996.

HANGARTNER SANDRO: Das neue Bundesgesetz über Pauschalreisen, Diss. Zürich 1997.

HARDEGGER IDA: Über die Allgemeinen Geschäftsbedingungen der Banken und deren rechtliche Behandlung – Unter besonderer Berücksichtigung ausgewählter Klauseln, Diss. St. Gallen 1991 = St. Galler Studien zum Privat-, Handels- und Wirtschaftsrecht, Bd. 27, Bern/Stuttgart 1991.

HÄRTING NIKO: Der dauerhafte Datenträger – Anmerkungen zu OLG München, Urteil vom 25. Januar 2001, K&R 2001, 310 ff.
(zit. Härting, Datenträger)

– Internetrecht, Köln 1999.
(zit. Härting, Internetrecht)

HEERMANN PETER W.: Vertrags- und wettbewerbsrechtliche Probleme bei der E-Mail-Nutzung, K&R 1999, 6 ff.

HEINRICH GREGOR: UNCITRAL und EDI-Einheitsrecht – Aktuelle Entwicklungen, CR 1994, 118 ff.

HEUN SVEN-ERIK: Die elektronische Willenserklärung – Rechtliche Einordnung, Anfechtung und Zugang, CR 1994, 595 ff.

HOEREN THOMAS: Der virtuelle Yeti – Probleme eines europäischen Internet-Verbraucherschutzrechts, in Weber Rolf H./Hilty Reto M./Auf der Maur Rolf (Hrsg.): Geschäftsplattform Internet – Rechtliche und praktische Aspekte, Zürich 2000, 275 ff.
(zit. Hoeren, Verbraucherschutzrecht)

– Vorschlag für eine EU-Richtline über E-Commerce – Eine erste kritische Analyse, MMR 1999, 192 ff.
(zit. Hoeren, E-Commerce-Richtlinie)

HUGUENIN JACOBS CLAIRE: Allgemeine Geschäftsbedingungen in der Schweiz im Lichte der neuen EU-Richtlinie über missbräuchliche Klauseln in Verbraucherverträgen, recht 1995, 85 ff.

HUNGER PATRICK: Die Begründung der Geschäftsverbindung im Internet-Banking, Diss. Zürich 2000 = Schweizer Schriften zum Bankrecht, Bd. 60, Zürich 2000.

ITEANU OLIVIER: Internet et le droit – Aspects juridiques du commerce électronique, Paris 1996.

ITEN MICHAEL: Der private Versicherungsvertrag – Der Antrag und das Antragsverhältnis unter Ausschluss der Anzeigepflichtverletzung, Diss. Freiburg 1998 = Arbeiten aus dem Iuristischen Seminar der Universität Freiburg Schweiz, Bd. 178, Freiburg 1999.

JACCARD MICHEL: La conclusion de contrats par ordinateur – Aspects juridiques de l'échange de données informatisées (EDI), Diss. Lausanne 1996 = Abhandlungen zum schweizerischen Recht, Bd. 583, Bern 1996.

JÄGGI PETER: Zürcher Kommentar zum Schweizerischen Zivilgesetzbuch, Obligationenrecht, Kommentar zur 1. und 2. Abteilung (Art. 1–529 OR), Teilband V 1a, Art. 1–17 OR, 3. A. Zürich 1973.
(zit. Jäggi, N ... zu Art. ... OR)

JUNOD MOSER DOMINIQUE: Les conditions générales en droit de la concurrence, sic! 2001, 183 ff.

KAISER ANDREAS/VOIGT DENNIS: Vertragsschluss und Abwicklung des Electronic Commerce im Internet – Chancen und Risiken, K&R 1999, 445 ff.

KAMANABROU SUDABEH: Vorgaben der E-Commerce-RL für die Einbeziehung von AGB bei Online-Rechtsgeschäften, CR 2001, 421 ff.

KOCH FRANK A.: Internet-Recht – Praxishandbuch mit dem neuen Medien- und Teledienstrecht, Checklisten und Musterverträgen, München 1998.
(zit. Koch Frank A.)

KOCH ROBERT: Einbeziehung und Abwehr von Verkaufs-AGB im b2b-commerce, K&R 2001, 87 ff.
(zit. Koch Robert)

KOEHLER PHILIPP: Allgemeine Geschäftsbedingungen im Internet, MMR 1998, 289 ff.

KÖHLER MARKUS/ARNDT HANS-WOLFGANG: Recht des Internet, 2.A. Heidelberg 2000.

KOLLER ALFRED: Vertragsabschluss durch Schweigen auf einen Antrag? – Bemerkungen zum Begriff der Vertragsfiktion, zu BGE 120 II 133 ff. sowie zu Art. 6 OR, recht 1996, 70 ff.
(zit. Koller Alfred)

KOLLER THOMAS: Fragen zum Recht der Allgemeinen Geschäftsbedingungen – dargestellt anhand einer Deckungsausschlussklausel in der Betriebshaftpflichtversicherung, recht 1999, 43 ff.
(zit. Koller Thomas)

KOLLER-TUMLER MARLIS: Die Umsetzung der Verbraucherschutzrichtlinien und ihre Auswirkungen im nationalen Recht, in Heusel Wolfgang (Hrsg.): Neues europäisches Vertragsrecht und Verbraucherschutz – Regelungskonzepte der Europäischen Union und ihre Auswirkungen auf die nationalen Zivilrechtsordnungen, Köln 1999, 161 ff.

KRAMER ERNST A.: Berner Kommentar, Band VI, 1. Abteilung, 1. Teilband, Art. 1 und 2 OR, 3. A. Bern 1986.
(zit. Kramer, N ... zu Art. ... OR)

- Berner Kommentar, Band VI, 1. Abteilung, 2. Teilband, Unterteilband 1a, Art. 19–22 OR, 3. A. Bern 1991.
(zit. Kramer, N ... zu Art. ... OR)

KYAS OTHMAR: Internet: Zugang, Utilities, Nutzung, Bergheim 1994.

LEGLER THOMAS: Electronic Commerce mit digitalen Signaturen in der Schweiz – Kurzkommentar zur Zertifizierungsdiensteverordnung, Bern 2001.

LEHMANN MICHAEL: Electronic Commerce und Verbraucherschutz in Europa, EuZW 2000, 517 ff.

LÖHNIG MARTIN: Die Einbeziehung von AGB bei Internet-Geschäften, NJW 1997 I/2, 1688 f.

MAENNEL FRITHJOF A.: Elektronischer Geschäftsverkehr ohne Grenzen – der Richtlinienvorschlag der Europäischen Kommission, MMR 1999, 187 ff.

MANKOWSKI PETER: Anmerkungen zu OLG München: Website als dauerhafter Datenträger, CR 2001, 404 ff.

MATT PETER C.: Das Transparenzgebot in der deutschen AGB-Rechtsprechung: Ein Mittel zur Aktivierung von Art. 8 UWG?, Diss. Basel 1997 = Basler Studien zur Rechtswissenschaft, Reihe A: Privatrecht, Bd. 39, Basel/Fankfurt am Main 1997.

MAURENBRECHER BENEDIKT: Die Vereinbarung der allgemeinen Geschäftsbedingungen der Banken – Rahmenvereinbarung und Geschäftsverbindungsvertrag, ZSR 1990 I, 173 ff.

MAURER ALFRED: Schweizerisches Privatversicherungsrecht, 3. A. Bern 1995.

MEENTS JAN GEERT: Verbraucherschutz bei Haustürgeschäften im Internet – Anwendung und Wirkung des HaustürWG auf Verträge im Electronic Commerce, K&R 1999, 53 ff.
(zit. Meents, Haustürgeschäfte)

- Ausgewählte Probleme des Fernabsatzgesetzes bei Rechtsgeschäften im Internet, CR 2000, 610 ff.
(zit. Meents, Fernabsatzgesetz)

MEHRINGS JOSEF: Internet-Verträge und internationales Vertragsrecht, CR 1998, 613 ff.

METZ ROLF: Internet-Buchungen und AGB, travalmanager, Schweizer Magazin für Kader im Tourismus Nr. 10 vom Oktober 2000, 31.

MORITZ HANS-WERNER: Quo vadis elektronischer Geschäftsverkehr?, CR 2000, 61 ff.

MOTTL INGE: Vertragliche Rahmenbedingungen für den Electronic Commerce im Internet, in Jahnel Dietmar/Schramm Alfred/Staudegger Elisabeth (Hrsg.): Informatikrecht, Wien/New York 2000, 17 ff.

MÜLBERT PETER O.: Das Transparenzgebot des UWG als Instrument der AGB-Kontrolle, AJP 1995, 723 ff.

NESTLÉ BARBARA M.: Die Übernahme allgemeiner Geschäftsbedingungen bei Internetangeboten (nach schweizerischem, europäischem und amerikanischem Kosumentenschutzrecht), in Weber Rolf H./Hilty Reto M./Auf der Maur Rolf (Hrsg.): Geschäftsplattform Internet – Rechtliche und praktische Aspekte, Zürich 2000, 249 ff.
(zit. Nestlé, AGB)

– Der Abschluss von Shrink-Wrap- und Online-Software-Lizenzverträgen (nach schweizerischem, europäischem und amerikanischem Recht), sic! 1999, 219 ff.
(zit. Nestlé, Lizenzverträge)

NEUMAYER KARL HEINZ: Les contrats d'adhésion dans les pays industrialisés, Genf 1999.

PAETZOLD VERONIKA: Pauschalreisen und Recht in Deutschland und in der Schweiz (unter Gegenüberstellung des Bundesgesetzes über Pauschalreisen mit §§ 651a–1 BGB) – Rücktritt, Mängel, Insolvenzsicherung, Informationspflichten, Zürich 1996.

PESTALOZZI SIMONE R./VEIT MARC D.: Elektronische Signaturen: schweizerische Regulierungsansätze im europäischen Umfeld, AJP 2000, 599 ff.

PIETRUSZAK THOMAS: Unreife Gesetzesvorlage zum E-Commerce – Damoklesschwert über dem Schweizer Fernabsatzhandel, NZZ Nr. 140 vom 20. Juni 2001, 27.

RAMSAUER MATTHIAS: Die Regelung der Public Key Infrastruktur in der Schweiz, in Weber Rolf H./Hilty Reto M./Auf der Maur Rolf (Hrsg.): Geschäftsplattform Internet – Rechtliche und praktische Aspekte, Zürich 2000, 59 ff.

RAMSTEIN CHRISTOPH R./KUSTER MATTHIAS: Allgemeine Geschäftsbedingungen in der Schweiz (mit Abdruck einiger in der Schweiz in verschiedenen Branchen verwendeter AGB und der EG-Richtlinie 93/13), 2. A. Zürich 1995.

RASSMANN STEFFEN: Elektronische Unterschrift im Zahlungsverkehr, CR 1998, 36 ff.

REHBINDER MANFRED: Zum Begriff des Konsumenten, JKR 1995, 59 ff.

REUST FRITZ: „WAP" – heute enttäuschend, aber mit Zukunft – Frontbericht über eine vermeintliche Revolution, NZZ Nr. 130 vom 6. Juni 2000, B 18.

RÖHL KLAUS F.: Rechtssoziologie – Ein Lehrbuch, Köln/Berlin/Bonn/München 1987.

ROSENTHAL DAVID: Projekt Internet - Was Unternehmen über Internet und Recht wissen müssen, Mitarbeit: Thomann Felix H./Auf der Maur Rolf, Zürich 1997.

ROSSNAGEL ALEXANDER: Europäische Signatur-Richtlinie und Optionen ihrer Umsetzung, MMR 1999, 261 ff.

SANDER-BEUERMANN WOLFGANG/SCOTT YANOFF: Internet: kurz und fündig – Einstieg und schnelle Orientierung im weltgrössten Computernetz, 2. A. Bonn 1996.

SCHAUER BERND: Electronic Commerce in der EU, Wien 1999.

SCHELLER MARTIN/BODEN KLAUS-PETER/GEENEN ANDREAS/KAMPERMANN JOACHIM: Internet: Werkzeuge und Dienste – Von „Archie" bis „World Wide Web", Berlin/Heidelberg 1994.

SCHMELZER MIKAEL: Der Konsumentenvertrag – Betrachtung einer obligationenrechtlichen Figur unter Berücksichtigung des IPR und der europäischen Rechtsangleichung, Diss. St. Gallen 1994 = Reihe Handels- und Wirtschaftsrecht, Bd. 23, Chur/Zürich 1995.

SCHMID JÖRG: La conclusion du contrat de vente à distance, in Stauder Hildegard und Bernd (Hrsg.): La protection des consommateurs acheteurs à distance – Analyse du droit suisse à la lumière du droit communautaire et du droit comparé, Zürich/Brüssel 1999, 187 ff.
(zit. Schmid, Fernabsatz)

- Klauselkatalog der AGB-Richtlinie und schweizerisches Obligationenrecht, in Stauder Bernd (Hrsg.): Die Bedeutung der AGB-Richtlinie der Europäischen Union für Schweizer Unternehmen, Zürich 1996, 49 ff.
(zit. Schmid, AGB-Richtlinie)

SCHMIDLIN BRUNO: Berner Kommentar, Band VI, 1. Abteilung, 1. Teilband, Art. 3–17 OR, 3. A. Bern 1986.
(zit. Schmidlin, N .... zu Art. ...)

- Berner Kommentar, Band VI, 1. Abteilung, 2. Teilband, Unterteilband 1b, Art. 23–31 OR, 3. A. Bern 1995.
(zit. Schmidlin, N .... zu Art. ...)

SCHÖBI FELIX: Vertragsschluss auf elektronischem Weg: Schweizer Recht heute und morgen, in Weber Rolf H./Hilty Reto M./Auf der Maur Rolf (Hrsg.): Geschäftsplattform Internet – Rechtliche und praktische Aspekte, Zürich 2000, 95 ff.
(zit. Schöbi, Vertragsschluss)

- Die Fernabsatzrichtlinie aus schweizerischer Sicht, in: Grenzüberschreitendes Vertragsrecht, Zürich/Köln 1999, 1 ff.
(zit. Schöbi, Fernabsatzrichtlinie)

SCHULER ALOIS: Über Grund und Grenzen der Geltung von Allgemeinen Geschäftsbedingungen, Diss. Zürich 1978 = Abhandlungen zum schweizerischen Recht, Bd. 456, Bern 1978.

SCHWARZ JÖRG: Richtlinie des Rates der Europäischen Gemeinschaften vom 5. April 1993 über missbräuchliche Klauseln in Verbraucherverträgen – Auswirkungen auf die Allgemeinen Geschäftsbedingungen, Reglemente und Formularverträge der Schweizer Banken, in Stauder Bernd (Hrsg.): Die Bedeutung der AGB-Richtlinie der Europäischen Union für Schweizer Unternehmen, Zürich 1996, 127 ff.

SCHWENZER INGEBORG: Schweizerisches Obligationenrecht – Allgemeiner Teil, 2. A. Bern 2000.

SPINDLER GERALD: E-Commerce in Europa – Die E-Commerce-Richtlinie in ihrer endgültigen Fassung, MMR-Beilage 7/2000, 4 ff.
(zit. Spindler, E-Commerce-RL)

- Bemerkungen zum geplanten Bundesgesetz über den elektronischen Geschäftsverkehr, sic! 2001, 259 ff.
(zit. Spindler, BG elektronischer Geschäftsverkehr)

STAUDER BERND: Faire Klauseln – eine Utopie, plädoyer 5/1999, 21 ff.
(zit. Stauder, faire Klauseln)

- Schwerpunkte der Richtlinie vom 5. April 1993 über missbräuchliche Klauseln in Verbraucherverträgen, in Stauder Bernd (Hrsg.): Die Bedeutung der AGB-Richtlinie der Europäischen Union für Schweizer Unternehmen, Zürich 1996, 11 ff.
(zit. Stauder, AGB-Richtlinie)

- Die AGB der Reiseveranstalter, in Baudenbacher Carl et al. (Hrsg.): AGB – Eine Zwischenbilanz, St. Gallen/Berlin 1991, 139 ff.
(zit. Stauder, Reiseveranstalter)

TANENBAUM ANDREW S.: Computernetzwerke, 3. A. München 2000.

TAUPITZ JOCHEN/KRITTER THOMAS: Electronic Commerce – Probleme bei Rechtsgeschäften im Internet, JuS 1999, 839 ff.

TERCIER PIERRE: Le droit des obligations, 2. A. Zürich 1999.

TETTENBORN ALEXANDER: Europäischer Rechtsrahmen für den elektronischen Geschäftsverkehr, K&R Heft 6/1999, 252 ff.
(zit. Tettenborn, K&R 6/99)

- Auf dem Weg zu einem einheitlichen Rechtsrahmen für den elektronischen Geschäftsverkehr – der 2. Versuch ..., K&R Heft 10/1999, 442 ff.
(zit. Tettenborn, K&R 10/99)

- E-Commerce-Richtlinie: Politische Einigung in Brüssel erzielt, K&R 2/2000, 59 ff.
(zit. Tettenborn, K&R 2/00)

- Die Novelle des Signaturgesetzes, CR 2000, 683 ff.
(zit. Tettenborn, Signaturgesetz)

THEIS HORST E.: Computerrecht, Neuwied/Kriftel/Berlin 1997.

THEVENOZ LUC: Le projet de directive sur la commercialisation à distance des services financiers, in Stauder Hildegard und Bernd (Hrsg.): La protection des consommateurs acheteurs à distance – Analyse du droit suisse à la lumière du droit communautaire et du droit comparé, Zürich/Brüssel 1999, 57 ff.

THOMANN FELIX H.: Sicherheit und Haftungsbeschränkungen im Internet-Banking, recht 1998, 160 ff.

THOT NORMAN B.: Elektronischer Vertragsschluss – Ablauf und Konsequenzen – Ein Rechtsvergleich zwischen dem amerikanischen und dem deutschen Recht, Diss. Köln 1999 = Europäische Hochschulschriften, Reihe 2, Rechtswissenschaft, Bd. 2824, Frankfurt am Main 1999.

TUOR PETER/SCHNYDER BERNHARD/SCHMID JÖRG: Das Schweizerische Zivilgesetzbuch, 11. A. Zürich 1995.

ULTSCH MICHAEL L.: Richtlinie 97/7/EG des Europäischen Parlaments und des Rates vom 20. Mai 1997 über den Verbraucherschutz bei Vertragsabschlüssen im Fernabsatz und Fernabsatzgesetz (Referentenentwurf), in Schwarz Mathias (Hrsg.): Recht im Internet – Der Rechtsberater für Online-Anbieter und -Nutzer, Loseblattsammlung, Stadtbergen 1999.
(zit. Ultsch, Fernabsatz)

– Vorschlag der Europäischen Kommission für eine Richtlinie des Europäischen Parlaments und des Rates über bestimmte rechtliche Aspekte des elektronischen Geschäftsverkehrs im Binnenmarkt, in Schwarz Mathias (Hrsg.): Recht im Internet – Der Rechtsberater für Online-Anbieter und -Nutzer, Loseblattsammlung, Stadtbergen 1999.
(zit. Ultsch, E-Commerce)

VISCHER FRANK/ALBRECHT ANDREAS C.: Problematische Seiten der digitalen Signatur – Missbrauch und mögliche Folgen müssen gut bedacht sein, NZZ Nr. 18 vom 21. Mai 2001, 18.

WALTL PETER: Elektronischer Rechtsverkehr und EDI, in Loewenheim Ulrich/Koch Frank A. (Hrsg.): Praxis des Online-Rechts, Weinheim 1998, 179 ff.

WEBER ROLF H: E-Commerce und Recht – Rechtliche Rahmenbedingungen elektronischer Geschäftsformen, Mitarbeit: Bischof Judith/Skripsky Martin/Unternährer Roland/Jöhri Yvonne, Zürich 2001.
(zit. Weber, E-Commerce)

– Rechtsfragen des elektronischen Vertragsabschlusses, in Weber Rolf H. (Hrsg.): Informatikrecht im europäischen Umfeld, Zürich 1997, 237 ff.
(zit. Weber, Rechtsfragen)

- Rahmenverträge als Mittel zur rechtlichen Ordnung langfristiger Geschäftsbeziehungen, ZSR 1987 I, 403 ff.
  (zit. Weber, Rahmenvertrag)
- Allgemeine Geschäftsbedingungen der Banken – zum Problem einer Grenzziehung, SAG 1984, 150 ff.
  (zit. Weber, Grenzziehung)

WEBER ROLF H./JÖHRI YVONNE: Vertragsschluss im Internet, in Weber Rolf H./Hilty Reto M./Auf der Maur Rolf (Hrsg.): Geschäftsplattform Internet – Rechtliche und praktische Aspekte, Zürich 2000, 39 ff.

WEBER-STECHER URS MICHAEL: Internationales Konsumvertragsrecht – Grundbegriffe, Zuständigkeit, Anerkennung und Vollstreckung sowie anwendbares Recht (LugÜ, IPRG, EVÜ, EGBGB), Diss. Zürich 1997 = Studien zum Verbraucherrecht, Bd. 5, Zürich 1997.

WERRO FRANZ/BELSER EVA MARIA: L'exécution du contrat à distance, in Stauder Hildegard und Bernd (Hrsg.): La protection des consommateurs acheteurs à distance – Analyse du droit suisse à la lumière du droit communautaire et du droit comparé, Zürich/Brüssel 1999, 213 ff.

WESSNER PIERRE-A.: Les contrats d'adhésion: quelle protection pour la partie réputée la plus faible?, ZSR 1986 I, 161 ff.

WIDMER URSULA/BÄHLER KONRAD: Rechtsfragen beim Electronic Commerce – Sichere Geschäftstransaktionen im Internet, 2. (unveränd.) A. Zürich 2000.

WIEGAND WOLFGANG: Die Rechtsbeziehung Bank – Kunde in der Schweiz, unter besonderer Berücksichtigung der AGB-Problematik, in Wiegand Wolfgang (Hrsg.): Aktuelle Probleme im Bankrecht – Probleme der Bankaufsicht, Bedeutung und Zukunft der Kantonalbanken, die Bank/Kunden-Beziehung (insbesondere die AGB der Banken), Banken und Strafrecht, Bern 1994, 129 ff.

WILDEMANN DANIELA: Vertragsschluss im Netz, Diss. München 2000 = Rechtswissenschaftliche Forschung und Entwicklung, Bd. 642, München 2000.

Erster Teil:
Grundlagen

1. Kapitel: Thema und Aufbau der Untersuchung

§ 1 Thema der Untersuchung

I. Problemstellung und Ziel der Untersuchung

Der Einsatz moderner Kommunikationsmittel erlaubt es, wirtschaftliche Abläufe stark zu rationalisieren. Demselben Ziel dient der Einsatz von Allgemeinen Geschäftsbedingungen (AGB)[1]. Es liegt daher nahe, im elektronisch abgeschlossenen Massenvertrag – in welchem ein individuelles Aushandeln von Vertragsbedingungen praktisch ausgeschlossen ist[2] – AGB einzubeziehen. Wird die Übernahme von AGB in derartige Verträge angestrebt, stellen sich neben den bereits hinlänglich bekannten AGB-Problemen[3] neue medienspezifische Rechtsfragen. So wird sich der Verwender[4] – als Vertragspartner, welcher die Übernahme der AGB vorschlägt und anstrebt – fragen, was er tun muss, damit die AGB Vertragsbestandteil werden. Reicht es aus, wenn er auf seiner Homepage[5] einen Link auf die AGB setzt? Genügt es, wenn er die Geschäftsbedingungen in seiner Geschäftssprache zur Verfügung stellt oder muss er sie ins Englische oder gar in weitere Sprachen übersetzen? Auch der Kunde wird

---

[1] Vgl. zum Begriff § 3/I.
[2] Der Anbieter setzt für die Entgegennahme der Bestellung regelmässig automatisierte Computersysteme ein, sodass es i.d.R. bereits am mittelbaren Kontakt zwischen dem Kunden und dem Verwender fehlt. Darüber hinaus ist es beim Abschluss von Massenverträgen, wozu das Internet besonders geeignet ist, aus praktischen Gründen nicht möglich, mit jedem einzelnen Kunden die für ihn geltenden Vertragsbedingungen individuell auszuhandeln. Vgl. dazu auch *Hunger*, 143.
[3] Wie etwa Ungewöhnlichkeitsregel, Unklarheitsregel oder die Anwendung von Art. 8 UWG.
[4] Hinsichtlich der Parteien von AGB-Verträgen ist terminologisch zwischen dem Verwender und dem Kunden (dem Vertragspartner) zu unterscheiden (vgl. dazu *Schuler*, 23 f.). Ganz allgemein ist klarzustellen, dass sich die männliche Form in der ganzen Untersuchung auch auf die weibliche Form und umgekehrt bezieht.
[5] Vgl. zum Begriff FN 14.

sich – spätestens im Streitfall – fragen, ob er sich bei seiner Bestellung mit den AGB einverstanden erklärt. Diese Fragestellungen machen deutlich, dass es sowohl für den Verwender als auch für den Kunden von zentraler Bedeutung ist, zu wissen, unter welchen Voraussetzungen AGB gültig in den elektronisch abgeschlossenen Einzelvertrag übernommen werden. Ziel der vorliegenden Untersuchung ist es, in dieser Frage zur Rechtssicherheit[6] beizutragen, um der kommerziellen Nutzung moderner Kommunikationsmittel zum umfassenden Durchbruch zu verhelfen. Darüber hinaus soll aber auch konkret aufgezeigt werden, welche Kriterien bei der praktischen Umsetzung der Ergebnisse zu beachten sind.

II. Beschränkung auf elektronisch abgeschlossene Verträge

Obwohl man nicht umhin kommt, die Grundsätze des AGB-Rechts im Allgemeinen zu skizzieren, kann und soll in der vorliegenden Untersuchung nicht auf die AGB-Problematik in ihrer ganzen Breite eingegangen werden.[7] Es erfolgt vielmehr eine Konzentration auf jene Fragen, die sich in den letzten Jahren im Zusammenhang mit der Übernahme von AGB *in elektronisch abgeschlossene Verträge* gestellt haben.

Im Unterschied zu schriftlichen oder mündlichen Erklärungen wird die Willenserklärung im elektronischen Vertrag mittels Computer und Datenleitungen übertragen. Allerdings ist nicht jede digital übermittelte Erklärung eine „elektronische" Erklärung im hier verstandenen Sinn; so erfolgt etwa auch die Übermittlung einer Erklärung per Fax über Datenleitungen. Eine elektronische Erklärung liegt nur dann vor, wenn die Erklärung vom Rechner des Erklären-

---

[6] Zu dieser Problematik wurde in der Schweiz – so weit ersichtlich – noch keine Rechtsprechung und nur wenig Literatur (dazu haben etwa *Hunger; Nestlé; Rosenthal; Thomann; Weber; Weber/Jöhri; Widmer/Bähler* publiziert, jedoch ohne eine umfassende Analyse der Problematik vorzunehmen) veröffentlicht. In Deutschland haben sich Gesetzgebung, Rechtsprechung und Lehre demgegenüber bereits ausführlich mit diesen (resp. ähnlichen im Zusammenhang mit Bildschirmtext [Btx] stehenden) Fragen auseinander gesetzt. Die Überlegungen und Analysen, welche dabei erfolgten, liegen dem schweizerischen allgemeinen Vertragsrecht derart nahe, dass die schweizerische Rechtsprechung diese nicht unberücksichtigt lassen würde (gleicher Ansicht auch *Hunger,* 152; *Nestlé,* AGB, 267 f.; *Thomann,* 163). Zur Ermittlung der Rechtslage in der Schweiz ist daher auch in der vorliegenden Untersuchung immer wieder auf die deutsche Rechtsprechung und Lehre zurückzugreifen.

[7] Diesem Thema sind bereits eine grosse Zahl wissenschaftlicher Publikationen gewidmet. Vgl. die Zusammenstellung der Literatur etwa bei *Gauch/Schluep/Schmid/Rey,* N 1116 ff.; *Schwenzer,* 269 f., oder *Kramer,* N 173 ff. zu Art. 1 OR.

den über Internet-Dienste an den Rechner des Empfängers gesendet und dort abgespeichert wird. Der Empfänger kann die Erklärung am Bildschirm lesen, ausdrucken und unmittelbar weiterverwenden.[8]

Keine Berücksichtigung finden in der Untersuchung dementsprechend Fälle, in denen sich bloss die Kontaktaufnahme zwischen den künftigen Partnern elektronisch abspielt, der Vertragsabschluss und damit auch die Übernahme der AGB hingegen auf konventionelle Weise[9] erfolgt, resp. in denen ein Rahmenvertrag, in welchem auch die Geltung der AGB für künftige Verträge vereinbart wird, auf konventionelle Weise, das einzelne Geschäft jedoch elektronisch abgeschlossen wird.

III. Beschränkung auf die Übernahme von AGB

Die vorliegende Untersuchung konzentriert sich auf die Geltungskontrolle, das heisst auf jene Fragen, die sich im Zusammenhang mit der *rechtswirksamen Übernahme* von AGB in elektronisch abgeschlossene Verträge stellen. Eine Auseinandersetzung mit Auslegungs- bzw. Inhaltsfragen elektronischer AGB unterbleibt, da sich keine mediumsspezifische Rechtsfragen stellen.[10]

Keine Berücksichtigung finden ferner Fragen, die sich im Zusammenhang mit der Geltung von AGB im Verhältnis zu nicht vertragsbeteiligten Dritten stellen, wie sie etwa bei Web-Auktionen auftauchen. Da ebenfalls nicht medienspezifische Rechtsfragen auftreten, sind diese aus der nachfolgenden Darstellung konsequenterweise auszuklammern.

---

[8] Vgl. dazu auch *Koch Frank A.*, 130.
[9] Beispielsweise durch Unterzeichnen eines schriftlichen Vertrages.
[10] Vgl. dazu FN 349. Der Vollständigkeit halber sind in § 4/I/B und C die bestehenden Rahmenbedingungen kurz zu erläutern.

§ 2 Aufbau der Untersuchung

Um die Rechtsfragen, die sich im Zusammenhang mit der Übernahme von AGB in elektronisch abgeschlossene Verträge in Zukunft noch vermehrt stellen werden, überhaupt erkennen und beantworten zu können, ist es unerlässlich, sich mit der Lehre und Rechtsprechung zu den AGB im Allgemeinen auseinander zu setzen. Dementsprechend ist im *zweiten Kapitel* einleitend auf die Grundlagen des AGB-Rechts einzugehen.

Der Schwerpunkt der Untersuchung liegt im zweiten Teil, in welchem im *dritten Kapitel* zunächst grundsätzliche Ausführungen zum elektronischen Vertragsabschluss erfolgen. Dabei sind einerseits die bestehenden Regelungsansätze für den E-Commerce[11] zu skizzieren und andererseits ist aufzuzeigen, dass sich die Frage des Zustandekommens des elektronisch abgeschlossenen Vertrages bereits de lege lata beantworten lässt. Das *vierte Kapitel* setzt sich anschliessend eingehend mit der Frage auseinander, wie AGB rechtswirksam in elektronisch abgeschlossene Verträge übernommen werden können. Dafür sind

---

[11] E-Commerce (elektronischer Geschäftsverkehr) umfasst jede Form von Geschäftsbeziehung mit natürlichen und juristischen Personen, in der Computernetzwerke (schwergewichtig das Internet) als Kommunikationsinfrastruktur eingesetzt werden (*Rosenthal*, 237; *Dickie*, 1). Der Begriff „Geschäftsbeziehung" wird dabei in einem weiten Sinn verstanden. Darunter fallen etwa das Marketing und die Werbung, die Kontaktaufnahme, der Informationsaustausch, der Verkauf, die Zahlung, der Vertrieb, der Support nach dem Kauf oder das Sammeln statistischer Informationen (*Giese*, 19; *Dickie*, 5). E-Commerce tritt in verschiedenen Formen auf. Hinsichtlich der *beteiligten Parteien* wird im Wesentlichen unterschieden zwischen dem Business-to-Business-Bereich (B2B) – Geschäfte zwischen Unternehmen – und dem Geschäftsverkehr zwischen Unternehmen und den Endverbrauchern (Business-to-Consumer-Bereich [B2C]). Bezüglich des *Inhalts* ist zwischen dem „Offline-Geschäft" und dem „Online-Geschäft" zu unterscheiden. Unter den ersten Begriff sind jene Geschäfte zu subsumieren, bei denen der Vertragsabschluss online erfolgt, der Vertrieb jedoch auf konventionelle Weise (das heisst per Post, Botenlieferung etc.) erbracht wird (z.B. Blumen oder Kleider). Beim Online-Geschäft erfolgt nicht nur der Vertragsabschluss, sondern auch die Vertragserfüllung elektronisch. Zur Online-Erfüllung eignen sich sowohl Dienstleistungen (z.B. Datenbanken oder Internet-Telefonie) als auch digitalisierbare Waren (z.B. Software oder Musik). Vgl. zum Ganzen im Allgemeinen *Köhler/Arndt*, N 85 und zu den rechtlichen Fragen beim Betrieb eines Internet-Shops im Besonderen *Dill*, 1524 f.

die geltenden Einbeziehungsvoraussetzungen[12] einzeln zu untersuchen, wobei, soweit erforderlich, nach dem zum Vertragsabschluss verwendeten Internet[13]-Dienst – World Wide Web[14] oder E-Mail[15] – zu differenzieren ist.

---

[12] Das heisst der Hinweis, die zumutbare Möglichkeit zur Kenntnisnahme und die Übernahmeerklärung (vgl. dazu § 4/I/A/1.).

[13] Das Internet ist eine Kommunikationsinfrastruktur, die aus einer nicht geschlossenen Zahl von miteinander verbundener internationaler Netzwerke besteht (ein Netzwerk von Netzwerken). Diese Teilnetze sind alle vollkommen eigenständig. Es besteht weder eine organisatorische Struktur noch eine Institution, welche die Entwicklung koordinieren oder kontrollieren würde. Eine Ausnahme gilt für die Domain Namen, welche die ICANN vergibt. Das Internet funktioniert unabhängig von dem verwendeten Betriebssystem, dem Kommunikationsmedium oder der Hardware. Wesentlich ist hingegen, dass standardisierte Protokolle (TCP/IP) für die Datenübertragung verwendet werden. Nur diese Standardprotokolle machen den uneingeschränkten Datenaustausch über die Netzstruktur möglich. Auf weitere Ausführungen zur Internet-Technologie wird in der vorliegenden Untersuchung verzichtet, da sie als allgemein bekannt gelten darf. Vgl. für ausführliche Informationen zum Internet statt vieler *Bleisteiner*, 14 ff.; *Griese/Sieber*, 49 ff.; *Tanenbaum*, 70 ff.

[14] Das *World Wide Web (WWW oder Web)* ist ein Verknüpfungssystem, das es dem Benutzer ermöglicht – ohne Kenntnis der technischen Funktionsweise –, auf eine beliebige Zahl von Einzeldokumenten, die irgendwo auf der Welt abgelegt sein können, mit einfachem Mausklick zu greifen. Das WWW als Gesamtheit aller Web-Pages ist damit ein virtueller Raum von verknüpften Informationen; eine riesige, weltweite Datenbank. Dementsprechend verfügt jede Web-Page über eine eigene Adresse, durch die sie gefunden werden kann, die *Uniform Resource Locator (URL)*. Sie erlaubt es, jedes Dokument eindeutig zu bezeichnen. Darüber hinaus kann durch einfachen Mausklick auf einen Hypertext-Link die entsprechende Web-Page aufgerufen werden, ohne dass der Nutzer die URL dieser Seite zu kennen braucht. Vgl. zum WWW ausführlich *Berners-Lee*, 7 ff.; *Kyas*, 248 ff.; *Sander-Beuermann/Scott*, 23 ff.; *Scheller/Boden/Geenen/Kampermann*, 259 ff.
Terminologisch wird in der vorliegenden Untersuchung zwischen der Web-Site und der Web-Page unterschieden. Eine Web-Page ist ein Einzeldokument, das über die URL aufgerufen werden kann. Die Web-Site bezeichnet demgegenüber die gesamte WWW-Präsentation, die i.d.R. aus mehreren Web-Pages besteht. Die Einstiegsseite der Web-Site wird als Homepage bezeichnet.

[15] *Electronic Mail (E-Mail)* ermöglicht den direkten Austausch von Nachrichten zwischen zwei Teilnehmern. Neben reinen Textbeiträgen können mit elektronischer Post auch Bilder, Töne oder Videosequenzen, das heisst alle Arten von Daten, übermittelt werden, sofern die notwendigen Übertragungs- und Speicherkapazitäten vorhanden sind. Der Vorteil von E-Mail liegt hauptsächlich in deren Schnelligkeit sowie in den tiefen Kosten. Zudem – und dies ist der entscheidende Vorteil gegenüber Fax – lassen sich die übermittelten Daten vom Empfänger direkt elektronisch bearbeiten. Der Nachteil liegt darin, dass die Nachricht grundsätzlich im Klartext übertragen wird und wie bei einer Postkarte von einem Dritten ohne weiteres gelesen werden kann. Vgl. zu E-Mail ausführlich *Kyas*, 127 ff.; *Sander-Beuermann/Scott*, 15 f.; *Scheller/Boden/Geenen/Kampermann*, 71 ff.

Der dritte Teil der Untersuchung fasst in einem *fünften Kapitel* die Ergebnisse zusammen und enthält in einem *sechsten Kapitel* eine Analyse von fünf konkreten Anwendungsbeispielen sowie praktische Empfehlungen für die Übernahme von AGB in elektronisch abgeschlossene Verträge.

2. Kapitel: AGB-Recht im Allgemeinen

§ 3 Grundlagen des AGB-Rechts

Nachfolgend ist im ersten Abschnitt (I.) der Rechtsbegriff „Allgemeine Geschäftsbedingungen" zu klären. Anschliessend (II.) ist auf die Bedeutung und den Zweck der AGB einzugehen und schliesslich (III.) sind verschiedene Arten von AGB abzugrenzen.

I. Rechtsbegriff

Obwohl das schweizerische Recht verschiedentlich Bezug auf AGB nimmt[16], fehlt eine Legaldefinition des Begriffes. Die Lehre bezeichnet „Allgemeine Geschäftsbedingungen"[17] als *generelle*[18] *und abstrakte*[19] *Vertragsbestimmungen*[20]*, die zum Voraus formuliert* sind.[21] Unerheblich ist, wer die AGB ausgearbeitet hat[22]; sie können vom Verwender selbst[23], von Interessenverbänden[24], von Verbänden der massgeblichen Marktpartner[25] oder von unabhängigen Dritten[26] stammen.

---

[16] So z.B. in Art. 8 UWG oder Art. 3 Abs. 1 und 35 VVG.
[17] Verwendet wird gleichbedeutend auch der Begriff „Allgemeine Vertragsbedingungen" resp. im Versicherungsvertrag „Allgemeine Versicherungsbedingungen".
[18] AGB werden für eine unbestimmte Zahl von Vertragspartnern formuliert.
[19] AGB werden nicht im Hinblick auf einen konkreten Vertragsabschluss, sondern für eine unbestimmte Zahl von Verträgen ausgearbeitet.
[20] AGB regeln die Rechte und Pflichten der am Vertrag beteiligten Parteien.
[21] Vgl. zum Begriff *Bauer*, 5 ff.; *Brunner*, Diss., 13 ff.; *Gauch/Schluep/Schmid/Rey*, N 1118; *Kramer*, N 181 zu Art. 1 OR; *Neumayer*, 453; *Schuler*, 15 ff.; *Schwenzer*, N 44.01; *Tercier*, N 670 (je mit zahlreichen Hinweisen). Speziell zum AGB-Begriff der Banken *Hardegger*, 2 f. Vgl. auch die Legaldefinition in Art. 3 Abs. 2 AGB-RL.
[22] *Kramer*, N 181 zu Art. 1 OR.
[23] Beispielsweise AGB von Banken oder Versicherungen.
[24] Beispielsweise AGB des Spediteurenverbandes.
[25] Beispielsweise Mietverträge, die der Hauseigentümerverband und der Mieterverband gemeinsam ausarbeiten.
[26] Beispielsweise Mustervereinbarungen für EDI.

Sobald die Parteien die Vertragsbedingungen einzeln aushandeln – das heisst, wenn der Kunde Einfluss auf die AGB nehmen kann –, liegt grundsätzlich[27] eine Individualabrede vor. Unerheblich ist, ob die Parteien die AGB-Klauseln dabei vor Vertragsabschluss einvernehmlich abändern oder sich nach eingehenden Verhandlungen im Ergebnis zur Übernahme der ursprünglich vorgeschlagenen AGB entscheiden. Massgeblich ist für die Qualifikation als Individualabrede also nicht, ob der Kunde von der Gestaltungsfreiheit tatsächlich Gebrauch macht, sondern allein, dass der Verwender die AGB inhaltlich ernsthaft zur Diskussion stellt.[28] Handeln die Parteien die Vertragsklauseln individuell aus, gehen diese Klauseln etwaigen widersprechenden AGB vor.[29]

II. Bedeutung und Zweck von AGB

AGB finden mit der fortschreitenden Rationalisierung des Wirtschaftslebens immer stärkere Verbreitung. Sie kommen insbesondere zum Einsatz, wenn einerseits Massengeschäfte[30] abgeschlossen werden und andererseits der Vertragsabschluss typischerweise schriftlich erfolgt.[31]

Der Einsatz von AGB vereinfacht sowohl die Vertragsverhandlungen[32] als auch die Vertragsdurchsetzung[33]. Neben diesem *Rationalisierungszweck* dienen

---

[27] Selbst wenn einzelne Klauseln individuell ausgehandelt werden, verlieren die übrigen, nicht verhandelten Bestimmungen nicht automatisch ihren AGB-Charakter (gleich auch Art. 3 Abs. 2 AGB-RL). Ob ein Individualvertrag vorliegt, kann somit erst eine Gesamtanalyse des Vertrages ergeben (vgl. dazu *Huguenin Jacobs*, 90).

[28] Vgl. dazu *Kramer*, N 182 zu Art. 1 OR.

[29] BGE 123 III 44; 93 II 326; 81 II 350; *Gauch/Schluep/Schmid/Rey*, N 1139; *Kramer*, N 210 zu Art. 1 OR; *Huguenin Jacobs*, 87; *Schwenzer*, N 45.09. Sichert der Verkäufer dem Käufer z.B. gewisse Eigenschaften der Kaufsache zu, kann er sich nicht auf eine Haftungsausschlussklausel in seinen AGB berufen. Beruft sich eine Partei dennoch auf die AGB, stellt dies ein unzulässiges widersprüchliches Verhalten (venire contra factum proprium) dar (*Kramer*, N 210 zu Art. 1 OR).

[30] Wie etwa bei Verträgen mit Banken, Versicherungen, Speditions- und Transportunternehmen oder solchen im Baugewerbe, im Mietrecht oder eben (branchenunabhängig) im WWW.

[31] *Baudenbacher*, AGB-Kontrolle, 20; *Bauer*, 1 f.; *Brunner*, Diss., 5; *Tercier*, N 673.

[32] Sie erübrigen ein individuelles Verfassen des Vertrages mit jedem neuen Partner, was Zeit spart und den Verwaltungsaufwand minimiert. Ferner lässt sich damit sicherstellen, dass auch allfällige Vertreter den Geschäftswillen richtig übermitteln. Vgl. *Baudenbacher*, AGB-Kontrolle, 23.

[33] Einheitliche Liefer- und Zahlungsbedingungen verringern den Verwaltungsaufwand. Ferner minimieren klare Formulierungen die Gefahr späterer Streitigkeiten. Vgl. *Baudenbacher*, AGB-Kontrolle, 23.

AGB der *Spezialisierung* des unpassenden oder ungenügenden Gesetzes.[34] Nicht zuletzt können AGB zur *Risikoüberwälzung* genutzt werden, indem die Vertragsklauseln zugunsten des Verwenders vom dispositiven Gesetzesrecht abweichende[35] Bestimmungen vorsehen.[36]

III. Arten von AGB-Verträgen

A. Nach dem Zeitpunkt der Vereinbarung

1. Ausgangslage

Damit der Verwender die AGB möglichst umfassend einsetzen kann, sind sie gesetzesähnlich (generell und abstrakt) formuliert.[37] Da AGB i.d.R.[38] global[39] übernommen werden, wirken sie auch faktisch wie ein Gesetz. Allerdings fehlt ihnen die Legitimation des Gesetzgebungsverfahrens.[40] AGB sind keine Rechtsnormen und erlangen daher nur Rechtswirkung, wenn sie die Parteien zum Vertragsbestandteil erklären.[41] Eine solche Übernahmeerklärung erfolgt i.d.r. beim Abschluss des einzelnen Geschäftes (2.). Es ist aber sowohl eine Vorausübernahme (3.) als auch eine nachträgliche Übernahme (4.) der AGB möglich.

---

[34] Im Wirtschaftsleben hat sich eine Vielzahl von Innominatverträgen (z.B. Leasing, Factoring) entwickelt, die vom Gesetz überhaupt nicht, nur rudimentär oder erst mit grosser Verzögerung (z.B. Reiseveranstaltungsvertrag) geregelt worden sind. Mit AGB lässt sich in derartigen Verträgen daher auch Rechtssicherheit erzielen.

[35] Es werden z.b. Haftungsausschlussklauseln in den Vertrag aufgenommen, für den Verwender vorteilhafte Zahlungsbedingungen vereinbart oder die Prozessführung für den Kunden erschwert.

[36] Vgl. zum Zweck der AGB statt vieler *Aepli*, 85; *Baudenbacher*, AGB-Kontrolle, 23 f.; *Bauer*, 8 ff.

[37] Vgl. dazu vorstehend § 3/I.

[38] *Jäggi*, N 468 zu Art. 1 OR.

[39] Eine Globalübernahme liegt vor, wenn der Kunde den AGB zustimmt, ohne dass er diese zur Kenntnis genommen oder verstanden hat (vgl. dazu § 4/I/A/1/b).

[40] *Kramer*, N 183 zu Art. 1 OR.

[41] Art. 1 Abs. 1 OR; BGE 123 III 44; 118 II 297; 100 II 209 f.; *Forstmoser*, Bankverkehr, 14; *ders.*, Standortbestimmung, 34; *Gauch/Schluep/Schmid/Rey*, N 1128; *Giger*, 49 f.; *Kramer*, N 184 zu Art. 1 OR; *Maurenbrecher*, 174; *Schuler*, 58; *Schwenzer*, N 45.01.

2. Einzelvertrag

In der Regel werden AGB durch übereinstimmende Willenserklärung der Parteien Bestandteil des jeweiligen Einzelvertrages. Diese Übernahmevereinbarung wird als Formularvertrag oder Standardvertrag („contrat d'adhésion" oder „contrat préformé") bezeichnet.[42] Rechtliche Bedeutung erlangen sie nur bezüglich dieses konkreten Rechtsgeschäfts.[43] Dementsprechend entfalten die vorformulierten Vertragsklauseln darüber hinaus keine Bedeutung; sie müssen für jeden weiteren Vertrag neu übernommen werden.

3. Rahmenvertrag

Mit Hilfe eines Rahmenvertrages[44] lassen sich für alle künftigen, im Anwendungsbereich des Rahmenvertrages abzuschliessenden Verträge zum Voraus Geschäftsbedingungen[45] festlegen.[46] Damit erübrigt sich beim Abschluss des konkreten Einzelvertrages eine Übernahme resp. ein möglicher Streit darüber, ob sie Vertragsbestandteil wurden.[47]

---

[42] *Gauch/Schluep/Schmid/Rey*, N 1129; *Jäggi*, N 441 zu Art. 1 OR.
[43] *Maurenbrecher*, 175 f. Ist der Einzelvertrag nicht gültig, entfalten auch die übernommenen AGB keine Wirkung. Eine Ausnahme bilden die Gerichtsstands- und Rechtswahlklauseln, welche gemäss Rechtsprechung (vgl. etwa BGE 93 I 327) als selbstständige prozessrechtliche Verträge auch unabhängig von der Gültigkeit des Einzelvertrages anwendbar sind.
[44] Der Rahmenvertrag bezweckt den Rahmen für künftige Verträge abzustecken. Die Parteien verpflichten sich, in künftigen Einzelverträgen bestimmte Vertragsbedingungen zu akzeptieren. Der Rahmenvertrag stellt damit gleichsam eine „Dachregelung" dar, unter welche die Einzelverträge untergeordnet werden. Die Lehre unterscheidet zwischen dem Rahmenvertrag mit Verpflichtung zum Vertragsabschluss (Rahmenvertrag i.e.S.) und dem ohne derartige Verpflichtung (Rahmenvereinbarung). Einige Autoren sind der Ansicht, dass nur Rahmenverträge i.e.S. rechtsverbindlich abgeschlossen werden können (vgl. die zahlreichen Hinweise bei *Maurenbrecher*, 183). Da jedoch auch die Rahmenvereinbarung Rechte und Pflichten enthält, ist auch sie ein Vertrag, der rechtsgültig abgeschlossen werden kann (*Gauch/Schluep/Schmid/Rey*, N 1099, mit Hinweisen; *Atia-Off*, 74; *Maurenbrecher*, 183). Vgl. zum Rahmenvertrag ausführlich *Weber*, Rahmenvertrag, 403 ff.
[45] Wie z.B. Liefer- und Zahlungsvereinbarungen, Qualitätsanforderungen, Haftungsregelungen.
[46] *Atia-Off*, 73; *Gauch/Schluep/Schmid/Rey*, N 1133; *Kramer*, N 189 zu Art. 1 OR, und ausführlich *Maurenbrecher*, 182 ff.
[47] Der Abschluss von Rahmenverträgen dient damit der Rationalisierung der Geschäftsbeziehungen.

4. Änderungsvertrag

Haben die Parteien den Vertrag ohne Übernahme von AGB abgeschlossen, können vorformulierte Vertragsklauseln nicht einseitig zum Vertragsbestandteil erklärt werden.[48] Sollen AGB nachträglich Rechtswirkung erlangen, setzt dies vielmehr einen Änderungsvertrag voraus.[49] Die Parteien müssen übereinstimmend den Willen erklären, die AGB nachträglich in den Vertrag übernehmen und den bestehenden Vertrag entsprechend abändern zu wollen.

B. Nach den beteiligten Parteien

Vertragsparteien sind entweder Individuen (Private) oder Organisationen (Betriebe, Unternehmen). Die nachfolgende Gegenüberstellung zeigt, dass zwischen diesen beiden potenziellen Vertragspartnern grundsätzlich erhebliche strukturelle[50] Unterschiede bestehen (1.).[51] Es ist damit zu prüfen, inwieweit sich diese Differenzen auf die rechtliche Beurteilung von AGB-Verträgen auswirken (2.).

1. Strukturunterschiede zwischen Individuum und Organisation

Die strukturellen Unterschiede zwischen der Organisation und dem Individuum lassen sich anhand von fünf Merkmalen konkretisieren.[52]

a) Spezialisierung

Die Organisation verfolgt einen bestimmten Zweck, auf deren Erreichung sich ihre Tätigkeit beschränkt. Die interne Arbeitsteilung[53] und die hierarchische Struktur verstärken diese Spezialisierung noch zusätzlich. Das Individuum muss hingegen in den verschiedensten Lebensbereichen tätig sein. Es hat sein Handeln selbst zu organisieren resp. dem jeweiligen Geschäft anzupassen. Gewisse Situationen muss das Individuum in seinem ganzen Leben nur einmal

---

[48] Indem sie z.B. auf die Rechnung oder den Lieferschein gedruckt werden. Es fehlt an der von Art. 1 Abs. 1 OR geforderten übereinstimmenden Willenserklärung der Parteien.
[49] *Gauch/Schluep/Schmid/Rey,* N 1133.
[50] Struktur ist die „typischerweise gegebene Rechtstatsache der Gleichheit bzw. Ungleichheit von Personen im Geschäftsverkehr" (*Brunner,* ZSR, 310, FN 44).
[51] Vgl. dazu auch *Baudenbacher,* AGB-Kontrolle, 28 ff.; *Brunner,* JKR, 45 ff.
[52] Vgl. zu den Strukturunterschieden ausführlich *Röhl,* 421 ff. und 428 ff.; *Belser,* Vertragsrecht, 80 ff., und auch *Brunner,* AJP, 599 f.
[53] Jeder Mitarbeiter betätigt sich in einem Arbeitsbereich, für den er ausgebildet wurde, dem er also (i.d.R.) gewachsen ist.

oder selten bewältigen, während sich die Organisation oftmals routinemässig mit ein und demselben Vorgang beschäftigt.

b) Rationalität

Die Organisation definiert ihre Bedürfnisse genau und verfolgt eine Strategie, um diese zu erreichen. Die Abläufe, die in einem Unternehmen zur Entscheidfindung führen, sind häufig normiert und kontrolliert. Ihr Verhalten ist dementsprechend rational. Das Individuum ist hingegen auf sich selbst gestellt. Seine Ziele sind i.d.R. nicht oder weniger klar definiert. Es neigt eher dazu, emotionale Entscheide zu fällen.

c) Beziehung zum Recht

Ein weiteres Wesensmerkmal der Organisation besteht darin, dass es sich um ein rechtliches Gebilde handelt. Damit sie Bestand hat, muss sie sich selber Regeln geben. Angesichts dieser engen Beziehung zum Recht fällt es der Organisation leichter, auch im Aussenverhältnis Recht zu verwenden. Das Individuum ist demgegenüber ein natürliches Wesen. Der Gebrauch vom Recht liegt ihm weniger nahe, da ihm sowohl das Recht als solches als auch ein selbstverständlicher Umgang damit eher fremd sind.

d) Durchschaubarkeit

Die Organisation ist soziologisch ein Zusammenschluss mehrerer Personen, die gegen aussen nicht als selbstständige Individuen in Erscheinung treten. Die internen Abläufe sind für Dritte regelmässig kaum durchschaubar. Das Individuum muss demgegenüber seine Entscheidungen selbst fällen und diese auch nach aussen vertreten. Es kann die Verantwortung nicht auf eine unpersönliche Struktur überwälzen. Für Dritte ist das Individuum daher viel leichter zu durchschauen.

e) Finanzielle Möglichkeiten

Schliesslich verfügt die Organisation typischerweise über grössere materielle Möglichkeiten als das Individuum. Entweder steht ihm ein beträchtliches Grundkapital zur Verfügung oder die Mittel lassen sich über die einzelnen Mitglieder beschaffen. Das Individuum verfügt demgegenüber tendenziell eher über bescheidene finanzielle Mittel. Die Möglichkeit, sich die für einen Entscheid allenfalls notwendige Unterstützung von Beratern zu sichern, besteht damit nur beschränkt.

f) Ergebnis

Im Ergebnis ist festzuhalten, dass zwischen der stark strukturierten und zielgerichteten Organisation und dem Individuum, als menschliches Wesen aus Fleisch und Blut, das weitgehend ohne Hilfe Dritter handelt, erhebliche strukturelle Unterschiede bestehen. Diese Unterschiede vermögen die Verhandlungsstärke des jeweiligen Vertragspartners massgeblich zu beeinflussen. Es fragt sich daher, ob resp. wie sich diese Tatsache auf die Beurteilung von AGB-Verträgen auswirkt.

2. Rechtliche Bedeutung des strukturellen Ungleichgewichtes für AGB-Verträge

a) Vertragsfreiheit

aa) Allgemeines

Das schweizerische Privatrecht basiert auf dem Prinzip der Vertragsfreiheit.[54] Das Gesetz überlässt es grundsätzlich den Vertragsparteien, ihre Beziehungen zu regeln. Die Richtigkeitsgewähr für das einzelne Rechtsgeschäft folgt aus der Hypothese, dass zwei ebenbürtige Partner den Vertragsinhalt einzeln aushandeln und niemand darauf angewiesen ist, mit einem bestimmten Verhandlungspartner einen Vertrag zu schliessen.[55] Es stellt sich damit die Frage, ob diese Richtigkeitsgewähr auch bei AGB-Verträgen besteht.

bb) AGB-Verträge

Da die AGB grundsätzlich vom Verwender eingesetzt werden, hat er sich bereits ausführlich mit diesen auseinandergesetzt. Er weiss, welche Klauseln darin enthalten sind und in wie weit sie ihm zum Vorteil gereichen. Anders verhält es sich hinsichtlich des Kunden, der sich in den Vertragsverhandlungen grundsätzlich zum ersten Mal mit den AGB des Verwenders konfrontiert sieht. Handelt es sich beim Kunden um ein Unternehmen, sollte dieses aufgrund seiner typischen Wesensmerkmale und der sich daraus ergebenden Geschäftserfahrung in der Lage sein, die vorgelegten AGB zu prüfen und allenfalls mit anderen zu vergleichen. Das Individuum befasst sich demgegenüber nicht berufsmässig mit dem Abschluss von Verträgen und wird daher mit dem Prüfen und Vergleichen komplexer AGB oftmals Mühe bekunden. Verfügt das Individuum jedoch über die entsprechende Erfahrung oder Ausbildung, kann auch

---

[54] *Baudenbacher*, AGB-Kontrolle, 21; *Forstmoser*, Standortbestimmung, 25.
[55] *Huguenin Jacobs*, 85.

von ihm erwartet werden, dass es die AGB prüft. Ob sich bei Vertragsabschluss zwei ebenbürtige Partner gegenüberstehen, hängt damit im Ergebnis nicht so sehr von der „Natur" des Kunden, sondern vielmehr von seiner Geschäftserfahrung ab. Je erfahrener der Kunde ist, umso mehr Aufmerksamkeit und Einflussnahme hinsichtlich der AGB sind von ihm zu erwarten. Allerdings ist aufgrund der Strukturunterschiede davon auszugehen, dass ein Unternehmen tendenziell eher geschäftserfahren ist, während ein Individuum i.d.R. geschäftsunerfahren sein dürfte.

In der Praxis zeigt sich nun aber, dass geschäftserfahrene Kunden oftmals ähnlich hilflos wie geschäftsunerfahrene Kunden sind.[56] Da die AGB bei der Übernahme i.d.R. weder diskutiert noch ausgehandelt werden[57], fehlt es auch dem geschäftserfahrenen Kunden faktisch an der Möglichkeit, einen Interessenausgleich herbeizuführen, womit ebenfalls eine Ungleichgewichtslage zwischen den Parteien besteht. Stimmen die Anbieter ihre AGB aufeinander ab, werden die Möglichkeiten zur Einflussnahme zusätzlich beschnitten. Ein Ausweichen auf andere Anbieter schafft keine Abhilfe, wenn diese dem Vertrag dieselben oder nahezu identische AGB zugrunde legen[58]. Die Freiheit des Vertragspartners wird in solchen Fällen auf ein „take it or leave it" reduziert.[59] Selbst wenn der Kunde grundsätzlich in der Lage wäre, den Gehalt der AGB vollumfänglich zu erfassen, führt das Fehlen von Ausweichmöglichkeiten zu einem Ungleichgewicht zwischen den Parteien, da sich der Kunde faktisch gezwungen sieht, die angebotenen AGB anzunehmen. Dementsprechend kann der Kunde im Vergleich zum Verwender nicht nur in wirtschaftlicher Hinsicht schwach sein. Als schwächere Partei gilt auch diejenige, die gezwungen ist, die AGB zu akzeptieren, weil sie andernfalls kaum einen Vertragspartner findet.[60]

Damit ist der Frage nachzugehen, ob diese Ungleichgewichtslage einen Eingriff in die Vertragsfreiheit erlaubt resp. erforderlich macht.

---

[56] Das Bundesgericht hat ein strukturelles Ungleichgewicht zwischen den Parteien denn auch sowohl bei Unternehmer-AGB (BGE 109 II 457) als auch bei Konsumenten-AGB (BGE 119 II 446 f.) festgestellt. Vgl. dazu auch *Baudenbacher,* AGB-Kontrolle, 32; *Brunner,* ZSR, 309.

[57] *Jäggi,* N 468 zu Art. 1 OR.

[58] Allerdings ist an dieser Stelle klarzustellen, dass sich die Tatsache, dass die Marktteilnehmer ihre AGB vereinheitlichen, nicht notwendigerweise zum Nachteil der Kunden auswirken muss.

[59] Vgl. dazu *Bucher,* Bankenverkehr, 49; *Kramer,* N 30 zu Art. 19–20 OR (mit Hinweisen).

[60] BGE 109 II 457.

b)   *Eingriff in die Vertragsfreiheit*

aa)   *Allgemeines*

Stehen sich zwei ungleich starke Parteien gegenüber, lässt sich die Hypothese, wonach Vertragsfreiheit zu Vertragsgerechtigkeit führt, nicht mehr aufrecht erhalten.[61] Obwohl staatliche Eingriffe in die Vertragsfreiheit auch heute noch nur sehr zurückhaltend erfolgen, blieben solche strukturelle Ungleichgewichte zwischen den Parteien nicht gänzlich unbeachtet. Erreicht wird der Schutz der schwächeren Vertragspartei primär durch den Erlass entsprechender *Sondervorschriften*[62]. Solche Bestimmungen gelten unabhängig davon, ob der dadurch geschützte Vertragspartner im konkreten Einzelfall tatsächlich schwächer ist. Sodann ist in all jenen Bereichen, in denen der Gesetzgeber noch nicht aktiv geworden ist[63], einem allfälligen Ungleichgewicht bei der *Auslegung* des Vertrages (Interpretation) und des materiellen Rechtes (Qualifikation) Beachtung zu schenken.[64] Dieser subsidiäre Schutz der schwächeren Vertragspartei im Rahmen der Auslegung rechtfertigt sich aber nur, wenn tatsächlich eine Ungleichgewichtslage zwischen den Parteien besteht.[65]

bb)   *AGB-Verträge*

Wie die vorstehenden Ausführungen deutlich machen, ist sowohl der geschäftsunerfahrene als auch der geschäftserfahrene Kunde in AGB-Verträgen faktisch meistens die schwächere Vertragspartei.[66] Anders als andere Staaten[67] hat der Schweizer Gesetzgeber bis heute keine[68] Sondernormen erlassen, um

---

[61] *Belser*, Kommentar, 437.
[62] Beispielsweise das Widerrufsrecht bei Haustürgeschäften, das Pauschalreiserecht, das Konsumkreditrecht, die konsumentenrechtlichen Normen des Wettbewerbsrechts oder die Sonderbestimmungen im Zivilprozessrecht und im internationalen Privatrecht.
[63] Was gerade auch auf AGB-Verträge zutrifft.
[64] *Brunner*, AJP, 602; *ders.*, JKR, 51 f.; *Weber-Stecher*, 85 ff.
[65] *Schmelzer*, 49. Vgl. dazu auch *Weber-Stecher*, 84 f., der die Schaffung einer gesetzlichen Vermutung eines strukturellen Ungleichgewichtes in Konsumentenverträgen vorschlägt. Diese Vermutung könnte durch den Anbieter mit dem Beweis des Gegenteils umgestossen werden. Damit geht auch er davon aus, dass nur zu schützen ist, wer im konkreten Fall tatsächlich schutzbedürftig ist.
[66] Belser geht sogar soweit, generell von einer strukturellen Schwäche zu sprechen, wenn eine Partei AGB verwendet (*Belser*, Kommentar, 443).
[67] Wie etwa Deutschland (Gesetz zur Regelung des Rechts der Allgemeinen Geschäftsbedingungen vom 9. Dezember 1976), Österreich (Konsumentenschutzgesetz vom 8. März 1979) oder England (Unfair Contract Terms Act von 1977). In der EU trat am 5. April 1993 die RL über missbräuchliche Klauseln in Verbraucherverträgen in Kraft (vgl. dazu § 4/II/A.).
[68] Eine wenig wirkungsvolle Ausnahme stellt Art. 8 UWG dar (vgl. dazu § 4/I/C/2).

den Konsumenten[69] resp. ganz allgemein den Kunden im Zusammenhang mit AGB-Verträgen zu schützen. Damit ist einem im Einzelfall tatsächlich bestehendes Ungleichgewicht zwischen den Parteien *im Rahmen der Auslegung des Vertrages und des Rechts* Beachtung zu schenken. Da an einen geschäftserfahrenen Kunden andere Anforderungen gestellt werden dürfen als an einen geschäftsunerfahrenen Kunden, sind die Auslegungsergebnisse nicht für alle Kunden dieselben.[70] Je nach Grad der Geschäftserfahrenheit[71] geht der im Rahmen der Rechtsanwendung und der Vertragsauslegung vorgenommene Eingriff in die Vertragsfreiheit mehr oder weniger weit.

3. Ergebnis

Unabhängig von der Frage, ob AGB tatsächlich für den Kunden nachteilige Formulierungen enthalten, steht fest, dass bei AGB-Verträgen sowohl geschäftsunerfahrene als auch geschäftserfahrene Kunden i.d.R. die schwächere Vertragspartei sind. Diesem Umstand ist bei der Vertragsauslegung und der Rechtsanwendung Beachtung zu schenken. Massgeblich ist dabei die zwischen den Parteien tatsächlich bestehende Ungleichgewichtslage. Dementsprechend fallen die Ergebnisse je nach Grad der Geschäftserfahrenheit des Kunden unterschiedlich aus.

---

[69] Konsument ist jede natürliche Person, welche als Endverbraucher Sach- oder Dienstleistungen für private (persönliche oder familiäre) und nicht für betriebliche (unternehmerische, gewerbliche, geschäftliche oder berufliche) Zwecke bezieht. Vgl. statt vieler zum Rechtsbegriff des Konsumenten *Rehbinder,* 66 ff., und zum Konsumentenvertrag *Brunner,* AJP, 593 ff.

[70] Anders wäre es dann, wenn der Gesetzgeber z.B. für Konsumenten Sonderbestimmungen erlassen würde. Diese würden für alle Konsumenten – unabhängig vom Grad der Geschäftserfahrenheit des Einzelnen – gelten.

[71] Gemäss Rechtsprechung des Bundesgerichtes kann nicht streng zwischen geschäftserfahrenen und geschäftsunerfahrenen Kunden unterschieden werden (BGE 109 Ia 57). Es ist vielmehr im konkreten Einzelfall die individuelle Stufe der Geschäftserfahrenheit des Vertragspartners zu ermitteln. Als unerfahren gilt der branchenfremde Kunde, der im fraglichen Bereich noch keine Erfahrungen gemacht hat (BGE 109 II 459).

§ 4 Rechtliche Rahmenbedingungen für AGB-Verträge

Im vorliegenden Paragrafen wird zunächst auf die rechtlichen Rahmenbedingungen von AGB-Verträgen in der Schweiz (I.) und anschliessend auf jene in der EU (II.) eingegangen.

I. Rechtliche Rahmenbedingungen in der Schweiz

Da in der Schweiz bis heute kein spezifisches AGB-Gesetz besteht[72], haben Rechtsprechung[73] und Lehre[74] die Aufgabe übernommen, rechtliche Rahmenbedingungen für die Kontrolle von AGB-Verträgen zu entwickeln.[75] Dabei wird zwischen der Geltungs-, der Auslegungs- und der Inhaltskontrolle unterschieden. Im Rahmen der Geltungskontrolle ist der Frage nachzugehen, unter welchen Voraussetzungen AGB ein Bestandteil des Vertrages werden (A.). Die Auslegungskontrolle befasst sich mit der Interpretation von unklaren AGB-Klauseln (B.). Die Inhaltskontrolle schliesslich zielt auf den unmittelbaren Eingriff in den Vertrag ab, indem unbillige Klauseln korrigiert werden (C.). Diese drei Ansätze sind nachfolgend näher zu erläutern.

A. Geltungskontrolle

1. Übernahme der AGB

Damit AGB Geltung erlangen, sind sie durch übereinstimmende Willenserklärung beider Parteien in den Vertrag zu übernehmen.[76] Diese Willenserklärung

---

[72] Vgl. statt vieler das Plädoyer für den Erlass eines AGB-Gesetzes von *Bucher*, AGB-Gesetz, 27.
[73] Zentrale Entscheidungen des BGer werden in den nachfolgenden Ausführungen erwähnt.
[74] Eine Zusammenstellung der wesentlichen Literatur findet sich z.B. bei *Gauch/Schluep/Schmid/Rey*, N 1116 ff.
[75] *Aepli*, 85.
[76] Art. 1 Abs. 1 OR; BGE 123 III 44; 118 II 297; 100 II 209 f.; *Forstmoser*, Bankverkehr, 14; *ders.*, Standortbestimmung, 34; *Gauch/Schluep/Schmid/Rey*, N 1128; *Giger*, 49 f.; *Kramer*, N 184 zu Art. 1 OR; *Maurenbrecher*, 174; *Schuler*, 58; *Schwenzer*, N 45.01; *Weber*, Grenzziehung, 151.

setzt sich aus dem Übernahmewillen und einem entsprechenden Erklärungsverhalten zusammen.[77] Gewöhnlich lässt sich aus dem Erklärungsverhalten ohne weiteres auf den Übernahmewillen schliessen.[78] Bei der Übernahme von AGB verhält es sich jedoch anders. Der Verwender bietet dem Kunden die AGB als vordefinierten Inhalt an und stellt – etwa durch Verweis im Vertragstext – gleichzeitig sicher, dass der Kunde diese übernimmt. Es kann daher vorkommen, dass trotz entsprechendem Erklärungsverhalten dem Kunden ein eigentlicher Übernahmewille fehlt. Infolgedessen sind für die Frage nach der Übernahme von AGB das Erklärungsverhalten und der Übernahmewille gesondert zu prüfen.[79]

a) *Erklärungsverhalten*
Die einzelne Übernahmeerklärung kann entweder ausdrücklich oder stillschweigend erfolgen.[80] Ausdrücklich ist eine Erklärung durch Worte oder Zeichen, soweit der erklärte Wille daraus *unmittelbar* hervorgeht.[81] Stillschweigend ist demgegenüber jede Erklärung, die nicht ausdrücklich ist.[82] Bei ihr äussert sich der Übernahmewille *mittelbar*[83], durch *konkludentes Verhalten*[84] oder durch *Schweigen*[85].

---

[77] *Gauch/Schluep/Schmid/Rey*, N 169 ff.
[78] *Jäggi*, N 460 zu Art. 1 OR.
[79] *Jäggi*, N 460 und 465 zu Art. 1 OR.
[80] Art. 1 Abs. 2 OR; *Giger*, 51; *Kramer*, N 187 zu Art. 1 OR, bezüglich AGB auch *Bauer*, 41.
[81] *Gauch/Schluep/Schmid/Rey*, N 188.
[82] *Gauch/Schluep/Schmid/Rey*, N 189; *Koller Alfred*, 71.
[83] Mittelbar erklärt wird der Geschäftswille, wenn er mitverstanden ist, aber nur implizit aus der Erklärung hervorgeht (*Gauch/Schluep/Schmid/Rey*, N 192). Eine mittelbare Erklärung ist etwa die Übernahme durch blossen Verweis. Zahlreiche Autoren qualifizieren allerdings nur die Übernahme durch Schweigen oder durch konkludentes Verhalten als stillschweigende Übernahme und erachten z.B. die Unterzeichnung eines Schriftstückes, das auf die AGB verweist, als ausdrückliche Erklärung (so etwa *Forstmoser*, Bankverkehr, 14; *Giger*, 51 f.; *Kramer*, N 188 zu Art 1 OR; *Schuler*, 84). Aus einer blossen Unterschrift unter einen Verweis geht jedoch *nicht unmittelbar* hervor, dass der Unterzeichnende mit der Übernahme einverstanden ist. Der Wille des Erklärenden ist durch Auslegung zu ermitteln, so dass – wenn überhaupt – nur eine mittelbare Erklärung vorliegt, die nach der hier gewählten Klassifizierung als stillschweigende Willenserklärung zu qualifizieren ist. Da es sich dabei m.E. um eine rein dogmatische Einteilungsfrage handelt, die keinen Einfluss auf das Ergebnis hat, ist an dieser Stelle nicht weiter darauf einzugehen.
[84] Dabei gibt der Erklärende seinen Geschäftswillen kund, indem er ihn gegenüber dem Empfänger betätigt (*Gauch/Schluep/Schmid/Rey*, N 181).
[85] Schweigen gilt nur dann als Willenserklärung, wenn eindeutig ist, dass der Erklärende damit einen bestimmten Geschäftswillen kundgeben will (*Gauch/Schluep/Schmid/Rey*, N 190a).

Ist zwischen den Parteien streitig, ob es zu einer Übernahme der AGB gekommen ist, muss der Richter deren Erklärungsverhalten nach den Grundsätzen des Vertrauensprinzips[86] auslegen.[87] Relativ unproblematisch ist dies dann, wenn eine ausdrückliche Übernahmeerklärung vorliegt. Schwieriger zu beurteilen ist, ob eine stillschweigende Übernahme erfolgte. Auszugehen ist dabei vom Grundsatz, wonach Schweigen grundsätzlich Ablehnung bedeutet[88]. Nur wenn der Kunde es unterlässt, einen der Übernahme der AGB entgegenstehenden Willen kundzutun, obwohl er nach Treu und Glauben[89] dazu verpflichtet wäre, ist von einer stillschweigenden Übernahmeerklärung auszugehen.[90] Dies ist der Fall, wenn der Kunde vom Bestand der AGB weiss und den Übernahmewillen[91] des Verwenders kennt.[92] Gibt er trotzdem eine Willenserklärung ab, ohne sich der Übernahme der AGB zu widersetzen, darf der Verwender demnach in Anwendung des Vertrauensprinzips von einem stillschweigenden Einverständnis des Kunden ausgehen.[93] Unterlässt es jedoch der Verwender, den Kunden auf die AGB hinzuweisen, hat der Kunde grundsätzlich[94] weder vom Bestand der AGB noch vom Übernahmewillen des Verwenders Kenntnis und seine widerspruchslose Willenserklärung lässt sich daher nicht als Zustimmung

---

[86] Das Vertrauensprinzip besagt, dass Willenserklärungen so auszulegen sind, wie sie der Empfänger in guten Treuen verstehend durfte und musste (BGE 125 III 436 f.; 117 II 278 f.). Massgeblich ist, wie der Empfänger das Erklärungsverhalten im damaligen Zeitpunkt und unter Würdigung aller ihm damals bekannten Umstände als vernünftiger und redlicher Mensch verstehen durfte und musste. Vgl. zum Ganzen ausführlich *Baumann*, N 79 ff. zu Art. 2 ZGB; *Gauch/Schluep/Schmid/Rey*, N 206 ff.; *Kramer*, N 37 ff. zu Art. 1 OR.

[87] *Forstmoser*, Bankverkehr, 15; *Giger*, 50; *Kramer*, N 193 zu Art. 1 OR; *Weber*, Grenzziehung, 151.

[88] *Forstmoser*, Bankverkehr, 15; *Gauch/Schluep/Schmid/Rey*, N 451; *Giger*, 57; *Koller Alfred*, 71; *Kramer*, N 12 und 194 zu Art. 1 OR; *Ramstein/Kuster*, 13; *Schuler*, 85, vgl. dazu auch BGE 123 III 59.

[89] Darunter ist das auf wechselseitigem Vertrauen beruhende Verhalten von Vertragspartnern zu verstehen (*Tuor/Schnyder/Schmid*, 49). Daraus fliesst die allgemeine Pflicht, sich im Rechtsverkehr redlich, loyal und korrekt zu verhalten (vgl. dazu *Baumann*, N 5 zu Art. 2 ZGB, und BGE 116 Ia 169).

[90] *Forstmoser*, Bankverkehr, 15; *Kramer*, N 12 zu Art. 1 OR; *Ramstein/Kuster*, 13; *Schuler*, 85.

[91] Der Übernahmewille ist im Hinweis auf den Bestand der AGB (gewöhnlich) eingeschlossen (*Jäggi*, N 457 zu Art. 1 OR).

[92] *Jäggi*, N 457 zu Art. 1 OR.

[93] *Kramer*, N 188 zu Art. 1 OR; *Schuler*, 86.

[94] Vorbehalten bleibt der Bestand einer anderen Vertrauensgrundlage (wie etwa ein Rahmenvertrag), die es dem Verwender erlaubt, das Verhalten des Kunden als Zustimmung zu qualifizieren. Vgl. dazu § 9/II/A.

deuten.[95] Will der Verwender sichergehen, dass seine AGB auch stillschweigend Vertragsbestandteil werden, muss er damit den Kunden beim Abschluss des Vertrages in hinreichender Art und Weise auf die AGB aufmerksam machen.[96]

b) *Übernahmewille*

Liest und prüft der Kunde die AGB ausführlich, bevor er seine Übernahmeerklärung abgibt, weiss er genau, welchen vorformulierten Klauseln er zustimmt. Da sein Übernahmewille den gesamten Inhalt der AGB deckt, liegt ein Vollakzept vor.[97]

Gibt der Kunde demgegenüber seine Willenserklärung ab, ohne vom Inhalt der AGB Kenntnis zu nehmen[98], liegt eine Globalerklärung vor.[99] Der Kunde unterwirft sich den AGB, ohne sich über deren genauen Inhalt Rechenschaft zu geben. In Anwendung der Grundsätze des Vertrauensprinzips ist jedoch – unabhängig vom tatsächlichen Übernahmewillen – auch die Zustimmung zu nicht gelesenen oder nicht verstandenen AGB grundsätzlich verbindlich.[100] Dies setzt allerdings voraus, dass dem Kunden vor Abgabe seiner Wil-

---

[95] *Baudenbacher*, AGB-Kontrolle, 34; *Kramer*, N 194 ff. zu Art. 1 OR.

[96] *Jäggi*, N 457 f. zu Art. 1 OR; *Schwenzer*, N 45.02, die diese Voraussetzung jedoch – m.E. inkonsequent – nur bei Verträgen mit Konsumenten fordert. Dieser Hinweis muss sich auf den konkreten Vertragsabschluss und den individuellen Kunden beziehen (*Forstmoser*, Bankverkehr, 17). Falls ein ausdrücklicher Hinweis wegen der Art des Vertragsabschlusses nur unter unverhältnismässigen Schwierigkeiten möglich ist, genügt ein deutlich sichtbarer Aushang am Ort des Vertragsabschlusses, von dem sich der Kunde in zumutbarer Weise Kenntnis verschaffen kann (*Kramer*, N 195 zu Art. 1 OR; *Schwenzer*, N 45.02). Zu den Anforderungen, welche an den Hinweis gestellt werden, vgl. ausführlich § 7.

[97] *Jäggi*, N 461 zu Art. 1 OR; *Giger*, 54. Der Vollübernahme kommt in der Praxis jedoch kaum Bedeutung zu (*Hunger*, 146, mit Hinweisen; *Wiegand*, 142).

[98] Davon ist gestützt auf eine tatsächliche Vermutung auszugehen (*Gauch/Schluep/Schmid/Rey*, N 1130a; *Jäggi*, N 468 zu Art. 1 OR; *Koller Thomas*, 55). Um das Gegenteil zu beweisen – nämlich, dass der Kunde die AGB tatsächlich zur Kenntnis genommen hat –, genügt eine Klausel im Vertragstext, wonach der Kunde die AGB gelesen habe, nicht. Denn auch diese ist i.d.R. Gegenstand einer blossen Globalerklärung. Vgl. zum Ganzen ausführlich *Jäggi*, N 468 zu Art. 1 OR.

[99] BGE 119 II 445; *Jäggi*, N 462 zu Art. 1 OR; *Gauch/Schluep/Schmid/Rey*, N 1130; *Schwenzer*, N 45.03. Zu präzisieren bleibt, dass die einzelne Übernahmeerklärung aus lauter Voll- resp. Globalerklärungen, aber auch aus Erklärungen beider Arten bestehen kann (vgl. dazu *Jäggi*, N 467 zu Art. 1 OR).

[100] *Forstmoser*, Standortbestimmung, 38; *Hardegger*, 32; *Jäggi*, N 457 zu Art. 1 OR; *Kramer*, N 190 zu Art. 1 OR; *Schwenzer*, N 45.03; BGE 119 II 445; 109 II 456; 108 II 418. Eine Einschränkung besteht allerdings in Bezug auf ungewöhnliche Klauseln (dazu § 4/I/A/2.).

lenserklärung die Möglichkeit[101] offen steht, die AGB in zumutbarer Weise zur Kenntnis zu nehmen.[102] Denn nur dann ist vom Kunden in guten Treuen zu erwarten, dass er Widerspruch erhebt, wenn er mit dem Inhalt der AGB nicht einverstanden ist. Der Verwender darf somit bei Vorliegen einer widerspruchslosen Globalerklärung nur dann von einem Übernahmewillen des Kunden ausgehen, wenn dieser eine zumutbare Möglichkeit zur Kenntnisnahme der AGB hat.

c) *Zusammenfassung*

Will der Verwender sicherstellen, dass die AGB auch stillschweigend und durch Globalerklärung Vertragsbestandteil werden, muss er den Kunden beim Vertragsabschluss zunächst auf die AGB *hinweisen;* sodann muss dieser die *Möglichkeit* haben, die AGB *in zumutbarer Weise zur Kenntnis zu nehmen.* Tut der Kunde gestützt darauf seinen *widerspruchslosen Übernahmewillen* kund, werden die AGB grundsätzlich[103] Vertragsbestandteil.

2. Ungewöhnlichkeitsregel[104]

Übernimmt der Kunde die AGB durch Globalerklärung, beruht ihre Geltung auf dem Vertrauensprinzip.[105] Weiss der Verwender oder hätte er nach den Erfahrungen des Lebens wissen müssen, dass der Kunde einen bestimmten Erklärungsinhalt nicht will, kann er allerdings nicht in guten Treuen von einem Übernahmewillen des Kunden ausgehen.[106] Weil der global[107] zustimmende

---

[101] Zu den Anforderungen, die für die Möglichkeit zur Kenntnisnahme gelten, vgl. § 8.
[102] BGE 77 II 156; 100 II 209 f.; *Gauch/Schluep/Schmid/Rey,* N 1140; *Tercier,* N 678. Ob er diese Möglichkeit tatsächlich nutzt, ist demgegenüber unerheblich (*Jäggi,* N 457 zu Art. 1 OR; *Rosenthal,* 329; *Schwenzer,* N 45.03).
[103] Vorbehalten bleibt selbstverständlich die übereinstimmende Übernahmeerklärung des Verwenders.
[104] Das BGer hat die Ungewöhnlichkeitsregel im Zusammenhang mit Gerichtsstandsklauseln entwickelt. Bei der Beurteilung der Frage, ob ein Verzicht einer global zustimmenden Partei auf den ordentlichen Gerichtsstand an ihrem Wohnsitz gültig sei, entschied das Gericht, dass davon nur auszugehen ist, wenn der Verwender in guten Treuen annehmen darf, der Kunde habe mit seiner Erklärung zur Übernahme der AGB auch der darin enthaltenen Gerichtsstandsklausel zugestimmt (BGE 109 Ia 57). Inzwischen gilt die Regel für sämtliche ungewöhnlichen Klauseln (BGE 122 V 146; 119 II 446; 109 II 456 f.; 109 II 217).
[105] Vgl. dazu vorstehend § 4/I/A/1/b.
[106] *Schuler,* 118 f.
[107] Sobald der Kunde ausdrücklich auf eine an sich ungewöhnliche Klausel aufmerksam gemacht wird und er dieser zustimmt, liegt eine Vollerklärung vor. Erhebt der Kunde – obwohl er von der ungewöhnlichen Klausel Kenntnis hat und sie versteht – kein Wider-

Kunde nur mit Bestimmungen zu rechnen braucht, die den Geschäftskern ergänzen, fehlt es am Übernahmewillen, wenn die AGB ungewöhnliche Klauseln enthalten.[108] Ungewöhnlich sind alle geschäftsfremden[109] Klauseln, auf die der Kunde nicht besonders hingewiesen[110] wird[111]; diese werden von einer Globalübernahmeerklärung grundsätzlich nicht erfasst und sind damit nicht Vertragsbestandteil.

B. Auslegungskontrolle

Ist eine Vertragsklausel mehrdeutig und sind sich die Parteien über deren Bedeutung nicht einig, ist ihr Inhalt durch Auslegung zu ermitteln.[112] Dies gilt auch für AGB-Klauseln, die nach denselben Regeln wie individuell verfasste Vertragsklauseln auszulegen sind (1.). Bleibt bei der Auslegung eine Unklarheit bestehen[113], sind die AGB-Klauseln in Anwendung der Unklarheitsregel gegen den Verwender auszulegen (2.).

---

spruch, darf der Verwender davon ausgehen, dass sich sein Übernahmewille auch auf diese erstreckt (vgl. dazu Pra 87, 1998, Nr. 9, 55; BGE 119 II 446; *Schuler*, 118).

[108] BGE 119 II 446; 109 II 457 f., oder statt vieler *Gauch/Schluep/Schmid/Rey*, N 1141; *Schwenzer*, N 45.07.

[109] Geschäftsfremd sind Klauseln, die zu einer wesentlichen Änderung des Vertragscharakters führen oder in erheblichem Mass aus dem gesetzlichen Rahmen des Vertragstypus fallen (BGE 109 II 458), oder anders formuliert solche, die völlig von dem abweichen, was nach den Umständen als Vertragsinhalt erwartet wird (*Giger*, 34 f.). Der Überraschungseffekt kann sich aber auch aus einer ungewöhnlichen Platzierung im Vertragstext oder in einem Abweichen von den vorausgegangenen Vertragsverhandlungen oder der Werbung des Verwenders ergeben (*Gauch/Schluep/Schmid/Rey*, N 1141b; *Giger*, 55 f.).

[110] Das BGer macht den Hinweis vom Grad der Geschäftserfahrenheit des Kunden abhängig. Ist er geschäftserfahren, erfolgt die Übernahme, wenn die Gerichtsstandsklausel innerhalb des AGB-Textes an *gut sichtbarer Stelle* angebracht ist und *deutlich hervortritt*. Ist der Kunde demgegenüber geschäftsunerfahren und rechtsunkundig, verlangt das BGer darüber hinaus, dass ihn der Verwender *in besonderer Weise* auf die Gerichtsstandsklausel *hinweist* und ihm deren *Bedeutung erklärt*. Vgl. dazu BGE 118 Ia 297; 104 Ia 281; Pra 86, 1997, Nr. 164, 875, und auch *Kramer*, N 202 f. zu Art. 1 OR.

[111] *Gauch/Schluep/Schmid/Rey*, N 1141b; *Giger*, 34.

[112] Obwohl AGB im Hinblick auf eine Vielzahl von Verträgen formuliert werden, sind auch sie für jeden einzelnen Vertrag individuell auszulegen (BGE 122 III 121; 110 II 146; SJ 117, 1995, 438 f.). Etwas anderes gilt nur dann, wenn AGB den Gesetzestext wiederholen. Besteht kein Anhaltspunkt dafür, dass die Parteien der Klausel eine abweichende Bedeutung zukommen lassen wollen, ist sie im Sinne des Gesetzes auszulegen (*Gauch/Schluep/Schmid/Rey*, N 1230 und 1241).

[113] In BGE 122 III 121 präzisiert das BGer, dass die Unklarheitenregel erst und nur dann zur Anwendung kommt, wenn nach Anwendung der allgemeinen Auslegungsregeln eine Mehrdeutigkeit bestehen bleibt.

1. Auslegung im Allgemeinen

Streiten sich die Parteien über den Inhalt des Vertrages und lässt sich deren subjektiv übereinstimmende wirkliche Wille nicht (mehr) feststellen, ist der Vertrag in Anwendung des Vertrauensprinzips objektiviert auszulegen.[114] Der Richter hat danach zu fragen, „was vernünftig und redlich (korrekt) handelnde Parteien unter den gegebenen (auch persönlichen) Umständen durch die Verwendung der auszulegenden Worte oder ihrem sonstigen Verhalten ausgedrückt und folglich gewollt haben würden"[115]. Zur Ermittlung des objektivierten Parteiwillens ist damit vom Wortlaut auszugehen.[116] Ergänzend sind die „besonderen Umstände"[117] herbeizuziehen.[118] Zu berücksichtigen ist schliesslich auch das dispositive Recht, weil derjenige Vertragspartner, der es verdrängen will, dies mit hinreichender Deutlichkeit zum Ausdruck bringen muss.[119]

2. Unklarheitsregel

Da der Verwender die AGB selber verfasst (oder von einem Dritten verfassen lässt), steht es in seiner Macht, diese unmissverständlich zu formulieren. Unterlässt er dies und führt die Auslegung einer AGB-Klausel daher nicht zu einem eindeutigen Ergebnis, soll er daraus nicht auch noch einen Vorteil erzielen. Eine unklare AGB-Klausel ist damit stets zu Ungunsten des Verwenders auszu-

---

[114] BGE 122 III 121; 122 V 146. Die objektivierte Auslegung ist individuell und auf den Einzelfall bezogen. AGB-Klauseln sind keinesfalls wie ein Gesetz generell und abstrakt auszulegen (*Wessner*, 173).

[115] *Gauch/Schluep/Schmid/Rey*, N 1201.

[116] Massgeblich ist grundsätzlich der allgemeine Sprachgebrauch (BGE 115 II 269; 104 II 283; 97 II 74). Ein besonderer Sinn eines Wortes in Fachkreisen ist nur dann beachtlich, wenn sich dies ausdrücklich aus dem Vertrag ergibt (*Baudenbacher*, AGB-Kontrolle, 41).

[117] Wie z.B. das Verhalten der Parteien vor, während oder nach Vertragsabschluss, die Interessenlage, die Verkehrsübung. Ein solch besonderer Umstand ist auch ein strukturelles Ungleichgewicht (vgl. vorstehend § 3/III/B/2.) zwischen den Parteien. Ein unterschiedlicher Kenntnis- und Wissensstand wirkt sich auf das, was die Parteien objektiv gewollt haben würden, aus (Entscheid des Bezirksgerichts Zürich vom 30. Juni 1988, publiziert in ZR 1989 Nr. 27, 92 f.). Besteht zwischen den Parteien jedoch ein tatsächlicher Konsens, das heisst, haben sie sich bei Vertragsabschluss wirklich geeinigt, bleibt für die Berücksichtigung eines strukturellen Ungleichgewichtes bei der Auslegung kein Raum, da das von den Parteien wirklich Gewollte immer vorgeht (*Gauch/Schluep/ Schmid/Rey*, N 1200). Vorbehalten bleibt die Beachtung von Strukturunterschieden im Rahmen einer allfälligen Inhaltskontrolle (*Brunner*, ZSR, 323).

[118] *Gauch/Schluep/Schmid/Rey*, N 1212 ff.

[119] BGE 122 III 121. Vertragsklauseln, die vom dispositiven Recht abweichen, sind dementsprechend eng auszulegen (BGE 117 II 621 f.; 116 II 461).

legen.[120] Der Verwender hat daher ein erhebliches Interesse daran, seine AGB klar und präzise zu formulieren und mit der Vertragspartei gegebenenfalls ausführlich zu besprechen[121].

C. Inhaltskontrolle

1. Ausgangslage

Ob der Richter den Inhalt der AGB kontrollieren darf, ist umstritten.[122] Lässt das geltende Recht eine Inhaltskontrolle zu, ist diese (auch vom BGer) offen vorzunehmen. Andernfalls ist sowohl auf eine offene als auch auf eine verdeckte Kontrolle zu verzichten, bis der Gesetzgeber aktiv wird.

---

[120] Dies entspricht dem römisch rechtlichen Grundsatz *„In dubio contra stipulatorem"*. Vgl. dazu auch BGE 124 III 158; 122 V 146; 119 II 373; *Gauch/Schluep/Schmid/Rey*, N 1231 f.; *Schwenzer*, N 45.10. Für Allgemeine Versicherungsbedingungen ist dieser Grundsatz in Art. 33 VVG gesetzlich verankert (vgl. dazu BGE 115 II 269).

[121] Stimmt der Kunde nämlich den AGB inhaltlich vollumfänglich zu, liegt eine Vollerklärung vor und für die Anwendung des Vertrauensprinzips bleibt kein Raum mehr. Bei einer Vollerklärung entfällt damit sowohl die Anwendung der Ungewöhnlichkeitsregel (inkl. Berücksichtigung allfälliger Strukturunterschiede) als auch der Unklarheitsregel. Vgl. dazu Pra 87, 1998, Nr. 9, 55; BGE 119 II 446.

[122] Vgl. *Baudenbacher*, AGB-Kontrolle, 42 ff.; *Bauer*, 57 f.; *Koller Thomas*, 48 f., sowie die Hinweise auf die Literatur in den nachfolgenden Ausführungen. Das BGer hat sich bis heute nicht zur offenen Inhaltskontrolle bekannt, sondern beschränkt sich auf die Anwendung der Geltungs- und Auslegungskontrolle. Ausdrücklich abgelehnt hat es die Inhaltskontrolle z.B. in 109 II 457. In anderen Entscheiden (z.B. in BGE 122 III 32; 109 II 217 und 109 II 118) hat es die Frage ganz einfach offen gelassen. Auf eine mögliche Änderung der Rechtsprechung lassen allerdings die Erwägungen des Fussballplatz-Entscheides von 1997 schliessen. Das BGer führt darin aus, dass die formale Vertragsfreiheit immer mehr durch die materielle Vertragsgerechtigkeit verdrängt werde, was sich besonders in Gebieten des Miet- und des Arbeitsrechts, des Konsumentenschutzes oder der AGB zeige. Die zeitgemässe Rechtsüberzeugung sei nicht mehr allein vom Schwarz-Weiss-Schema der Gültigkeit oder Nichtigkeit privater Rechtsgestaltung geprägt, sondern fasse immer fester auch in der Grauzone der geltungserhaltenden Reduktion fehlerhafter Kontrakte durch richterliche Inhaltskorrektur Fuss (BGE 123 III 297). Die Haltung des BGer erweist sich insofern als problematisch, als es nicht streng zwischen Geltungs- und Auslegungskontrolle einerseits und Inhaltskontrolle andererseits unterscheidet. Im Rahmen der Geltungs- und Auslegungskontrolle würdigt das BGer regelmässig den inhaltlichen Regelungsgehalt von AGB-Klauseln und stellt Unklarheit auch bei sprachlich eindeutigen, aber inhaltlich unangemessenen Klauseln fest (vgl. dazu statt vieler *Baudenbacher*, Rechtslage, 7; *Schwenzer*, N 45.12).

2. Art. 8 UWG

Ein erster Schritt zu einer positivrechtlichen Regelung der Inhaltskontrolle hat der Gesetzgeber mit dem Erlass von Art. 8 UWG getan.[123] Gemäss dem Wortlaut der Bestimmung handelt derjenige unlauter, der AGB verwendet, die in *irreführender Weise* zum Nachteil einer Vertragspartei a) von der unmittelbar oder sinngemäss anwendbaren gesetzlichen Ordnung erheblich abweichen oder b) eine der Vertragsnatur erheblich widersprechende Verteilung von Rechten und Pflichten vorsehen. Eine inhaltlich einseitig ausgestaltete AGB-Klausel ist damit nicht per se unlauter, sondern muss eine Täuschungsgefahr[124] enthalten.[125] Damit vermengt Art. 8 UWG das materielle Beurteilungskriterium des Vertragsinhalts mit dem formellen Kriterium des Vertragsabschlusses. Der Verwender kann die Anwendung von Art. 8 UWG ausschliessen, indem er die AGB verständlich, klar und deutlich formuliert und den Kunden allenfalls auf einzelne Klauseln besonders hinweist.[126] Da sich Art. 8 UWG nicht auf die Frage der Missbräuchlichkeit des Vertragsinhaltes beschränkt[127], erlaubt er keine eigentliche Inhaltskontrolle.[128]

---

[123] Vgl. dazu statt vieler *Belser*, Vertragsrecht, 398 ff.

[124] Eine solche liegt vor, wenn die AGB-Klausel (durch ihre Formulierung, ihre Platzierung im Text oder ihre grafische Gestaltung) *geeignet* ist, die Vertragspartner über die nachteilige Abweichung von der gesetzlichen Ordnung oder der nachteiligen Verteilung von Rechten und Pflichten zu täuschen (BGE 119 II 447). Vgl. zum Erfordernis der Irreführung ausführlich *Matt*, 106 ff.

[125] *Schwenzer*, N 46.04.

[126] *Baudenbacher*, AGB-Kontrolle, 54; *Junod Moser*, 192. Der Ansatz, nachteilige AGB per se als irreführend zu beachten (vgl. dazu *Baudenbacher*, AGB-Kontrolle, 57), vermag m.E. nicht zu überzeugen, ist doch allgemein bekannt, dass AGB-Klauseln regelmässig einseitig formuliert sind. Dass sich nicht behaupten lässt, dass ein Kunde schon rein durch die Verwendung missbräuchlicher Klauseln irregeführt wird, macht auch die Formulierung von Art. 8 UWG deutlich (*Mülbert*, 727). Weiter wird argumentiert, dass das Merkmal der Irreführung durch fehlende Transparenz erfüllt werden kann (so z.B. *Matt*, 114 f.; *Mülbert*, 728). Demnach wäre eine Klausel irreführend, wenn der Vertragspartner die Abweichung nicht ohne weiteres erkennt. Dagegen bietet jedoch einerseits bereits die Ungewöhnlichkeits- resp. die Unklarheitsregel Abhilfe und andererseits liesse sich die Inhaltskontrolle durch ausdrückliche Information des Kunden abwenden (gleicher Ansicht auch *Belser*, Vertragsrecht, 403; *Koller-Tumler*, 164 f.).

[127] *Huguenin Jacobs*, 86.

[128] Gleicher Ansicht auch *Junod Moser*, 192. Von der Lehre wird der Artikel daher allgemein als missglückt bezeichnet (vgl. die Zusammenstellung der Lehrmeinungen bei *Brunner*, Diss., 319, FN 96).

3. Generalklauseln des Privatrechts

Angesichts der Tatsache, dass im schweizerischen Recht eine besondere Rechtsgrundlage für eine eigentliche Inhaltskontrolle fehlt, fragt sich, ob sie sich anderweitig begründen lässt. In der Lehre wird u.a. vorgeschlagen, die Inhaltskontrolle auf die Generalklauseln des Privatrechts zu stützen.[129] Als Anknüpfungspunkt wird dabei Art. 19 Abs. 2 OR bevorzugt.[130] Gemäss dieser Bestimmung darf von den zwingenden Vorschriften des Privatrechts überhaupt nicht und vom dispositiven Recht nur so weit abgewichen werden, als dies weder die *öffentliche Ordnung*, noch die *guten Sitten*, noch das *Recht der Persönlichkeit* verletzt.[131] Meines Erachtens erlaubt diese Vorschrift den undifferenzierten Eingriff in inhaltlich unbillige AGB-Klauseln nicht. Aus der gesetzlichen Systematik ergeben sich keinerlei Anhaltspunkte dafür, Formularverträge anders zu behandeln als Individualverträge.[132] Damit darf auch in AGB vom dispositiven Recht abgewichen werden, solange keines der drei genannten Grundprinzipien verletzt wird.[133] Wesentlich ist, dass das Ergebnis der Kontrolle nach Art. 19 Abs. 2 OR gleich lautet, unabhängig davon, ob die Klauseln vorformuliert oder das Resultat von individuellen Vertragsverhandlungen sind. Damit ist eine verschärfte AGB-Inhaltskontrolle gestützt auf die Kontrollkriterien der Generalklauseln des Privatrechts abzulehnen.

4. Zusammenfassung

Zusammenfassend kann festgehalten werden, dass es bis heute an einer gesetzlichen Grundlage für eine offene Inhaltskontrolle fehlt.[134] Damit bleibt weiterhin nichts anderes übrig, als auf den Gesetzgeber zu warten.[135]

---

[129] Vgl. den Überblick über die in der Lehre vertretenen Meinungen bei *Baudenbacher*, AGB-Kontrolle, 59 ff.

[130] *Baudenbacher*, AGB-Kontrolle, 60; *Huguenin Jacobs*, 87; *Schwenzer*, N 46.07 (die ausdrücklich offen lässt, ob missbräuchliche Klauseln gegen die guten Sitten oder die öffentliche Ordnung verstossen).

[131] Vgl. zu diesen drei Kriterien statt vieler ausführlich *Belser*, Vertragsrecht, 391 ff.; *Kramer*, N 152 ff. zu Art. 19–20 OR.

[132] *Schwenzer*, N 46.01.

[133] Gleicher Ansicht auch *Belser*, Vertragsrecht, 397. Wäre ein Abweichen vom dispositiven Recht nur mit Individualabrede zulässig, hätte der Gesetzgeber die Sonderbestimmungen der Art. 256 Abs. 2 lit. a und Art. 288 Abs. 2 lit. a OR sowie Art. 8 UWG nicht eingeführt (so auch *Gauch/Schluep/Schmid/Rey*, N 1149 i.f.). Anderer Ansicht *Weber*, Grenzziehung, 156 (ohne Begründung).

[134] Vgl. auch *Bürgi/Lang*, 249 f.; *Stauder*, faire Klauseln, 22.

[135] So auch *Gauch/Schluep/Schmid/Rey*, N 1150.

II. Rechtliche Rahmenbedingungen in der EU

A. AGB-Richtlinie

Bereits 1993 hat die EU die Richtlinie über missbräuchliche Klauseln in Verbraucherverträgen (AGB-RL) erlassen. Materiell ordnet die AGB-RL die Kontrolle des Inhalts von nicht einzeln ausgehandelten Klauseln[136] in Verbraucherverträgen[137]. Gemäss der RL sind AGB grundsätzlich zulässig. Wenn sie jedoch – entgegen dem Gebot von Treu und Glauben[138] – zum Nachteil des Verbrauchers ein erhebliches und ungerechtfertigtes Missverhältnis[139] der ver-

---

[136] Eine Vertragsklausel gilt als nicht im Einzelnen ausgehandelt, wenn sie im Voraus formuliert und der Verbraucher deshalb keinen Einfluss auf ihren Inhalt nehmen kann (Art. 3 Abs. 2 AGB-RL).

[137] Ein Verbrauchervertrag ist ein zwischen einem Verbraucher und einem Gewerbetreibenden geschlossener Vertrag (Art. 1 Abs. 1 AGB-RL). Der Verbraucher ist gemäss Art. 2 lit. b AGB-RL eine natürliche Person, die zu einem Zweck handelt, der nicht ihrer gewerblichen oder beruflichen Tätigkeit zugerechnet werden kann (gleich auch Art. 2 Abs. 2 Fernabsatz-RL und Art. 2 lit. e E-Commerce-RL; vgl. zum Begriff *Dickie*, 92). Dies entspricht dem Konsumenten nach Schweizer Recht (vgl. dazu FN 69). Der Gewerbetreibende ist demgegenüber eine natürliche oder juristische Person, die im Rahmen ihrer gewerblichen oder beruflichen Tätigkeit Verbraucherverträge abschliesst (Art. 2 lit. c AGB-RL). Die AGB-RL findet daher keine Anwendung auf Verträge im kaufmännischen Bereich und auf solche zwischen Verbrauchern. Gegenstand des Verbrauchervertrages kann grundsätzlich alles sein (Art. 4 Abs. 1 AGB-RL), doch stehen Waren- und Dienstleistungen zweifellos im Vordergrund.

[138] Das *Gebot von Treu und Glauben* hat nur ergänzende Funktion, indem es erlaubt, ein nach objektiven Kriterien festgestelltes erhebliches Missverhältnis durch die Bewertung der subjektiven Interessenlage der Parteien zu ergänzen. Ein erhebliches Missverhältnis der Rechte und Pflichten zum Nachteil des Verbrauchers stellt damit einen Verstoss gegen Treu und Glauben dar, es sei denn, die Bewertung der Interessenlagen der Parteien führe zum Ergebnis, dass das Missverhältnis im konkreten Fall gerechtfertigt ist (*Stauder*, AGB-Richtlinie, 29). Massgeblich sind dabei die den Vertragsabschluss begleitenden Umstände, wie etwa das Kräfteverhältnis zwischen den Parteien, ein Anreiz der dem Verbraucher gegeben wurde, eine Klausel zu akzeptieren, oder speziell für den Verbraucher gefertigte Güter oder Dienstleistungen (Art. 4 Abs. 1 AGB-RL; Erwägungsgrund 16). Vgl. allgemein zum Gebot von Treu und Glauben in der AGB-RL *Dickie*, 75 f.

[139] Ein Ungleichgewicht kann in einem *formellen* oder in einem *materiellen Missverhältnis* bestehen. Ersteres liegt vor, wenn die Parteien unter gleichen Voraussetzungen nicht die gleichen Rechte und Pflichten haben. Letzteres tritt auf, wenn die inhaltlichen Interessen der Vertragsparteien nicht richtig berücksichtigt worden sind. Als Kontrollmassstab dient das dispositive Recht, von dem vermutet wird, dass es einen fairen Interessenausgleich enthält, weil es in einem demokratischen Prozess entstanden ist (*Dickie*, 77; *Stauder*, AGB-Richtlinie, 27, vgl. auch Art. 1 Abs. 2 AGB-RL). Da für die Innominatverträge ein

traglichen Rechte und Pflichten der Vertragspartner schaffen, erweisen sie sich als missbräuchlich und damit unzulässig.[140] Die Geltungskontrolle bleibt demgegenüber Sache der Mitgliedstaaten und ist von der Richtlinie ausgeklammert.[141] Die Auslegungskontrolle ist nur rudimentär geregelt.[142]

B. Bedeutung für die Schweiz

Liegt ein Konsumentenvertrag i.S.v. Art. 120 Abs. 1 IPRG vor[143], kommt – bei einem Gerichtsstand in der Schweiz[144] – das Recht desjenigen Staates zur An-

---

derartiger Vergleichsmassstab fehlt, hat der Richter eine sachgerechte Interessenbewertung mit Blick auf den Vertragszweck vorzunehmen (*Schmid*, AGB-Richtlinie, 54; *Stauder*, AGB-Richtlinie, 27). Im Anhang der AGB-RL findet sich eine als Hinweis dienende und nicht abschliessende Liste von Beispielen missbräuchlicher Klauseln (Art. 3 Abs. 3 AGB-RL).

[140] Art. 3 Abs. 1 AGB-RL. Die AGB-RL strebt jedoch keine absolute Vertrags- und Preisgerechtigkeit an (*Schmid*, AGB-Richtlinie, 52). Daher sind sowohl der Hauptgegenstand des Vertrages als auch die Gegenleistung (der Preis) der Missbrauchsprüfung entzogen, sofern diese Klauseln klar und verständlich abgefasst sind (Art. 4 Abs. 2 AGB-RL). Der Hauptgegenstand des Vertrages und das Preis-Leistungs-Verhältnis können allerdings bei der Beurteilung der Missbräuchlichkeit anderer Vertragsklauseln Berücksichtigung finden (Erwägungsgrund 19).

[141] *Stauder*, AGB-Richtlinie, 22.

[142] Die Vertragsklauseln sind gemäss Art. 5 AGB-RL klar und verständlich abzufassen. Diese Obliegenheit konkretisiert sich darin, dass bei Zweifeln über die Bedeutung einer Klausel die für den Verbraucher günstigere Auslegung gilt (Art. 5 AGB-RL).

[143] Für die Beurteilung von Verträgen im elektronischen Geschäftsverkehr ist vor allem Art. 120 Abs. 1 lit. b IPRG von Bedeutung. Ein Konsumentenvertrag liegt demnach vor, wenn dem Vertragsabschluss im Wohnsitzstaat des Konsumenten ein Angebot oder eine Werbung vorausgegangen ist und der Konsument in diesem Staat die zum Vertragsabschluss erforderlichen Rechtshandlungen vorgenommen hat. Gleiche materielle Voraussetzungen hat auch Art. 13 Abs. 1 Nr. 3 LugÜ resp. EuGVÜ. Der Verwender muss daher bewusst Schritte unternommen haben, um sein Angebot in diesem Staat zu präsentieren. Eine (Werbe-)E-Mail an einen Konsumenten stellt offensichtlich ein solches Angebot dar. Hinsichtlich Web-Sites kann der Konsument nur dann auf die Anwendung des Rechts seines Wohnsitzstaates vertrauen, wenn der Verwender damit bewusst den nationalen Markt des Konsumenten erschliessen will. Ob dem so ist, ergibt sich primär aus einem allfälligen Hinweis auf eine räumliche Beschränkung des Web-Angebots, aber auch aus anderen Kriterien wie die Sprache der Web-Site, die angegebene Währung, die Art der angebotenen Güter (z.B. Eignung zum Versand) oder ein nationaler Domain-Name (vgl. dazu *Weber*, E-Commerce, 43; *Arter/Jörg*, B 31; *Bochurberg*, N 941). Fehlt eine räumliche Begrenzung des Web-Angebots, spricht in Web-Sachverhalten eine Vermutung dafür, dass sich das Angebot an Kunden in aller Welt richtet. Denn dem Verwender ist die Möglichkeit, die Web-Sites weltweit abzurufen, hinlänglich bekannt. Begrenzt er sein Angebot räumlich trotzdem nicht, ist davon auszugehen, dass er einen weltweiten

wendung, in dem der Konsument seinen gewöhnlichen Aufenthalt hat. Eine Rechtswahl ist ausgeschlossen[145] und kann daher auch nicht im Rahmen von AGB vereinbart werden. Damit gilt die AGB-RL auch für Verträge, die der Schweizer Verwender mit Konsumenten mit Wohnsitz im EU-Raum abschliesst.[146] Da das Internet an den Landesgrenzen nicht Halt macht, dürfte dies gerade im elektronischen Geschäftsverkehr regelmässig vorkommen. Dementsprechend ist dem Verwender zu empfehlen, seine elektronischen AGB inhaltlich richtlinienkonform zu verfassen[147]. Der Konsument mit Wohnsitz in der Schweiz wird sich demgegenüber nicht auf die Schutzbestimmungen der AGB-RL berufen können, soweit Schweizer Recht zur Anwendung gelangt.[148]

Marktauftritt anstrebt oder zumindest in Kauf nimmt (so im Ergebnis auch *Weber*, E-Commercc, 43, in der deutschen Literatur etwa *Mehrings*, 618 ff., und in der französischen Literatur *Bochurberg*, N 941). Vgl. zum Gerichtsstand und zum anwendbaren Recht im E-Commerce ausführlich *Grolimund*, 349 ff.; *Weber*, E-Commerce, 33 ff.

[144] Liegt ein ausländischer Gerichtsstand vor, bestimmt das IPR dieses Staates das anwendbare Recht. Dabei dürfte dem Konsumenten i.d.R. (zumindest) der Schutz der zwingenden Bestimmungen des Rechts seines gewöhnlichen Aufenthalts- resp. Wohnsitzstaates erhalten bleiben (vgl. dazu auch *Brenn*, 483).

[145] Art. 120 Abs. 2 IPRG. Diese Bestimmung deckt sich mit Art. 6 Abs. 2 AGB-RL, der festlegt, dass die Parteien den durch die AGB-RL vorgesehenen Schutz nicht durch die Wahl des Rechtes eines Drittstaates umgehen können. Wird ein Richter in einem EU-Mitgliedstaat angerufen, hat er einer allfälligen Rechtswahlklausel daher keine Beachtung zu schenken, soweit dadurch die AGB-RL verletzt würde (*Huguenin Jacobs*, 89).

[146] *Brunner/Rehbinder/Stauder*, 16; *Schwarz*, 162.

[147] Vgl. die ausführliche Untersuchung des Klauselkataloges der AGB-RL und deren Verhältnis zum schweizerischen Recht bei *Schmid*, AGB-Richtlinie, 49 ff. Vgl. zur Bedeutung der AGB-RL für Verbraucherverträge in der Schweiz auch *Koller-Tumler*, 166.

[148] Was in Anwendung von Art. 120 Abs. 1 IPRG der Fall sein dürfte (vgl. *Brunner/Rehbinder/Stauder*, 16). Allerdings wird der Verwender mit Sitz in der EU i.d.R. nicht zwei verschiedene elektronische AGB (eine für EU-Verbraucher und eine für die anderen) verwenden. Faktisch wird der Schweizer Konsument damit trotzdem von den Bestimmungen der AGB-RL profitieren.

Zweiter Teil:
AGB in elektronisch abgeschlossenen Verträgen

3. Kapitel: Elektronisch abgeschlossene Verträge

§ 5 Regelungsansätze für elektronisch abgeschlossene Verträge

Die Rechtsfragen, die sich im Zusammenhang mit dem elektronischen Abschluss von Verträgen stellen, sind zu lösen, indem die bestehenden Regelungen[149] auf die neuen Sachverhalte angewendet werden.[150] Damit sich die Möglichkeiten des E-Commerce voll entfalten können, sind jedoch gewisse bestehende Lösungen zu überdenken.[151] Der Schweizer Gesetzgeber ist denn auch nicht untätig geblieben und hat in einigen Bereichen neue Normen erlassen resp. vorgeschlagen. Darauf ist vorerst einzugehen (I.). Anschliessend ist ein Blick auf die für den elektronischen Vertragsabschluss relevanten Regelungen der EU – als wichtigsten Handelspartner der Schweiz – zu werfen (II.); dabei wird nicht eine abschliessende Darstellung der verschiedenen Rechtsquellen angestrebt, sondern die Ausführungen sollen vielmehr dazu dienen, einen Überblick über die bestehenden Regelungsansätze zu gewinnen.

---

[149] Für das schweizerische Recht ist dies insbesondere der Allgemeine Teil des OR.
[150] *Hance*, 167.
[151] Vgl. in diesem Zusammenhang das Modellgesetz UNCITRAL der UNO (publiziert von den Vereinten Nationen unter dem Titel UNCITRAL – Model Law on Electronic Commerce with Guide to Enactment 1996 – with additional article 5bis as adopted in 1998, New York 1999; http://www.uncitral.org/english/texts/electcom/ml-ec.htm [Stand 30.4.01]).

I. Regelungsansätze in der Schweiz

A. Elektronische Signatur

1. ZertDV

Der Schweizer Gesetzgeber hat bis heute erst einen Erlass verabschiedet, der speziell auf den elektronischen Abschluss von Verträgen ausgerichtet ist. Am 1. Mai 2000 ist die Verordnung über Dienste der elektronischen Zertifizierung (ZertDV) in Kraft getreten.[152]

Die ZertDV regelt die für den Einsatz der elektronischen Signatur notwendigen technischen Rahmenbedingungen. Die elektronische Signatur ermöglicht es, die Herkunft von Daten festzustellen und nachzuprüfen, ob sie allenfalls verändert wurden.[153] Damit die elektronische Signatur ihren Zweck erfüllen kann, muss der Empfänger sowohl über die Identität des Absenders als auch über die Zugehörigkeit des verwendeten Schlüssels zum Absender Sicherheit erlangen.[154] Dementsprechend normiert die ZertDV sowohl die Zertifizierungsdiensteanbieter[155] als auch die elektronischen Zertifikate[156]. Zu einer Gleichstel-

---

[152] Zur ZertDV ausführlich *Legler* sowie *Ramsauer,* 59 ff.; *Weber,* E-Commerce, 300 ff.

[153] Will der Absender einem Dritten einen Text senden, ermittelt er daraus und aus dem Zertifikat über die Zuordnung des öffentlichen Schlüssels zu seiner Person einen elektronischen Code, den er mit seinem privaten Schlüssel verschlüsselt und als Zahlenkombination im Anhang der Daten an den Empfänger übermittelt. Der Empfänger transformiert diese elektronische Signatur mit dem (mitgelieferten oder allgemein zugänglichen) öffentlichen Schlüssel in einer neuen Zahlenkombination. Deckt sich diese mit dem Code, den er aus dem erhaltenen Text und dem Zertifikat errechnet, ist davon auszugehen, dass der Inhaber des Schlüssels (dessen Identität sich aus dem beigefügten Zertifikat ergibt) die Nachricht versandt hat und der Text bei der Übermittlung nicht verändert wurde. Zu präzisieren bleibt, dass der Text (im Sinne eines elektronischen Briefumschlages) nicht verschlüsselt, sondern grundsätzlich im Klartext versandt wird. Für die Übermittlung vertraulicher Daten sind damit zusätzlich Verschlüsselungsprogramme wie etwa „Pretty Good Privacy" zu verwenden. Vgl. zum Ganzen ausführlich *Graber,* 9 ff.; *Hunger,* 102 ff.; *Legler,* 2 ff.; *Pestalozzi/Veit,* 599 ff.; *Rosenthal,* 239 ff.; *Weber,* E-Commerce, 320 ff., und aus der deutschen Literatur *Eichhorn,* 28 ff.; *Koch Frank A.,* 179 ff.; *Rassmann,* 37 ff.

[154] *Rosenthal,* 246 f.; *Eichhorn,* 28.

[155] Art. 3 ff. ZertDV: Der Zertifizierungsdiensteanbieter gibt die Schlüssel aus und erstellt Zertifikate über deren Zuordnung zu einer Person.

[156] Art. 7 ff. ZertDV.

lung der elektronischen Signatur mit der eigenhändigen Unterschrift im Sinne von Art. 14 OR kommt es allerdings (noch) nicht.[157]

2. E-BG über Zertifizierungsdienste im Bereich der elektronischen Signatur

Am 3. Juli 2001 hat der Bundesrat den Enwurf zu einem Bundesgesetz über Zertifizierungsdienste im Bereich der elektronischen Signatur[158] (E-ZertES) verabschiedet. Das Gesetz soll primär die bloss provisorischen Regelungen der ZertDV auf eine sichere gesetzliche Grundlage stellen. Zusätzlich regelt der E-ZertES die Frage der Haftung sowohl der Inhaber privater Signaturschlüssel[159] als auch der Zertifizierungsdiensteanbieter[160]. Darüber hinaus sieht der E-

---

[157] Art. 1 Abs. 3 ZertDV.

[158] Terminologisch unterscheidet der E-ZertES zwischen verschiedenen Formen von elektronischen Signaturen. Art. 2 lit. a E-ZertES definiert die *elektronische* Signatur als elektronische Daten, die anderen elektronischen Daten beigefügt oder logisch mit ihnen verknüpft sind und die zur Authentifizierung dienen. Die elektronische Signatur ist eine *fortgeschrittene,* wenn sie ausschliesslich dem Inhaber zugeordnet ist, die Identifizierung des Inhabers ermöglicht, mit Mitteln erzeugt wird, die der Inhaber unter alleiniger Kontrolle hält und sie so mit den Daten verknüpft wird, dass eine nachträgliche Veränderung erkannt werden kann (Art. 2 lit. b E-ZertES). Die *qualifizierte elektronische* Signatur schliesslich ist eine fortgeschrittene elektronische Signatur, die den Einsatz einer sicheren Signaturerstellungseinheit zur Verschlüsselung erfordert und auf einem qualifizierten gültigen Zertifikat beruht (Art. 2 lit. c E-ZertES). Vgl. zur Terminologie ganz allgemein auch *Gisler,* 131 ff.; *Tettenborn,* Signaturgesetz, 686 f.

[159] Gemäss Art. 59a Abs. 1 E-OR haftet der Inhaber eines Signaturschlüssels für Schäden, die Dritte deswegen erleiden, weil sie sich auf das qualifizierte gültige Zertifikat verlassen haben. Abs. 2 erlaubt dem Inhaber, den Entlastungsbeweis zu erbringen, bei der Geheimhaltung des Signaturschlüssels alle nach den Umständen notwendigen Vorkehrungen getroffen zu haben, was zu einer Umkehr der Beweislast führt (vgl. Botschaft zum E-ZertES, Ziff. 2.2.2.3). Abs. 4 delegiert das Umschreiben der Vorkehrungen zur Geheimhaltung an den Bundesrat. Die Selbstverständlichkeit, dass ein Vertragsabschluss durch Dritte auch in Zukunft nach den Grundsätzen des Stellvertretungsrechts zu beurteilen ist, findet sich – anderes als im VE-BGES – nicht mehr im E-ZertES. Unzutreffend ist m.E. die von Vischer/Albrecht in diesem Zusammenhang vertretene Auffassung, wonach es sich bei der Verwendung von fremden Signaturen nicht um einen Tatbestand des Stellvertretungsrecht handle (*Vischer/Albrecht,* 18); kann der Berechtigte die elektronische Signatur doch einem Vertreter übergeben, damit dieser in seinem (des Berechtigten) Namen mit Dritten Verträge abschliesst, was einen Stellvertretungsfall darstellt (vgl. dazu auch die Botschaft zum E-ZertES, Ziff. 2.2.2.3).

[160] Die Zertifizierungsdiensteanbieter haften für die Einhaltung ihrer Pflichten gemäss den Vorschriften des E-ZertES (Art. 16 Abs. 1 E-ZertES), wobei es gemäss Abs. 2 der Bestimmung an ihnen liegt, die Einhaltung der Vorschriften zu beweisen.

ZertES neben anderen Änderungen von Bundesgesetzen[161] einen neuen Art. 14 Abs. 2bis OR vor. Darin wird die qualifizierte elektronische Signatur der eigenhändigen Unterschrift gleichgestellt, sofern sie auf einem qualifizierten Zertifikat beruht und auf den Namen einer natürlichen Person lautet.[162]

B. VE-BG über den elektronischen Geschäftsverkehr

Am 17. Januar 2001 hat der Bundesrat einen VE für ein Bundesgesetz über den elektronischen Geschäftsverkehr (Teilrevision des Obligationenrechts und des BG gegen den unlauteren Wettbewerb) verabschiedet.[163] Dieses BG soll die Bestimmungen des Konsumentenschutzes und des Lauterkeitsrechtes an die modernen Kommunikationsformen anpassen. Unter anderem[164] wird vorgeschlagen, das Widerrufsrecht bei Haustürgeschäften[165] auf Fernabsatzverträge[166] auszudehnen.[167] Darüber hinaus sollen – in Anlehnung an die Fernabsatz-

---

[161] So werden z.B. im ZGB Bestimmungen zum elektronischen Grundbuch resp. im OR zum elektronischen Handelsregister eingefügt.

[162] Vgl. dazu § 6/V/C.

[163] Die Vernehmlassungsfrist ist am 31. Mai 2001 abgelaufen (BBl 2001 I, 190). Gemäss Auskunft des Bundesamtes für Justiz sollte der Bundesrat Ende Oktober 2001 über das Ergebnis des Vernehmlassungsverfahrens informiert werden. Zum VE-BG über den elektronischen Geschäftsverkehr haben etwa *Spindler,* BG elektronischer Geschäftsverkehr, 259 ff. oder *Pietruszak,* 27, Bemerkungen publiziert.

[164] Im Rahmen dieser Gesetzesrevision sollen auch gewisse Bestimmungen des Fahrniskaufes geändert werden. Neu soll der Käufer Gewährsmängel nicht mehr sofort, sondern nur noch innert angemessener Frist rügen müssen (Art. 201 Abs. 1 und 3 VE-OR). Neben dem Wandelungs- und Minderungsrecht soll dem Käufer auch ein Nachbesserungsrecht zugestanden werden (Art. 205 Abs. 1 lit. c VE-OR). Weiter ist beabsichtigt, die Verjährungsfrist für Gewährleistungsansprüche auf zwei Jahre auszudehnen (Art. 210 Abs. 1 VE-OR). Vgl. für weitere Revisionsabsichten Art. 197 ff. VE-OR. Meines Erachtens ist allerdings nicht ersichtlich, in welchem Zusammenhang diese Neuerungen mit dem elektronischen Geschäftsverkehr stehen.

[165] Vgl. dazu nachfolgend § 6/IV/B.

[166] Gemäss der Legaldefinition von Art. 40c Abs. 1 VE-OR sind dies Verträge, die ohne gleichzeitige körperliche Anwesenheit der Vertragsparteien abgeschlossen werden und bei denen der Anbieter im Rahmen eines für den Fernabsatz organisierten Vertriebssystems ausschliesslich ein oder mehrere Fernkommunikationsmittel verwendet. Abs. 2 der Bestimmung nimmt gewisse Verträge vom Anwendungsbereich aus.

[167] Dafür würden die Art. 40a–40h OR umfassend revidiert. Vgl. dazu § 6/IV/B.

RL[168] und die E-Commerce-RL[169] – bestimmte Informationspflichten eingeführt werden.[170]

C. Zusammenfassung

Zusammenfassend kann festgehalten werden, dass in der Schweiz speziell für den elektronischen Vertragsabschluss bis heute lediglich die ZertDV in Kraft getreten ist, die durch den E-ZertES wohl relativ rasch auf eine sichere gesetzliche Grundlage gestellt werden wird. Gleichzeitig würde damit auch die qualifizierte elektronische Signatur der eigenhändigen Unterschrift gleichgestellt. Erheblichen Einfluss auf den elektronischen Geschäftsverkehr hätten ferner das im VE-BG über den elektronischen Geschäftsverkehr vorgeschlagene Widerrufsrecht sowie die Informationspflichten. Da die vorgeschlagenen Revisionen insgesamt nicht unumstritten sind, wird erst die Zukunft zeigen, welche Regelungen schliesslich in Kraft treten werden.

II. Regelungsansätze in der EU

Die EU hat bereits mehrere Richtlinien erlassen, die für den elektronischen Vertragsabschluss von Bedeutung sind. Nachfolgend werden jene Rechtsquellen skizziert, die entweder gewisse Sonderregeln enthalten, die auch auf Internet-Sachverhalte anwendbar sind – wie etwa die Fernabsatz-RL (A) – oder

---

[168] Vgl. dazu § 5/II/A.
[169] Vgl. dazu § 5/II/C.
[170] Gemäss einem neuen Art. 3 lit. b^{bis} VE-UWG sind dem Kunden im Fernabsatz gewisse Grundinformationen bekanntzugeben (wie etwa Angaben über die Identität des Anbieters, seinen Sitz resp. Wohnsitz, die Adresse, wesentliche Eigenschaften der angebotenen Produkte und deren Preise). Darüber hinaus sieht der Art. 6a VE-UWG für den elektronischen Geschäftsverkehr zusätzliche Informationspflichten vor. Diese Bestimmung verlangt neben klarer und vollständiger Angabe der Kontaktadresse (lit. a) auch Hinweise über die einzelnen technischen Schritte, die zu einem Vertragsabschluss führen (lit. b), sowie das Zur-Verfügung-Stellen von angemessenen technischen Mitteln, mit welchen der Kunde Eingabefehler vor Abgabe der Bestellung erkennen und korrigieren kann (lit. c). Schliesslich ist der Erlass eines neuen Art. 40d Abs. 1 und 2 VE-OR geplant, der im Vertragsrecht für Haustürgeschäfte und Fernabsatzverträge eine ähnliche Informationspflicht statuiert, ohne jedoch die Rechtsfolgen bei unterlassener Information zu regeln. Es fällt auf, dass diese drei Bestimmungen nicht kohärent formuliert wurden. Nimmt der Gesetzgeber hier nicht noch Änderungen vor, wird dies infolge mangelnden Rechtsklarheit zu einer erheblichen Rechtsunsicherheit führen.

speziell auf die neuen Rechtsfragen zugeschnitten sind, wie die Signatur-RL (B) oder die E-Commerce-RL (C).

A. Fernabsatz-Richtlinie

1. Allgemeines

Die Richtlinie über den Verbraucherschutz bei Vertragsabschlüssen im Fernabsatz (Fernabsatz-RL) gewährt den Verbrauchern[171] einen unverzichtbaren[172] Mindeststandard[173] an Schutzmechanismen bei Verträgen[174] im Fernabsatz[175].

---

[171] Vgl. zum Begriff allgemein FN 137 und speziell zur Fernabsatz-RL *Schöbi*, Fernabsatzrichtlinie, 4.

[172] Gemäss Art. 12 Abs. 1 Fernabsatz-RL kann der Verbraucher auf die Rechte, die ihm aufgrund der Umsetzung dieser Richtlinie in innerstaatliches Recht zustehen, nicht verzichten. Die Bestimmungen der RL können auch nicht durch die Wahl des Rechts eines Drittlandes als anwendbares Recht umgangen werden, wenn der Vertrag einen engen Zusammenhang mit dem Gebiet eines oder mehrerer Mitgliedstaaten aufweist.

[173] Art. 14 Fernabsatz-RL erlaubt es den Mitgliedstaaten, strengere Bestimmungen zu erlassen, um ein höheres Schutzniveau zu erreichen.

[174] Art. 3 Abs. 1 Fernabsatz-RL nimmt einige Verträge ganz oder teilweise aus dem Anwendungsbereich der RL heraus. So gilt sie z.B. nicht für Finanzdienstleistungen. Für solche Bank-, Versicherungs-, Investment- und Zahlungsdienstleistungen haben das Europäische Parlament und der Rat einen geänderten Vorschlag für eine Richtlinie über den Fernabsatz von Finanzdienstleistungen an Verbraucher und zur Änderung der Richtlinie 97/7/EG und 98/27/EG vorgelegt (KOM (1999) 385 endg.; http://europa.eu.int/eur-lex/de/com/dat/1998/de_598PC0468.html [Stand 30.4.01]). Diese RL strebt eine Harmonisierung der Verbraucherschutzbestimmungen im Fernabsatz von Finanzdienstleistungen an. Sie basiert auf den gleichen Grundpfeilern wie die Fernabsatz-RL, das heisst *Informationspflicht* (Art. 3 E-RL), Pflicht zur *schriftlichen Bestätigung* (Art. 3a E-RL) und *Widerrufsrecht* (Art. 4 E-RL), wobei diese Regelungen auf die Besonderheiten der Finanzdienstleistungen Rücksicht nehmen (vgl. dazu etwa Thévenoz, 59 ff.). Anlässlich des Sondergipfels des Europäischen Rates vom 23. und 24. März 2001 in Stockholm haben die Staats- und Regierungschefs der EU erklärt, den Vorschlag für die Richtlinie über den Fernabsatz von Finanzdienstleistungen bis Ende Jahr verabschieden zu wollen (vgl. NZZ Nr. 71 vom 26. März 2001, 17).

[175] Fernabsatz liegt gemäss Art. 2 Abs. 1 Fernabsatz-RL dann vor, wenn für den Vertragsabschluss ausschliesslich eine oder mehrere Fernkommunikationstechniken verwendet werden und das System des Lieferers für den Fernabsatz organisiert ist. Von Fernkommunikationstechnik ist auszugehen, wenn das fragliche Kommunikationsmittel ohne gleichzeitige körperliche Anwesenheit der Parteien einsetzbar ist (Art. 2 Abs. 4 Fernabsatz-RL). Durch die Fernabsatz-RL erfasste Kommunikationstechniken sind im Anhang I beispielhaft aufgezählt. Ausdrücklich erwähnt wird darin etwa Bildschirmtext oder elektronische Post. Die Fernabsatz-RL gilt grundsätzlich für alle elektronisch abgeschlossenen „Offli-

Im Wesentlichen statuiert die Fernabsatz-RL materiell eine allgemeine *Informationspflicht* des Anbieters, die durch eine Pflicht zur *schriftlichen Bestätigung* dieser Informationen ergänzt wird (nachfolgend 2.). Weiter statuiert Art. 6 Fernabsatz-RL ein allgemeines *Widerrufsrecht:* Innert sieben[176] Werktagen kann der Verbraucher jeden[177] Vertragsabschluss ohne Angabe von Gründen und ohne Strafzahlung[178] widerrufen.[179] Schliesslich ist der Anbieter gemäss Art. 7 Fernabsatz-RL – unter Vorbehalt einer abweichenden Vereinbarung – zur Vertragserfüllung innert 30 Tagen verpflichtet.[180]

2. Informationspflicht

Der Verbraucher ist gemäss Art. 4 Abs. 1 Fernabsatz-RL *vor Abschluss des Vertrages* über wesentliche Vertragspunkte[181] zu informieren.[182] Damit soll er vor einem *übereilten* oder *unbedachten* Vertragsabschluss geschützt werden.[183]

Die Informationen sind dem Verbraucher grundsätzlich[184] spätestens zum Zeitpunkt der Lieferung schriftlich oder auf einem anderen für ihn dauerhaft

---

ne"- oder „Online"-Verträge (*Nestlé,* AGB, 255; *Schmid,* Fernabsatz, 189; *Schöbi,* Fernabsatzrichtlinie, 5; *Arnold,* 529; *Köhler/Arndt,* N 128; *Härting,* Internetrecht, N 168; *Moritz,* 66; *Ultsch,* Fernabsatz, 27). Vgl. auch Erwägungsgrund 11 der E-Commerce-RL (zur E-Commerce-RL vgl. § 5/II/C. nachfolgend).

[176] Kommt der Anbieter seinen Informationspflichten nicht nach, so verlängert sich die Widerrufsfrist auf maximal drei Monate (Art. 6 Abs. 1 Unterabsatz 3 Fernabsatz-RL).

[177] Vom Widerrufsrecht sind gemäss Art. 6 Abs. 3 Fernabsatz-RL Verträge, bei denen eine Rückabwicklung entweder *nicht möglich* oder *nicht zumutbar* ist, ausgenommen. Das sind z.B. Verträge über Dienstleistungen, mit deren Erfüllung bereits vor Ablauf der Frist begonnen wurde, oder wenn der Preis der Leistung von der Entwicklung der Sätze auf den Finanzmärkten abhängt, auf die der Anbieter keinen Einfluss hat; Verträge über Waren, die rasch verderben und daher nicht zum Zurücksenden geeignet sind, oder auch Verträge zur Lieferung von Zeitungen oder Zeitschriften. Vgl. dazu *Arnold,* 530 f.

[178] Dem Verbraucher dürfen nur die unmittelbaren Kosten für die Rücksendung der Waren auferlegt werden (Art. 6 Abs. 1 Fernabsatz-RL).

[179] Vgl. dazu *Werro/Belser,* 226 ff.

[180] Vgl. dazu *Werro/Belser,* 217 f.

[181] Darunter fallen z.B. die Identität des Anbieters, die wesentlichen Eigenschaften der Ware, der Preis samt Lieferkosten, die Zahlungs-, Lieferungs- und Erfüllungsmodalitäten und ggf. das Widerrufsrecht.

[182] Vgl. dazu etwa *Schmid,* Fernabsatz, 192 f.

[183] Vgl. Erwägungsgrund 11.

[184] Eine Ausnahme gilt für den Fall, in dem Dienstleistungen unmittelbar durch den Einsatz einer Fernkommunikationstechnik erbracht werden und der Betreiber der Kommunikationstechnik darüber abrechnet (Art. 5 Abs. 2 Fernabsatz-RL). Gemäss *Nestlé,* AGB, 257, ist diese Ausnahme auf Telefondienstleistungen zugeschnitten, welche direkt durch die Leitung erbracht und abgerechnet werden. Es ist allerdings umstritten, ob tatsächlich nur

verfügbaren Datenträger[185] zu bestätigen.[186] Es stellt sich somit die Frage, wann diesem Erfordernis in Internet-Sachverhalten Genüge getan ist. Eine *E-Mail* genügt den Anforderungen der Fernabsatz-RL, weil diese beim Empfänger resp. seinem Provider automatisch gespeichert wird.[187] Der Anbieter kann die Informationen nicht mehr einseitig verändern und der Verbraucher kann sie beliebig oft zur Kenntnis nehmen. Informationen auf *Web-Sites* erfüllen die Anforderungen der RL demgegenüber nicht.[188] Hier kann der Anbieter den Inhalt der Informationen laufend einseitig abändern. Wird der Verbraucher allerdings selber aktiv und speichert die Informationen bei sich ab, ist den Anforderungen Genüge getan.[189] Da der Anbieter jedoch nicht sicherstellen kann, dass sein Vertragspartner dies auch tatsächlich tut, hat er die Informationen zusätzlich zur Web-Site per E-Mail, Fax, Brief etc. zu versenden.

B. Signatur-Richtlinie

Damit der Vertragspartner zuverlässig identifiziert und sich die Integrität der übermittelten Daten nachprüfen lässt[190], hat die EU die Richtlinie über gemein-

---

jene Fälle ausgenommen werden, bei denen die Leistungen durch den Betreiber der Fernkommunikationstechnik abgerechnet werden, und nicht auch jene, bei denen die Abrechnung durch einen unabhängigen Anbieter von Zahlungssystemen vorgenommen wird (vgl. etwa *Meents,* Fernabsatzgesetz, 613).

[185] Vgl. zur Konkretisierung des Begriffes im deutschen Recht *Härting,* Datenträger, 311.
[186] Art. 5 Abs. 1 Fernabsatz-RL.
[187] So auch *Nestlé,* AGB, 257; *Dickie,* 96; *Moritz,* 67, FN 64, gleich auch *Hoeren,* Verbraucherschutzrecht, 287 f., mit Hinweisen zur Beweisproblematik, und *Härting,* Datenträger, 312 f., mit Ausführungen zur unglücklichen Formulierung in § 361a Abs. 3 BGB. Nichts anderes ergibt sich auch aus Art. 2 lit. f des Vorschlages für eine RL über den Fernabsatz von Finanzdienstleistungen wonach ein „dauerhafter Datenträger" jedes Medium (insbesondere Disketten, CD-ROM und die Festplatte) ist, das es dem Verbraucher gestattet, an ihn persönlich gerichtete und per *E-Mail* übermittelte Daten auf seinem Computer aufzubewahren.
[188] *Nestlé,* AGB, 257; *Hoeren,* Verbraucherschutzrecht, 288; *Moritz,* 67, FN 64. Vgl. dazu auch Art. 2 lit. f des Vorschlages einer RL über den Fernabsatz von Finanzdienstleistungen. Anderer Ansicht OLG München im Urteil vom 25. Januar 2001, 29 U 4113/00 (K&R 2001, 313 ff.; CR 2001, 401 ff.), fraglich war die Einhaltung von Grundinformationspflichten das Anbieters nach dem Verbraucherkreditgesetz im Zusammenhang mit Abonnementsbestellung durch elektronische Erklärung im WWW. Vgl. allerdings die sehr kritischen Anmerkungen von *Härting,* Datenträger, 310 ff. und *Mankowski,* 404 ff.
[189] Da das deutsche Recht eine zielgerichtete Aktivität des Anbieters fordert, vermag das selbständige Abspeichern durch den Verbraucher dort nicht zu genügen (vgl. *Härting,* Datenträger, 312).
[190] Erwägungsgrund 4; *Dickie,* 35.

schaftliche Rahmenbedingungen für elektronische Signaturen (Signatur-RL) erlassen.[191] Die RL regelt unter anderem die Mindestanforderungen, welche an die Zertifizierungsdiensteanbieter und deren Zertifikate gestellt werden.[192] Zudem stellt sie die fortgeschrittene elektronische Signatur der eigenhändigen Unterschrift gleich.[193] Fortgeschrittene elektronische Signaturen beruhen auf einem qualifizierten Zertifikat[194] und werden von einer sicheren Signaturerstellungseinheit[195] erstellt.[196]

C. E-Commerce-Richtlinie

1. Allgemeines

Um dem freien Verkehr von Diensten der Informationsgesellschaft[197] zum umfassenden Durchbruch zu verhelfen, hat die EU die E-Commerce-RL erlassen.[198]

---

[191] Vgl. zur Signatur-RL allgemein *Gravesen/Dumortier/van Eecke*, 577 ff.; *Rossnagel*, 261 ff.

[192] Gemäss Art. 3 Abs. 1 Signatur-RL besteht für Zertifizierungsdiensteanbieter Zulassungsfreiheit, wobei freiwillige Akkreditierungssysteme (im Sinne einer Bewilligungspflicht; Art. 2 Ziff. 13 Signatur-RL) zulässig sind (Art. 3 Abs. 2 Signatur-RL). Weiter gilt für das Bereitstellen von Zertifizierungsdiensten das Herkunftslandprinzip (Art. 4 Abs. 1 Signatur-RL). Anhang II der RL normiert die Anforderungen, die an die Zertifizierungsdiensteanbieter gestellt werden, und Art. 6 Signatur-RL deren Haftung.

[193] Diese erfüllen die rechtlichen Anforderungen bezüglich Daten, die in elektronischer Form vorliegen, in gleicher Weise wie handschriftliche Unterschriften bezüglich Daten, die in Papierform vorliegen, und werden in Gerichtsverfahren als Beweismittel zugelassen (Art. 5 Abs. 1 Signatur-RL).

[194] Zum qualifizierten Zertifikat vgl. Art. 2 Ziff. 10 Signatur-RL und Anhang I.

[195] Darunter ist die zur Erstellung der Signatur verwendete Soft- und Hardware zu verstehen (Art. 2 Ziff. 5 Signatur-RL und Anhang III).

[196] Es ist darauf hinzuweisen, dass es sich bei der *fortgeschrittenen elektronischen Signatur* um eine qualifizierte elektronische Signatur im Sinne des E-ZertES handelt. Vgl. zur Terminologie vorstehend FN 158.

[197] Für die Definition des Begriffes verweist Art. 2 lit. a E-Commerce-RL auf die Transparenzrichtlinie 98/34/EG (in der Fassung 98/48/EG). Danach sind „Dienste der Informationsgesellschaft" alle *elektronisch,* im *Fernabsatz* und auf *individuellen Abruf* (im Unterschied zu Funk und Fernsehen) eines Empfängers erbrachten Tätigkeiten, die auf ein *kommerzielles Ziel* gerichtet sind (was nicht bedeutet, dass deren Inanspruchnahme vom Nutzer zwingend vergütet werden muss; die Finanzierung durch Bannerwerbung genügt beispielsweise). Die Offline-Dienste, wie z.B. das Ausliefern der Waren, wird durch die RL nicht erfasst (Erwägungsgrund 21). Vgl. zum Begriff „Dienste der Informationsgesellschaft" auch Erwägungsgrund 18; *Ahrens,* 835 f.; *Brenn,* 482 f.; *Brisch,* 236; *Hoeren,* E-Commerce-Richtlinie, 193 f.; *Maennel,* 188; *Spindler,* E-Commerce-RL, 5; *Tetten-*

Die E-Commerce-RL statuiert in Art. 3 Abs. 2 das *Herkunftslandsprinzip*, das grundsätzlich[199] für den gesamten koordinierten Bereich[200] gilt. Dementsprechend darf ein Dienst der Informationsgesellschaft, der in einem Mitgliedstaat rechtmässig erbracht wird, in seinem Zugang zum Binnenmarkt nicht behindert werden.[201] Zudem regelt die E-Commerce-RL neben der *Zulassungsfreiheit*[202] und den *allgemeinen Informationspflichten*[203] besondere *Informationspflichten*[204] im Bereich der kommerziellen Kommunikationen[205] sowie die *Verantwortlichkeit von Vermittlern*[206]. Nachfolgend ist auf die in der E-Commerce-RL ebenfalls enthaltenen Bestimmungen zum *elektronischen Vertragsabschluss* einzugehen.

---

born, K&R 2/00, 60 f. Vgl. zu den Ausnahmen vom Anwendungsbereich Art. 1 Abs. 5 E-Commerce-RL sowie *Brenn*, 483; *Spindler*, E-Commerce-RL, 6 f.; *Tettenborn*, K&R 6/99, 253 ff.

[198] Vgl. Erwägungsgrund 3, 5 und 8.

[199] Gewisse Bereiche – z.B. vertragliche Verpflichtungen bei Verbraucherverträgen – können von diesem Grundsatz ausgenommen werden (Art. 3 Abs. 3 E-Commerce-RL i.V.m. dem Anhang). Zudem können die Mitgliedstaaten – insbesondere zum Schutz der Polizeigüter – vom Herkunftslandsprinzip abweichen (Art. 3 Abs. 4 E-Commerce-RL, vgl. dazu *Brenn*, 483 f.; *Tettenborn*, K&R 6/99, 255 f.). Schliesslich geht eine von den Parteien getroffene Rechtswahlvereinbarung dem Prinzip ebenfalls vor (*Ahrens*, 839).

[200] In den koordinierten Bereich fallen gemäss der Definition von Art. 2 lit. h E-Commerce-RL sämtliche für die Anbieter von Diensten der Informationsgesellschaft und die Dienste der Informationsgesellschaft bestehenden (europäischen und nationalstaatlichen) Rechtsnormen. Der koordinierte Bereich geht damit über die in der E-Commerce-RL geregelten Einzelfragen hinaus. Vgl. dazu Erwägungsgrund 21; *Hoeren*, E-Commerce-Richtlinie, 195; *Tettenborn*, K&R 2/00, 61.

[201] Vgl. dazu ausführlich *Ahrens*, 837 ff., und sehr kritisch *Lehmann*, 518. Zum Verhältnis zum Kollisionsrecht *Spindler*, E-Commerce-RL, 9 f.

[202] Die Aufnahme und Ausübung der Tätigkeit eines Anbieters von Diensten der Informationsgesellschaft erfordert grundsätzlich keine besondere Zulassung (Art. 4 E-Commerce-RL).

[203] Art. 5 Abs. 1 E-Commerce-RL ergänzt die vorvertraglichen Informationspflichten der Fernabsatz-RL, indem der Anbieter den Nutzern und Behörden u.a. seinen Namen, seine Adresse (inkl. E-Mail-Adresse), das zuständige Handelsregister und seine Registrierungsnummer bekannt zu geben hat. Gemäss Ziff. 2 der Bestimmung ist auch der Preis der Ware oder Dienstleistung anzugeben und zu präzisieren, ob Steuern und Versandkosten bereits enthalten sind.

[204] Art. 6 E-Commerce-RL.

[205] Vgl. zum Begriff Art. 2 lit. f E-Commerce-RL, sowie *Brisch*, 238; *Dickie*, 25.

[206] Dabei wird zwischen dem Durchleiten von Information und dem Vermitteln von Zugang zum Netz (Access-Provider – Art. 12 und 13 E-Commerce-RL) und dem Beherbergen von Information (Host-Provider – Art. 14 E-Commerce-RL) unterschieden. Art. 15 E-Commerce-RL stellt klar, dass den Vermittlern keine dauernde Überwachungspflicht auferlegt werden darf.

2. Elektronischer Vertragsabschluss

Die E-Commerce-RL enthält verschiedene Bestimmungen, um den elektronischen Vertragsabschluss zu fördern. Zunächst haben die Mitgliedstaaten gemäss Art. 9 Abs. 1 E-Commerce-RL sicherzustellen, dass ihr Rechtssystem den Abschluss von Verträgen auf elektronischem Weg zulässt.[207] Sie haben insbesondere dafür zu sorgen, dass die für den Vertragsabschluss geltenden Rechtsnormen weder Hindernisse für die Verwendung elektronisch abgeschlossener Verträge enthalten, noch dazu führen, dass die Verträge nur deshalb nicht wirksam oder gültig sind, weil sie auf elektronischem Weg zustande gekommen sind.[208]

Sodann haben die Anbieter gemäss Art. 10 Abs. 1 E-Commerce-RL dem Nutzer[209] klar, verständlich und unzweideutig mitzuteilen, welche einzelnen *technischen Schritte zum Vertragsabschluss führen*[210], ob der *Vertragstext gespeichert* wird und ob er *zugänglich* bleibt, welche technischen Möglichkeiten bestehen, um *Eingabefehler zu erkennen* resp. *zu korrigieren*[211], und schliesslich welche *Sprachen*[212] zum Vertragsabschluss zur Verfügung stehen.[213] Ge-

---

[207] Die Mitgliedstaaten können allerdings gestützt auf Abs. 2 der Bestimmung gewisse Kategorien von Verträgen (wie z.B. Grundstückskaufverträge, Bürgschaftsverträge oder Erbverträge) vom Anwendungsbereich ausnehmen (vgl. dazu *Ultsch*, E-Commerce, 89).

[208] *Maennel*, 190; *Ultsch*, E-Commerce, 90.

[209] Art. 10 Abs. 2 E-Commerce-RL sieht vor, dass im Business-to-Business-Bereich abweichende Vereinbarungen getroffen werden können.

[210] Für den Verbraucher muss deutlich sein, dass er mit dem Betätigen der Return-Taste resp. dem Mausklick eine finanzielle Verpflichtung eingeht. Ein Klick ist bekanntlich sehr schnell gemacht und im Umgang mit Computern auch immer wieder notwendig, ohne dass dies üblicherweise einen Vertragsabschluss zur Folge hätte (*Arnold*, 530). Eine entsprechende Information ist daher höchstens so lange sinnvoll, bis der Umgang mit den elektronischen Medien selbstverständlich geworden ist (so auch *Maennel*, 191).

[211] Vgl. dazu auch Art. 11 Abs. 2 E-Commerce-RL.

[212] Noch offen ist die Frage, ob der Informationspflicht Genüge getan wird, wenn die Angaben in der nationalen Sprache der Niederlassung verfasst sind, was dem Herkunftslandprinzip entsprechen würde. *Hoeren*, E-Commerce-Richtlinie, 197, und *Ultsch*, E-Commerce, 108, argumentieren, dass diesfalls das Ziel der Informationspflicht wohl verfehlt würde. Meines Erachtens ist jedoch der Tatsache Beachtung zu schenken, dass derjenige, der sich auf ein fremdsprachiges Angebot einlässt, auch das Risiko des Nichtverstehens zu tragen hat. Vgl. zur Frage der Sprache von elektronischen AGB nachstehend § 8/II/B/3.

[213] Gemäss Abs. 4 der Bestimmung gelten diese Vorschriften nicht für Verträge, die ausschliesslich durch den Austausch von E-Mail oder durch damit vergleichbare individuelle Kommunikation geschlossen werden.

mäss Abs. 3 der Bestimmung sind die AGB dem Nutzer zwingend so zur Verfügung zu stellen, dass er sie *speichern und reproduzieren* kann.[214]
Neben diesen Informationspflichten statuiert Art. 11 E-Commerce-RL Regeln zum Vertragsabschluss selber.[215] Kommt der Vertrag durch die Annahmeerklärung des Kunden zustande[216], muss der Anbieter im Interesse der Rechtssicherheit den *Vertragsabschluss* unverzüglich[217] *auf elektronischem Weg bestätigen.*[218] Gilt das Web-Angebot jedoch als Einladung zur Offertstellung, verliert diese Regel an Bedeutung, da für den Vertragsabschluss ohnehin grundsätzlich eine Annahmeerklärung des Verwenders erforderlich ist.[219]

D. Bedeutung für die Schweiz

Fehlt eine Rechtswahl, untersteht der Vertrag – bei einem Gerichtsstand in der Schweiz[220] – in Anwendung von Art. 117 Abs. 1 IPRG grundsätzlich dem Recht des Staates, mit dem er am engsten zusammenhängt.[221] Dabei wird vermutet, dass der engste Zusammenhang mit dem Staat besteht, in dem die Partei, welche die charakteristische Leistung[222] erbringt, ihren gewöhnlichen Aufent-

---

[214] Diese Vorschrift gilt – anders als die allgemeinen Informationspflichten – auch für per E-Mail geschlossene Verträge. Vgl. zu dieser Bestimmung ausführlich *Kamanabrou*, 424 f., und *Spindler*, E-Commerce-RL, 12.
[215] Gemäss Abs. 3 der Bestimmung gilt Abs. 1 erster Spiegelstrich (unverzügliche Bestätigung) und Abs. 2 (Korrektur von Eingabefehlern) nicht für Verträge, die ausschliesslich durch den Austausch elektronischer Post oder durch vergleichbare individuelle Kommunikation geschlossen werden.
[216] Davon ist auszugehen, wenn der Anbieter klar zum Ausdruck bringt, dass sein Web-Angebot ein verbindlicher Antrag ist, oder wenn die Rechtsordnung des Herkunftslandes diese Qualifikation vor sieht. Vgl. die ausführliche Auseinandersetzung mit dieser Frage in § 6/II/A/2.
[217] Die Formulierung lässt vermuten, dass die E-Commerce-RL einen Kontrahierungszwang vorsieht, was jedoch nicht gemeint ist. Eine unverzügliche Bestätigung ist nur dann nötig, wenn der Anbieter auch tatsächlich mit dem Kunden einen Vertrag eingehen will (vgl. dazu *Tettenborn*, K&R 10/99, 443).
[218] Art. 11 Abs. 1 erster Spiegelstrich E-Commerce-RL.
[219] Vgl. zum Ganzen *Nestlé*, AGB, 260; *Brenn*, 488; *Hoeren*, E-Commerce-Richtlinie, 198; *Maennel*, 191.
[220] Liegt der Gerichtsstand in einem EU-Mitgliedsaat, so gilt gemäss Art. 4 Abs. 1 Römer-Übereinkommen (ABl. 1998 C 027/1 vom 26. Januar 1998; http://europa.eu.int/ISPO/ecommerce/legal/favorite.html [Stand 30.4.01]) allerdings dieselbe Regelung.
[221] Vgl. zur Frage des Gerichtsstandes und des anwendbaren Rechtes im E-Commerce ausführlich *Grolimund*, 349 ff.; *Weber*, E-Commerce, 33 ff.
[222] Beim Kaufvertrag ist es etwa der Verkauf der Ware (Abs. 3 lit. a), beim Dienstleistungsvertrag das Erbringen der Dienstleistung (Abs. 3 lit. c).

halt hat.²²³ Bei Verträgen, die ein Schweizer Anbieter mit Kunden mit gewöhnlichem Aufenthalt im EU-Raum abschliesst, dürfte damit in der Regel Schweizer Recht zur Anwendung gelangen, sodass die EU-Richtlinien unberücksichtigt bleiben.

Anders verhält es sich jedoch, wenn es sich bei dem Kunden um einen Konsumenten handelt. Diesfalls gelangt das Recht seines gewöhnlichen Aufenthaltsortes zur Anwendung.²²⁴ In solchen Verträgen – aber auch dann, wenn im Rahmen einer zulässigen Rechtswahl das Recht eines EU-Mitgliedstaates als anwendbar erklärt wurde – ist beim elektronischen Abschluss von Verträgen darauf zu achten, dass die Vorschriften der Richtlinien respektiert werden. So ist dem Schweizer Anbieter etwa zu empfehlen, den Informationspflichten der Fernabsatz- und der E-Commerce-RL nachzukommen. Zudem hat er die AGB dem Kunden so zur Verfügung zu stellen, dass dieser sie speichern und reproduzieren kann.²²⁵

---

²²³ Art. 117 Abs. 2 IPRG.
²²⁴ Vgl. dazu vorstehend § 4/II/B.
²²⁵ Art. 10 Abs. 3 E-Commerce-RL.

§ 6 Elektronischer Vertragsabschluss

Nachfolgend ist das Zustandekommen[226] von Verträgen unter Nutzung moderner Kommunikationsmitteln zu untersuchen, wobei eine Konzentration auf die medienspezifischen Rechtsfragen[227] erfolgt und sich die Darstellung schwergewichtig[228] auf das schweizerische Recht bezieht. Einleitend (I.) ist auf die elektronische Willenserklärung – insbesondere auf deren Verbindlichkeit – einzugehen. Die beiden nächsten Abschnitte sind dem Antrag (II.) und der Annahme (III.) gewidmet. Abschliessend folgen Ausführungen zum Widerrufsrecht (IV.) und zu den Formvorschriften (V.).

I. Elektronische Willenserklärung

A. Verbindlichkeit der elektronischen Willenserklärung

Die für den Vertragsabschluss notwendige[229] Willenserklärung der Vertragspartner ist die Äusserung eines auf eine bestimmte Rechtsfolge gerichteten menschlichen Willens.[230] Wird dieser Wille durch moderne Kommunikationsinfrastrukturen ermittelt resp. übermittelt, stellt sich die grundsätzliche Frage, ob eine elektronische Erklärung überhaupt Rechtswirkung zu entfalten vermag.

---

[226] Vgl. zum Inhalt von Internet-Verträgen *Dill*, 1513 ff.
[227] Ausser Acht gelassen werden nicht in direktem Zusammenhang mit der Nutzung von elektronischen Kommunikationsinfrastrukturen stehende Fragen wie etwa die Handlungsfähigkeit (Art. 12 ff. ZGB) oder die Inhaltsschranken von Art. 19 ff. OR.
[228] In Kontinentaleuropa, in England sowie in Nordamerika kommt ein Vertrag grundsätzlich durch übereinstimmende Willenserklärung zustande (vgl. dazu *Hance*, 167), sodass sich die im Zusammenhang mit dem elektronischen Vertragsabschluss stehenden Fragen weitgehend decken. In den nachfolgenden Ausführungen kann damit (falls erforderlich) auf ausländische – insbesondere deutsche – Lehre verwiesen werden.
[229] Art. 1 Abs. 1 OR.
[230] *Gauch/Schluep/Schmid/Rey*, N 119.

1. Elektronisch übermittelte Erklärung

Wird die Willenserklärung vom Erklärenden selber gefasst und erfolgt lediglich der *Erklärungsvorgang*[231] über eine elektronische Kommunikationsinfrastruktur, liegt die Besonderheit einzig darin, dass der Wille nicht in mündlicher oder schriftlicher, sondern in elektronischer Form geäussert und übermittelt wird. Dies berührt den Willensbildungsprozess jedoch nicht, sodass auch diesen Erklärungen zweifelsohne ein menschlicher Wille zugrunde liegt.[232]

2. Elektronisch ermittelte Erklärung

Problematischer ist der Fall, dass die EDV-Anlage[233] die *Willenserklärung automatisch erstellt* und diese anschliessend elektronisch an den Empfänger übermittelt.[234] Einer solchen Computererklärung fehlt die unmittelbare aktive menschliche Willensbildung. Allerdings basiert die Willenserklärung des Rechners auf einem in der Software in allgemeiner Form festgehaltenen Algorithmus und lässt sich daher letztlich auf einen menschlichen Willen zurückführen.[235] Darüber hinaus beruht der Einsatz von EDV-Anlagen zur Willensbildung auf einer vom menschlichen Willen getragenen Handlung. Der Empfänger darf in guten Treuen darauf vertrauen, dass der Erklärende an die von seinem Rechner abgegebene Willenserklärung gebunden sein will[236] und sich diese als seine eigene anrechnen lässt[237], zumal es für den Empfänger oftmals nicht ersichtlich ist, ob die Erklärung vom Erklärenden selbst oder von seiner

---

[231] Etwa indem der Wille seinen Ausdruck in einer E-Mail oder im Ausfüllen eines Web-Formulars findet und dieser anschliessend mit Hilfe eines Internet-Dienstes an den Empfänger übermittelt wird.
[232] *Hunger*, 118; *Weber*, E-Commerce, 313; *Weber/Jöhri*, 48; gleich für das deutsche Recht *Härting*, Internetrecht, N 60; *Köhler/Arndt*, N 87; *Taupitz/Kritter*, 839, und für das französische Recht *Bochurberg*, N 918; *Iteanu*, 86.
[233] Was sowohl im Rahmen einer Mensch-Maschine- als auch in einer Maschine-Maschine-Kommunikation denkbar ist.
[234] Ein solches bereits seit längerer Zeit bekanntes Anwendungsbeispiel ist etwa EDI (vgl. zu EDI FN 577).
[235] Vgl. dazu *Weber/Jöhri*, 49, und aus der deutschen Literatur *Graf Fringuelli/Wallhäuser*, 93.
[236] Sofern die Willenserklärung für den Empfänger nach den Grundsätzen des Vertrauensprinzips glaubwürdig erscheint (*Gisler*, 100).
[237] Vgl. dazu *Weber*, Rechtsfragen, 240, und aus der deutschen Literatur *Graf Fringuelli/Wallhäuser*, 93; *Kaiser/Voigt*, 446; *Köhler/Arndt*, N 88 i.f.; *Taupitz/Kritter*, 840.

EDV-Anlage stammt.[238] Auch elektronisch ermittelte Erklärungen sind damit als Willenserklärungen im Sinne von Art. 1 OR zu qualifizieren.[239]

B. Erklärungsvorgang

Die Erklärung des Vertragsabschlusswillens spielt sich in der Zeit ab und umfasst sowohl die *Abgabe der Erklärung* als auch deren *Zugang beim Empfänger*.[240] Liegt – wie im elektronischen Geschäftsverkehr üblich[241] – eine mittelbare Erklärung vor, so schiebt sich zwischen die Abgabe der Erklärung und deren Zugang beim Empfänger ein *Übermittlungsvorgang*, der eine zeitliche Verzögerung bewirkt.[242] Da Willenserklärungen ihre Rechtswirkung erst entfalten, wenn sie dem Empfänger zugehen[243], trägt der Absender bis dahin das Verzögerungs- und Verlustrisiko.[244] Es fragt sich daher, wann eine elektronische Erklärung abgegeben ist (1.) und wann sie dem Empfänger zugeht (2.).

1. Abgabe der Willenserklärung

Der Erklärende gibt seine Willenserklärung ab, wenn er seinen Geschäftswillen kundtut.[245] Im E-Commerce ist dies der Zeitpunkt, in dem der Erklärende seine elektronische Nachricht verfasst.[246] Übermittelt wird die Willenserklärung im WWW durch Mausklick oder Betätigen der Return-Taste, bei der E-Mail durch Abgabe des endgültigen Sendebefehls.[247]

2. Zugang beim Empfänger

Eine Willenserklärung geht dem Empfänger zu, wenn sie so in seinen *Machtbereich* (a) gelangt, dass nach dem gewöhnlichen Lauf der Dinge mit deren

---

[238] *Heun*, 596.
[239] Ausführlich zu dieser Frage *Hunger*, 119 ff., aber auch *Gisler*, 99 f.; *Schmidlin*, N 29 zu Art. 27 OR; *Weber*, E-Commerce, 313; *Weber*, Rechtsfragen, 240; *Weber/Jöhri*, 49, und aus der deutschen Literatur *Härting*, Internetrecht, N 59; *Heun*, 596; *Köhler/Arndt*, N 87 f.; *Taupitz/Kritter*, 840.
[240] *Gauch/Schluep/Schmid/Rey*, N 174 ff.
[241] Vgl. dazu § 6/II/B/1.
[242] *Gauch/Schluep/Schmid/Rey*, N 186.
[243] *Gauch/Schluep/Schmid/Rey*, N 196; *Rosenthal*, 326.
[244] *Gisler*, 108; *Rosenthal*, 328; *Taupitz/Kritter*, 842.
[245] *Gauch/Schluep/Schmid/Rey*, N 175.
[246] Das heisst, wenn er das Web-Formular ausfüllt oder die E-Mail verfasst. Vgl. dazu *Hance*, 171.
[247] *Hance*, 171; *Taupitz/Kritter*, 840.

Kenntnisnahme zu rechnen (b) ist.[248] Dass der Empfänger sie tatsächlich zur Kenntnis nimmt, ist demgegenüber nicht erforderlich.[249] Auf die beiden Voraussetzungen ist nachfolgend einzeln einzugehen.

a)   Machtbereich des Empfängers
Eine Nachricht befindet sich im Machtbereich des Empfängers, sobald er frei darüber verfügen kann. Bei elektronischen Erklärungen ist dies der Fall, wenn sie den Übertragungsweg verlassen und die interne Schnittstelle der Empfängeranlage passiert haben.[250] Davon ist auszugehen, sobald die Nachricht auf dem Rechner des Empfängers abgespeichert ist.[251]

Wird die Erklärung auf einem fremden Rechner[252] gespeichert, so gilt sie als im Machtbereich des Empfängers, sobald er die Möglichkeit hat, diese dort abzurufen.[253] Davon ist auszugehen, wenn die Nutzung des Postfachs für Dritte nicht möglich ist, der Inhaber jedoch jederzeit und wiederholt darauf greifen kann.[254] Das Risiko, dass eine Nachricht zwischen der Speicherung auf dem Mail-Server des Dritten und dem Ablegen in der Mailbox des Empfängers verloren geht, trägt der Absender, da die Nachricht diesfalls noch nicht in den Machtbereich des Empfängers gelangt ist.[255]

b)   Kenntnisnahme
Um die Frage zu beantworten, ab wann mit der Kenntnisnahme durch den Empfänger zu rechnen ist, ist zwischen *geschäftlicher* und *privater Nutzung* zu unterscheiden.[256]

---

[248] BGE 118 II 44; *Gauch/Schluep/Schmid/Rey*, N 199. Dasselbe gilt auch im deutschen Recht (vgl. dazu *Eichhorn*, 72; *Köhler/Arndt*, N 97, mit Hinweisen). Nimmt der Empfänger die Erklärung jedoch schon früher zur Kenntnis, ist dieser Zeitpunkt massgeblich (*Taupitz/Kritter*, 841).
[249] *Gauch/Schluep/Schmid/Rey*, N 196.
[250] *Hunger*, 58, und aus der deutschen Literatur *Koch Frank A.*, 139; *Köhler/Arndt*, N 97.
[251] *Gauch/Schluep/Schmid/Rey*, N 202; *Rosenthal*, 326; *Weber/Jöhri*, 45. Gleich auch Art. 11 Abs. 1 zweiter Spiegelstrich E-Commerce-RL.
[252] Beispielsweise bei einem Provider.
[253] Vgl. dazu *Gauch/Schluep/Schmid/Rey*, N 202; *Gisler*, 107; *Hunger*, 61; *Rosenthal*, 327; *Weber*, Rechtsfragen, 247; *Weber/Jöhri*, 45; *Widmer/Bähler*, 155, und in der deutschen Literatur *Härting*, Internetrecht, N 80; *Kaiser/Voigt*, 447; *Köhler/Arndt*, N 98; *Taupitz/Kritter*, 841.
[254] *Hunger*, 61.
[255] Genau gleich wie bei der Briefpost kann ein Fehler des Übermittlers nicht dem Empfänger zugerechnet werden. Vgl. dazu *Taupitz/Kritter*, 842.
[256] Vgl. zum Zeitpunkt der Kenntnisnahme allgemein *Taupitz/Kritter*, 842.

aa)   Geschäftliche Nutzung

Wer elektronische Bestellformulare[257] in seine Web-Site integriert oder seine E-Mail-Adresse öffentlich bekannt gibt[258], hat mit dem Eingang von rechtsgeschäftlichen Nachrichten während der Geschäftszeit zu rechnen.[259] In dieser Zeit ist daher von der Kenntnisnahme elektronischer Erklärungen durch den Empfänger auszugehen, sobald sie in dessen Machtbereich gelangen.[260] Erfolgt die Speicherung ausserhalb der Geschäftszeit, ist im Zweifelsfall mit der Kenntnisnahme erst zu rechnen, sobald das Geschäft am nächsten Morgen wieder öffnet.[261] Eine Ausnahme gilt allerdings, wenn der Absender nach Treu und Glauben davon ausgehen darf, dass die eingegangenen Nachrichten durch einen Computer automatisch weiterverarbeitet werden.[262] In diesen Fällen ist der Zeitpunkt der Kenntnisnahme nicht auf die Geschäftszeiten beschränkt.[263]

bb)   Private Nutzung

In Bezug auf den privaten Empfänger ist nicht zu erwarten, dass er seinen elektronischen Briefkasten mehrmals täglich leert. Da – im Unterschied zur Briefpost – kein allgemein üblicher Zustellungszeitpunkt besteht und sich auch nicht feststellen lässt, wann eine Privatperson ihre Mailbox jeweils überprüft, gilt eine Erklärung im Zweifel spätestens als am nächsten Tag zugegangen.[264]

---

[257] Web-Bestellformulare sind strukturierte Dokumente, die reservierte Leerfelder für die Eingaben von Daten aufweisen und die über das Internet übermittelt werden können (*Hunger*, 144, FN 744).

[258] Macht jemand seine E-Mail-Adresse bekannt, erklärt er dadurch (zumindest implizit), dass er über diese Adresse erreichbar ist. Daraus fliesst die Obliegenheit, seine Mailbox – gleich wie den Briefkasten für die Briefpost – regelmässig zu leeren (*Gauch/Schluep/Schmid/Rey*, N 202). Unterlässt er dies, hat er in Anwendung des Vertrauensprinzips die sich daraus ergebenden Nachteile zu tragen.

[259] *Weber*, Rechtsfragen, 246, und aus der deutschen Literatur *Kaiser/Voigt*, 447.

[260] *Hunger*, 58, und aus der deutschen Literatur *Taupitz/Kritter*, 842.

[261] *Härting*, Internetrecht, N 83; *Taupitz/Kritter*, 842.

[262] Davon ist z.B. auszugehen, wenn die Parteien eine EDI-Vereinbarung (vgl. zu EDI FN 577) getroffen haben oder wenn der Empfänger erklärt, vollautomatisiert zu arbeiten.

[263] *Hunger*, 59; *Weber*, Rechtsfragen, 246, und aus der deutschen Literatur *Köhler/Arndt*, N 97.

[264] *Hunger*, 59, und aus der deutschen Literatur *Kaiser/Voigt*, 447. Anderer Ansicht *Härting*, Internetrecht, N 84, der davon ausgeht, dass der Empfänger, der seine E-Mail-Adresse nur für private Zwecke nutzt, nicht mit dem Zugang einer rechtsgeschäftlichen Erklärung zu rechnen braucht und der Zugang daher erst bei tatsächlicher Kenntnisnahme zu bejahen ist. Meines Erachtens übersieht der Autor jedoch, dass jeder, der seine E-Mail-Adresse Dritten bekannt gibt, damit erklärt, über diese erreichbar zu sein und daher mit dem Zugang von (rechtsgeschäftlichen) Nachrichten zu rechnen hat.

cc) Automatische Abwesenheitsmitteilung

Eine Ausnahme gilt sowohl bei der geschäftlichen als auch bei der privaten Nutzung, wenn dem Absender nach dem Zugang vom Rechner des Empfängers automatisch mitgeteilt wird, wenn der Empfänger die Nachricht bis zu einem bestimmten Zeitpunkt nicht zur Kenntnis nehmen kann. Diesfalls darf der Absender grundsätzlich nicht mit einer Kenntnisnahme vor diesem Zeitpunkt rechnen.

II. Antrag

Die Willenserklärungen der Parteien werden je nach Zeitpunkt ihrer Abgabe als Antrag oder als Annahme bezeichnet.[265] Der vorliegende Abschnitt setzt sich mit der zeitlich ersten Erklärung – dem Antrag (resp. dem Angebot oder der Offerte) – auseinander. Zunächst ist der Frage nachzugehen, wann ein elektronisches Angebot[266] überhaupt als rechtlich verbindlicher Antrag zu qualifizieren ist (A). Anschliessend folgen Ausführungen zur Frage der Bindungsdauer des Antragstellers (B).

A. Elektronische Angebote

1. Ausgangslage

Bietet ein Anbieter seine Waren oder Dienstleistungen über Internet-Dienste an, stellt sich die Frage, ob es sich dabei bereits um einen rechtlich verbindlichen Antrag oder lediglich um eine unverbindliche Einladung zur Offertstellung handelt.

Ein verbindlicher *Antrag* ist die Erklärung, einen Vertrag mit einem bestimmten Inhalt abschliessen zu wollen.[267] Ein solcher Antrag zeigt Wirkungen in zwei Richtungen. Einerseits ist er grundsätzlich[268] unwiderruflich und einseitig unveränderlich.[269] Andererseits kann der Empfänger den Vertrag einseitig –

---

[265] Dabei ist der Antrag die zeitlich erste Erklärung. Vgl. zum Antrag und zur Annahme *Gauch/Schluep/Schmid/Rey*, N 361 ff.

[266] Die Begriffe elektronisches Angebot, Web-Angebot und E-Mail-Angebot werden nachfolgend nicht im Sinne einer rechtlich verbindlichen Willenserklärung verwendet, sondern umfassen auch Einladungen zur Offertstellung.

[267] Art. 3 Abs. 1 OR.

[268] Zur Möglichkeit des Widerrufs vgl. § 6/IV.

[269] *Gauch/Schluep/Schmid/Rey*, N 393 (mit Hinweisen).

durch blosse Abgabe einer übereinstimmenden Willenserklärung – zum Abschluss bringen.²⁷⁰ Wird lediglich die grundsätzliche Bereitschaft, einen Vertrag abzuschliessen, geäussert, fehlt es demgegenüber an der Kundgabe eines endgültigen Geschäftswillens, sodass kein verbindliches Angebot, sondern bloss eine *Einladung zur Offertstellung* vorliegt.²⁷¹ Damit ist der Erklärende weder an seine Erklärung gebunden, noch vermag der Empfänger den Vertrag durch blosse Zustimmung abzuschliessen.

Ist im Einzelfall streitig, ob ein verbindlicher Antrag oder eine unverbindliche Einladung zur Offertstellung vorliegt, ist die Frage durch Auslegung zu entscheiden²⁷², wobei das Gesetz zwei Auslegungsregeln enthält. So gilt die Auslage von Waren im Schaufenster gemäss Art. 7 Abs. 3 OR als Antrag, wogegen das Versenden von Katalogen, Preislisten etc. grundsätzlich als Einladung zur Offertstellung zu qualifizieren ist²⁷³.

2. Qualifikation von elektronischen Angeboten

Die rechtliche Qualifikation von Angeboten auf Web-Sites oder in E-Mails ist ebenfalls durch Auslegung zu ermitteln.²⁷⁴ Während hinsichtlich E-Mails keine Besonderheiten zum konventionellen Geschäftsverkehr gelten²⁷⁵, handelt es sich bei Web-Sites um eine neue Form der Anpreisung, auf die nachfolgend besonders einzugehen ist.

a) Rechtsverbindlicher Antrag

Lässt sich die auf einer Web-Page angebotene Leistung direkt online beziehen, verhält es sich gleich, wie wenn Waren im Schaufenster ausgestellt werden. Die angebotene Ware oder Dienstleistung ist unmittelbar vorhanden und kann vom Kunden elektronisch bezogen werden. In analoger²⁷⁶ Anwendung von

---

[270] *Gauch/Schluep/Schmid/Rey*, N 394.
[271] *Gauch/Schluep/Schmid/Rey*, N 369.
[272] *Gauch/Schluep/Schmid/Rey*, N 371.
[273] Art. 7 Abs. 2 OR.
[274] *Weber*, E-Commerce, 315.
[275] Unabhängig davon, ob das „Angebot" in einem konventionellen Brief oder per E-Mail übermittelt wird, muss die Qualifikation gleich ausfallen.
[276] Gemäss dem VE-BG über den elektronischen Geschäftsverkehr (vgl. dazu § 5/I/B.) soll in Art. 7 Abs. 3 OR neu klargestellt werden, dass auch die elektronische Präsentation von individualisierten Waren oder Dienstleistungen mit Angaben des Preises in der Regel als Antrag gilt. Aus der gewählten Formulierung geht jedoch m.E. nicht deutlich hervor, dass das entscheidende Kriterium das Anbieten zum unmittelbaren Vertragsabschluss ist. Ob es sich dabei um eine individualisierte Ware oder Dienstleistung handelt, ist demge-

Art. 7 Abs. 3 OR ist das Angebot in diesen Fällen für den Anbieter rechtlich bindend.[277] Gleiches gilt dann, wenn sich aus dem Web-Angebot ergibt[278], dass eine bestimmte Anzahl Waren im Lager des Anbieters vorhanden und zum Bezug durch den Kunden bereitgestellt sind und jede eingegangene Bestellung zu einer entsprechender Anpassung der Web-Page führt.[279]

b)   Einladung zur Offertstellung
Anders verhält es sich, wenn die Waren oder Dienstleistungen im WWW nur angepriesen werden. Dies entspricht dem Versenden von Katalogen oder anderen Werbemitteln und ist gemäss Art. 7 Abs. 2 OR[280] als Einladung zur Offertstellung zu qualifizieren.[281] Lässt sich die Ware oder Dienstleistung nicht unmittelbar online beziehen – was bei einer grossen Zahl von Web-Angeboten der Fall ist – und liegen auch keine anderen Gründe dafür vor, das elektronische Angebot in Anwendung des Vertrauensprinzips als Antrag zu qualifizieren, ist es erst der Kunde, der dem Anbieter einen Antrag im Rechtssinne zukommen lässt.[282]

Auch in Deutschland[283] und Österreich[284] gilt ein elektronisches Angebot i.d.R. als Einladung zur Offertstellung. Die Mehrzahl der europäischen und nordamerikanischen Rechtssysteme qualifiziert ein Web-Angebot hingegen als verbindliches Angebot.[285] In Anbetracht der Gefahr einer unterschiedlichen rechtlichen Qualifikation eines gleichen elektronischen Angebotes ist dem

---

genüber nicht entscheidend. Kritisch zu der gewählten Formulierung etwa auch *Pietruszak*, 27, und *Spindler*, BG elektronischen Geschäftsverkehr, 260.

[277] *Auf der Maur*, 17; *Gisler*, 112; *Rosenthal*, 324; *Weber*, E-Commerce, 315; *Weber*, Rechtsfragen, 243; *Weber/Jöhri*, 43. Angemerkt sei, dass die in Prospekten enthaltenen Angaben bezüglich Pauschalreisen für den Veranstalter von Gesetzes wegen verbindlich sind (Art. 3 PRG).

[278] Wenn der Anbieter etwa die Zahl der verfügbaren Produkte auf der Web-Site angibt.

[279] Vgl. zu dieser Variante auch den Begleitbericht zum VE-BG über den elektronischen Geschäftsverkehr, Ziff. 210.03.

[280] Im VE-BG über den elektronischen Geschäftsverkehr (vgl. dazu § 5/I/B.) wird in Art. 7 Abs. 2 OR präzisiert, dass auch das elektronische Versenden oder Veröffentlichen von Tarifen, Preislisten und dergleichen an sich keinen Antrag bedeutet.

[281] *Hunger*, 44; *Rosenthal*, 324; *Weber*, E-Commerce, 314; *Weber*, Rechtsfragen, 243; *Weber/Jöhri*, 43, und auch *Gauch/Schluep/Schmid/Rey*, N 374 und 377 (bezüglich Videotex und Teleshopping).

[282] Durch die Erklärung des Kunden kommt noch kein Vertrag zustande. Damit bleibt es dem Anbieter möglich, z.B. seine Lieferungsmöglichkeiten zu überprüfen oder die Bonität des Kunden abzuklären (*Köhler/Arndt*, 93).

[283] *Eichhorn*, 71; *Kaiser/Voigt*, 446; *Köhler/Arndt*, N 93; *Taupitz/Kritter*, 840.

[284] *Brenn*, 488.

[285] *Hance*, 170.

Anbieter zu empfehlen, dieses mit einem ausdrücklichen Vorbehalt[286] zu versehen, wonach er lediglich eine Einladung zur Offertstellung unterbreitet und er somit frei bleibt, den Vertrag nicht abzuschliessen.[287] Der Anbieter kann damit das Risiko ausschliessen, plötzlich einen Vertrag erfüllen zu müssen, den er nicht erfüllen kann oder will.

c)   Ergebnis

Die Frage, ob ein rechtsverbindlicher Antrag oder eine Einladung zur Offertstellung vorliegt, ist im Streitfall durch Auslegung zu entscheiden. Lässt sich dem elektronischen Web-Angebot diesbezüglich kein besonderer Hinweis entnehmen, gelangen die gesetzlichen Auslegungsvorschriften zur Anwendung.[288] Danach hängt die Qualifikation davon ab, ob sich die angebotene Ware oder Dienstleistung auf dem Rechner selber befindet oder ob sie dort lediglich abgebildet ist. Da bei Web-Sites regelmässig Letzteres zutrifft, sind die Angebote i.d.R. als Einladung zur Offertstellung zu qualifizieren.

B.   Bindungsdauer

Der Antragsteller ist nicht während unbegrenzter Zeit an seinen Antrag gebunden. Zu unterscheiden ist zwischen Angeboten mit[289] und solchen ohne[290] Annahmefrist. Verzichtet der Erklärende auf das Setzen einer Annahmefrist, hängt die Dauer der Verbindlichkeit des Antrages davon ab, ob die Erklärung unter Anwesenden oder unter Abwesenden erfolgt.[291] Im ersten Fall muss die Annahme sogleich erklärt werden.[292] Unter Abwesenden bleibt der Antragsteller demgegenüber solange gebunden, bis er den Eingang der Antwort bei einem ordnungsgemässen und rechtzeitigen Absenden erwarten darf.[293] Bevor auf die Bindungsdauer des elektronischen Antrages einzugehen ist (2.), muss daher

---

[286] Dies kann durch Anfügen von Hinweisen wie „ohne Verpflichtung", „solange Vorrat" oder „unter Vorbehalt der Angebotsannahme durch den Anbieter" geschehen. Vgl. dazu *Gisler*, 113; *Widmer/Bähler*, 149; *Hance*, 170.
[287] Vgl. zu einem solchen Vorbehalt auch *Auf der Maur*, 17; *Rosenthal*, 323.
[288] So auch Art. 7 Abs. 2 und 3 VE-OR.
[289] Art. 3 OR.
[290] Art. 4 f. OR.
[291] Die Unterscheidung ist darüber hinaus wesentlich für die Frage des Zeitpunktes des Vertragsabschlusses, den Beginn der Vertragswirkung, die Widerrufsmöglichkeiten, den Übergang von Nutzen und Gefahr sowie den Ort und die Zeit der Erfüllung (*Weber*, Rechtsfragen, 243).
[292] Art. 4 Abs. 1 OR.
[293] Art. 5 Abs. 1 OR.

einleitend geklärt werden, ob es sich dabei um eine Erklärung unter Anwesenden oder unter Abwesenden handelt (1.).

1. Erklärung unter Anwesenden oder unter Abwesenden

Von einem Antrag unter Anwesenden ist auszugehen, wenn die Parteien in *unmittelbarer*[294] *Kommunikation* stehen, wobei räumliche Anwesenheit[295] nicht erforderlich ist.[296] Fehlt die Möglichkeit zur direkten Kommunikation, liegt ein Antrag unter Abwesenden vor.[297]

Sowohl im WWW als auch bei der E-Mail ist für die Rückmeldung des Empfängers eine neue Verbindung zwischen den EDV-Anlagen herzustellen.[298] Der Umstand, dass die Schnelligkeit des Mediums die räumliche Distanz zwischen den Parteien in zeitlicher Hinsicht praktisch aufhebt[299], vermag nichts daran zu ändern. Da der Empfänger nicht in der Lage ist, dem Absender unmittelbar, das heisst ohne erneute Verbindungsaufnahme, eine Antwort auf die erhaltenen Daten zu übermitteln, sind elektronische Willenserklärungen somit grundsätzlich[300] als solche unter Abwesenden im Sinne von Art. 5 OR zu qualifizieren.[301]

---

[294] Massgebliches Kriterium dafür ist die Möglichkeit zur direkten Rede und Gegenrede (*Gauch/Schluep/Schmid/Rey,* N 406; *Hunger,* 48). Der VE-BG über den elektronischen Geschäftsverkehr (vgl. dazu § 5/I/B.) sieht denn auch vor, Art. 4 Abs. 2 OR dahingehend zu ergänzen, dass neben dem Telefon auch jedes andere elektronische Kommunikationsmittel, das einen *Dialog unter den Parteien ermöglicht,* zu einem Vertragsabschluss unter Anwesenden führt.

[295] Art. 4 Abs. 2 OR qualifiziert auch die Abgabe der Willenserklärung über das Telefon als Erklärung unter Anwesenden. Der Begriff „unter Anwesenden" ist demnach nicht wörtlich zu nehmen.

[296] *Gauch/Schluep/Schmid/Rey,* N 406; *Weber,* Rechtsfragen, 243 ff.

[297] Vgl. dazu auch Begleitbericht VE-BG über den elektronischen Geschäftsverkehr, Ziff. 210.01.

[298] *Gauch/Schluep/Schmid/Rey,* N 412; *Gisler,* 106.

[299] *Hunger,* 46 f.

[300] Etwas anderes gilt nur für die Mensch-zu-Mensch-Dialogkommunikation, in der eine unmittelbare Kommunikation möglich ist und Erklärungen daher unter Anwesenden ausgetauscht werden (wie etwa Internet-Telefonie oder eine Chatroom-Situation). Vgl. dazu ausführlich *Hunger,* 49 ff., oder auch *Rosenthal,* 325; *Weber,* Rechtsfragen, 244 f.; *Weber/Jöhri,* 46. Da es sich dabei – zumindest nach dem aktuellen Stand der Technologie – nicht um im E-Commerce-typische Kommunikationssituationen handelt, sind sie in den nachfolgenden Ausführungen auszuklammern.

[301] *Gauch/Schluep/Schmid/Rey,* N 412; *Rosenthal,* 325; *Widmer/Bähler,* 144 f.; *Weber,* E-Commerce, 316 f.; *Weber,* Rechtsfragen, 244; *Weber/Jöhri,* 45, gleich die deutsche Literatur *Köhler/Arndt,* N 94; *Taupitz/Kritter,* 841. Vgl. dazu auch *Härting,* Internetrecht,

2. Dauer der Verbindlichkeit des Antrages

Erfolgt die Willenserklärung unter Abwesenden ohne Ansetzen einer Frist, so bleibt der Erklärende bis zum Zeitpunkt gebunden, in dem er den Eingang der Antwort bei ordnungsgemässer und rechtzeitiger Absendung erwarten darf.[302] Diese Bindungsdauer setzt sich aus der Zeit für die Übermittlung des Antrages, der Bearbeitungs- und Überlegungszeit des Empfängers sowie aus der Zeit für die Übermittlung der Antwort zusammen.[303]

Der Umstand, dass elektronische Erklärungen sehr rasch transportiert werden, wirkt sich auf die Dauer der Verbindlichkeit des Angebotes aus. Zunächst bedarf es einer nur sehr kurzen Zeit, um den Antrag an den Empfänger zu übermitteln. Sodann hat der Empfänger für das Senden seiner Antwort ein Medium zu wählen, das mindestens gleich schnell ist wie das vom Erklärenden benutzte.[304] Er wird daher nicht umhinkommen, seine Antwort ebenfalls auf elektronischem Weg, allenfalls per Fax oder Telefon, zu übermitteln.

Keinen Einfluss hat die Geschwindigkeit des verwendeten Kommunikationsmediums demgegenüber auf die Bearbeitungs- und Überlegungsfrist, da ein unmittelbarer Zusammenhang zwischen diesem und der für die Prüfung des Angebotes notwendigen Zeit fehlt.[305] Die Bearbeitungs- und Überlegungsfrist bemisst sich vielmehr nach den konkreten Umständen des Einzelfalls.[306] Massgeblich sind der Inhalt und die Tragweite des Antrages, aber auch die Verkehrsübung sowie die persönlichen, dem Antragsteller nach Treu und Glauben bekannten Umstände des Empfängers.[307] Setzt dieser zur Kontrolle der Lagerbestände oder der Bonität des Kunden z.B. ein leistungsfähiges automatisiertes System ein, reduzieren sich die Bearbeitungs- und Überlegungszeiten entspre-

---

N 77, der die elektronische Erklärung mit der auf dem Anrufbeantworter gespeicherten mündlichen Erklärung vergleicht, die auch unter Abwesenden erfolgt.
Auch wenn eine EDV-Anlage die Willenserklärungen automatisch empfängt, verarbeitet und allenfalls beantwortet, fehlt – trotz der Möglichkeit zur sofortigen Reaktion – eine offene Dialogsituation. Die beim Kontakt von Person zu Person bestehende unmittelbare Dialogmöglichkeit, insbesondere die Möglichkeit zur individuellen Nachfrage, entfällt. Der Computer ist lediglich ein Hilfsmittel und keine Person, womit auch in diesen Fällen von Erklärungen unter Abwesenden auszugehen ist (vgl. dazu *Hunger*, 49 ff.; *Weber*, Rechtsfragen, 245; *Heun*, 597).

[302] Art. 5 Abs. 1 OR.
[303] *Gauch/Schluep/Schmid/Rey*, N 411.
[304] *Gauch/Schluep/Schmid/Rey*, N 411.
[305] So auch *Hunger*, 65 f., und wohl auch *Rosenthal*, 324. Anderer Ansicht *Weber*, E-Commerce, 317; *Weber/Jöhri*, 46 (jedoch ohne Begründung).
[306] *Gauch/Schluep/Schmid/Rey*, N 411.
[307] BGE 98 II 111.

chend.[308] Im Internet ist damit tendenziell von eher kurzen Überlegungsfristen und damit auch von einer bloss kurzen Bindungsdauer auszugehen.

III. Annahme

Damit ein Vertrag zustande kommt, hat der Empfänger den Antrag in unveränderter Form anzunehmen.[309] Die Annahme ist eine empfangsbedürftige Willenserklärung, das heisst, sie muss dem Antragsteller noch vor Ablauf der Annahmefrist[310] zugehen.[311]

Nimmt der Empfänger den Antrag nicht an, ist grundsätzlich davon auszugehen, dass er den Vertrag nicht abschliessen will.[312] In bestimmten Konstellationen hat der Empfänger jedoch die Pflicht, einen Antrag ausdrücklich abzulehnen, falls er ihn nicht annehmen will. Ist etwa wegen der besonderen *Natur des Geschäftes* oder nach den *Umständen* eine ausdrückliche Annahme nicht zu erwarten, gilt der Vertrag gemäss Art. 6 OR als abgeschlossen, wenn der Antrag nicht binnen angemessener Frist abgelehnt wird. Ein solcher Umstand, der

---

[308] *Rosenthal*, 325; *Köhler/Arndt*, N 95. Vgl. Art. 11 Abs. 1 lit. b E-Commerce-RL, wonach der Diensteanbieter die Bestätigung unverzüglich abzusenden hat.

[309] Art. 1 Abs. 1 OR. Vgl. dazu auch statt vieler *Gauch/Schluep/Schmid/Rey*, N 445 ff. Ob es sich bei der nach dem Absenden des Web-Formulars automatisch erstellten Bestätigung (mit einer Formulierung wie z.B.: „Vielen Dank für Ihre Bestellung") um eine eigentliche Annahmeerklärung oder bloss um eine Empfangsbestätigung handelt, beurteilt sich nach dem Vertrauensprinzip. Massgeblich ist, wie der Kunde die Bestätigung nach Treu und Glauben verstehen darf und muss. Steht etwa darin, dass die Bestellung umgehend bereitgestellt und zugeschickt wird, ist in guten Treuen von einer Annahmeerklärung auszugehen. Wird demgegenüber nur mitgeteilt, dass die Bestellung entgegengenommen wurde, vermag sie m.E. kaum einen Vertragsabschluss zu bewirken. So auch *Rosenthal*, 327.

[310] Zur Frage der Bindungsdauer des Antragstellers vgl. § 6/II/B/2.

[311] *Gauch/Schluep/Schmid/Rey*, N 460. Bei Verträgen unter Anwesenden fällt der Zeitpunkt des Zustandekommens des Vertrages mit dem Zeitpunkt, in dem der Vertrag seine Wirkung entfaltet, zusammen. Bei den unter Abwesenden geschlossenen Verträgen treten die Wirkungen des Vertrages gemäss Art. 10 Abs. 1 OR rückwirkend auf den Zeitpunkt des Absendens der Erklärung ein. Bleibt eine ausdrückliche Annahme aus, beginnen die Wirkungen des zustande gekommenen Vertrages sogar schon im Zeitpunkt des Empfangs des Antrages (Art. 10 Abs. 2 OR).
Anzumerken bleibt, dass der massgebliche Zeitpunkt für das Zustandekommen eines Vertrages nicht in allen Rechtsordnungen derselbe ist. Entscheidend können der Moment der Abgabe der Erklärung, die Entsendung der Erklärung oder die Kenntnisnahme durch den Empfänger sein. Immerhin konnten sich die Mitgliedstaaten des Wiener Kaufrechts (WKR) auf die Geltung des Zugangsprinzips einigen. Vgl. zum Ganzen *Hance*, 171 f.

[312] BGE 123 III 59; *Gauch/Schluep/Schmid/Rey*, N 451.

eine ausdrückliche Annahme nicht erwarten lässt, ist z.B. eine dem Antrag vorausgehende Einladung zur Offertstellung.[313] Der Empfänger einer solchen *invitatio ad offerendum* darf nach Treu und Glauben davon ausgehen, dass der Absender grundsätzlich bereit ist, eingehende Anträge anzunehmen. Falls er keinen Vertrag mit dem Antragsteller abschliessen will, muss er dies nach Zugang des Antrages ausdrücklich kundtun. Diese gesetzliche (Auslegungs-)Regel gilt auch für elektronisch übermittelte Einladungen zur Offertstellung.[314] Um das Risiko eines Vertragsabschlusses, gestützt auf diese gesetzliche Vermutung, auszuschliessen, empfiehlt es sich, jedem E-Mail- resp. Web-Angebot einen Vorbehalt anzufügen, wonach der Vertragsabschluss erst mit ausdrücklicher oder konkludenter Annahme erfolgt. Der Kunde darf diesfalls nicht darauf vertrauen, dass der Anbieter den Antrag ausdrücklich ablehnt, wenn er den Vertrag nicht eingehen will.

IV. Widerrufsrecht

A. Widerruf von Antrag und Annahme

Die Willenserklärung ist grundsätzlich unwiderruflich und nicht einseitig veränderlich.[315] Art. 9 Abs. 1 OR erlaubt jedoch den Widerruf[316] der Willenserklärung, wenn er vor oder mit der Willenserklärung eintrifft resp. bei späterem Eintreffen dem Empfänger zur Kenntnis gebracht wird, bevor er von der Willenserklärung Kenntnis nimmt. Aufgrund der äusserst hohen Übertragungsgeschwindigkeit moderner Kommunikationsmittel ist ein Überholen der Willenserklärung durch den Widerruf technisch zwar nicht von vornherein ausgeschlossen[317], faktisch aber kaum möglich.[318] Dementsprechend fehlt im Ge-

---

[313] *Gauch/Schluep/Schmid/Rey*, N 457.

[314] *Hunger*, 67; *Rosenthal*, 326, und aus der deutschen Literatur *Köhler/Arndt*, 96.

[315] *Gauch/Schluep/Schmid/Rey*, N 393.

[316] Der Widerruf ist die Erklärung des Willens, dass der Antrag resp. die Annahme nicht gelten soll (*Gauch/Schluep/Schmid/Rey*, N 467).

[317] Denkbar wäre etwa, dass sich die Übermittlung der Erklärung im Internet aus technischen Gründen verzögert und die zweite Nachricht ihr Ziel schneller erreicht. Ferner ist es möglich, einen Widerruf telefonisch mitzuteilen, bevor der Empfänger die elektronische Willenserklärung zur Kenntnis genommen hat. Befinden sich sowohl die Erklärung als auch der Widerruf in der Mailbox, wenn sie vom Empfänger geleert wird, gelten sie als gleichzeitig zugegangen (vgl. dazu *Gisler*, 145 f., gleicher Meinung auch *Hunger*, 72 f., der jedoch für den Fall der automatischen Weiterverarbeitung der Daten infolge der chronologischen Protokollierung ein gleichzeitiges Eintreffen ausschliesst, a.A. *Weber*, Rechtsfragen, 247).

schäftsalltag i.d.R. die Möglichkeit elektronisch abgegebene Willenserklärungen zu widerrufen.

B. Widerrufsrecht bei Haustürgeschäften

Art. 40a ff. OR statuiert zu Gunsten der Konsumenten ein besonderes Widerrufsrecht bei Haustürgeschäften und ähnlichen Verträgen. Massgeblich für die Anwendung der Bestimmungen ist, dass der Anbieter in überraschender Weise an den Kunden herantritt und dieser infolge dieser Überrumpelung psychologisch unter Kaufzwang stehen kann.[319] Der Gesetzgeber hatte beim Erlass dieser Sondervorschriften den konventionellen Geschäftsabschluss vor Augen, der durch die physische Anwesenheit des Anbieters und die Möglichkeit unmittelbarer (insbesondere verbaler) Einwirkung auf den Kunden geprägt ist.[320] Da diese Elemente beim elektronischen Vertragsabschluss grundsätzlich[321] fehlen[322], kommen die Widerrufsbestimmungen von Art. 40a ff. OR de lege lata[323] nicht zur Anwendung.[324]

---

[318] Gleich auch der Begleitbericht zum VE-BG über den elektronischen Geschäftsverkehr, Ziff. 11. Vgl. zum Ganzen ausführlich *Hunger*, 71 ff.

[319] *Hunger*, 75.

[320] Vgl. dazu die Botschaft zum Bundesgesetz über die Förderung der Konsumenteninformation und zur Änderung des Obligationenrechts (BBl 1986 II, 386). Von Bedeutung ist in diesem Zusammenhang auch, dass der Gesetzgeber bewusst auf den Erlass eines Widerrufsrechts bei der Übernahme von AGB verzichtet hat.

[321] Eine Ausnahme liesse sich m.E. allenfalls für das Spamming begründen, bei dem der Kunde unaufgefordert (vgl. zur Bedeutung Art. 40c lit. a OR) u.U. aggressive Werbung erhält. So auch *Auf der Maur*, 20; *Hunger*, 81; *Weber*, Rechtsfragen, 248.

[322] Zunächst fehlt es an der physischen Anwesenheit des Anbieters. Weiter geht der Anstoss zu den Vertragsverhandlungen i.d.R. vom Kunden aus. Schliesslich wird der Kunde vom Anbieter nicht überrumpelt und unter Druck gestellt, sondern er kann während des ganzen Vertragsabschlusses die zeitlichen Abläufe selber bestimmen. Vgl. dazu auch *Meents*, Haustürgeschäfte, 53 ff.

[323] Der VE-BG über den elektronischen Geschäftsverkehr (vgl. dazu § 5/I/B.) sieht vor, das Widerrufsrecht für Haustürgeschäfte auf Fernabsatzverträge auszudehnen. Begründet wird der Vorschlag einerseits damit, dass der Kunde im Fernabsatz nur eine beschränkte Information über den Vertragsgegenstand erhält (er kann die reelle Kaufsache weder sehen noch prüfen), und andererseits kann ein Vertrag über Fernkommunikationsmittel mit Leichtigkeit und Schnelligkeit abgeschlossen werden, was eine gewisse Gefahr für unüberlegte Entscheide birgt (vgl. dazu den Begleitbericht zum VE-BG über den elektronischen Geschäftsverkehr, Ziff. 122). Meines Erachtens kann der Kunde im elektronischen Geschäftsverkehr durch Sicherstellen einer adäquaten Informationspflicht hinreichend vor einem übereilten Vertragsabschluss geschützt werden, ohne dass sich ein „*Kauf auf Probe*" aufdrängt. Damit würden dem Anbieter bloss unnötige Risiken aufgebürdet, die zum Nachteil aller Kunden im Endergebnis eine Verteuerung der Waren und Dienstleis-

V. Formvorschriften

Haben die Parteien übereinstimmende Willenserklärungen ausgetauscht, ist der Vertrag in Anwendung von Art. 1 Abs. 1 OR zustande gekommen. Die Vertragswirkungen treten jedoch nur ein, wenn der Vertrag auch gültig ist.[325] Die Gültigkeit des Vertrages hängt unter anderem[326] von der Einhaltung der Formvorschriften[327] ab.

Verträge bedürfen zu ihrer Gültigkeit nur dann einer besonderen Form, wenn das Gesetz eine solche vorschreibt.[328] Da nach schweizerischem Recht die meisten Verträge formlos gültig sind, können diese auch elektronisch abgeschlossen werden.[329] Für einzelne Rechtsgeschäfte[330] sieht das Gesetz jedoch die einfache Schriftlichkeit vor.[331] Das setzt voraus, dass die Erklärung einerseits in Schriftform (A.) festgehalten ist und der Erklärende die Urkunde andererseits unterzeichnet (B.) hat.[332] Nachfolgend ist der Frage nachzugehen, ob elektronische Willenserklärungen den Erfordernissen der einfachen Schriftform[333] zu genügen vermögen. Anschliessend ist kurz auf die geplante Revision einzugehen (C.).

---

tungen bewirken. Beim Erlass von Vorschriften zum elektronischen Geschäftsverkehr ist darauf zu achten, dass diese nicht zu einer unerwünschten Lähmung der kommerziellen Nutzung des Internets führen (so auch *Arnold*, 531).

[324] Vgl. dazu den Begleitbericht zum VE-BG über den elektronischen Geschäftsverkehr, Ziff. 122. Gleich grundsätzlich auch *Hunger*, 77 f.; *Weber*, 335; *Weber/Jöhri*, 47. Mit dem Erlass der Fernabsatz-RL besteht im EU-Raum insoweit Klarheit, als sie die Mitgliedstaaten verpflichtet, auch für elektronisch abgeschlossene Verträge ein Widerrufsrecht zu erlassen (vgl. zur Fernabsatz-RL § 5/II/A.).

[325] *Gauch/Schluep/Schmid/Rey*, N 289.

[326] Ein anderer Gültigkeitsmangel ist etwa ein wesentlicher Irrtum i.S.v. Art. 23 ff. OR.

[327] Formvorschriften haben eine Warn- und Informationsfunktion, dienen der Rechtssicherheit (Beweisfunktion) sowie der Registerführung (vgl. *Gauch/Schluep/Schmid/Rey*, N 497 ff.; *Gisler*, 121 f.).

[328] Art. 11 Abs. 1 OR.

[329] *Weber/Jöhri*, 53.

[330] Beispielsweise den Abzahlungsvertrag (Art. 226a OR), das Schenkungsversprechen (Art. 243 Abs. 1 OR) oder die Bürgschaftserklärung (Art. 493 OR). Vgl. die Übersicht in: Verwaltungspraxis der Bundesbehörden (VPB) 1999, Nr. 46, 446.

[331] Noch strengere Formvorschriften bestehen etwa für das Testament, das gemäss Art. 505 Abs. 1 ZGB von Anfang bis Ende von Hand niederzuschreiben ist, oder für den Grundstückkaufvertrag, der öffentlich zu beurkunden ist (Art. 216 Abs. 1 OR).

[332] Art. 12–15 OR; *Gauch/Schluep/Schmid/Rey*, N 504; *Schmidlin*, N 3 Allgemeine Erläuterungen zu Art. 12–15 OR.

[333] Die qualifizierte Schriftlichkeit und die öffentliche Beurkundung finden keine Berücksichtigung, weil von vornherein feststeht, dass die Voraussetzungen elektronisch nicht erfüllt werden können.

A. Erklärung in Schriftform

Die einfache Schriftform setzt zunächst voraus, dass der Vertragstext schriftlich und in dauerhafter Form festgehalten ist. Die betreffende Willenserklärung muss sich daher einerseits auf einem gegenständlichen Träger befinden und andererseits aus sich heraus wahrgenommen werden können.[334] Die Aufzeichnung auf elektronischen Datenträgern genügt diesem Erfordernis nicht, weil die Erklärung nicht in dokumentarischer, sondern in elektronischer Form gespeichert ist und sich nur mittels technischer Hilfsmittel lesen lässt.[335] Um dem Formerfordernis genügen zu können, wäre – wie es etwa im Strafrecht bereits geschehen ist[336] – eine Gleichstellung von dauerhaften Aufzeichnungen auf Datenträgern mit in Urkunden verkörperten Schriftzeichen erforderlich.[337]

B. Unterzeichnung der Erklärung

Damit die Voraussetzungen der Schriftform erfüllt sind, muss die Urkunde darüber hinaus die *Unterschriften* aller Personen tragen, die durch den Vertrag verpflichtet werden.[338] Diese Unterschriften sind eigenhändig zu schreiben[339], was den Einsatz von technischen Mitteln zur Unterzeichnung ausschliesst.[340] Dementsprechend vermag auch eine elektronische Signatur de lege lata[341] dem Erfordernis der eigenhändigen Unterschrift nicht Genüge zu tun.[342]

---

[334] *Rosenthal*, 333; *Schmidlin*, N 4 Allgemeine Erläuterungen zu Art. 12–15 OR; *Weber*, Rechtsfragen, 251.

[335] So auch *Gauch/Schluep/Schmid/Rey*, N 519a; *Hunger*, 97; *Rosenthal*, 333; *Schmidlin*, N 4 Allgemeine Erläuterungen zu Art. 12–15 OR; *Schöbi*, Vertragsschluss, 99; *Weber*, Rechtsfragen, 251.

[336] Art. 110 Ziff. 5 StGB.

[337] Vgl. zu den Anforderungen, die an solche elektronische Datenträger gestellt werden müssten, *Rosenthal*, 333.

[338] Art. 13 Abs. 1 OR.

[339] Art. 14 Abs. 1 OR.

[340] *Hunger*, 99.

[341] Die EU ist in dieser Hinsicht bereits weiter fortgeschritten und hat in Art. 5 Abs. 1 lit. a Signatur-RL die fortgeschrittene elektronische Signatur der handschriftlichen gleichgestellt.

[342] *Auf der Maur*, 17; *Gauch/Schluep/Schmid/Rey*, N 519a; *Gisler*, 135 f.; *Hunger*, 110; *Rosenthal*, 334; *Weber/Jöhri*, 54.

C. Beabsichtigte Revision

Der E-ZertES[343] sieht den Erlass eines Art. 14 Abs. 2bis OR vor, der die qualifizierte elektronische Signatur der eigenhändigen Unterschrift gleichstellt.[344] Sollen elektronisch signierte Daten der einfachen Schriftform genügen, muss jedoch neben der Frage nach der eigenhändigen Unterschrift auch jene nach der Schriftform geklärt werden. Sowohl im neuen Art. 14 Abs. 2bis E-OR als auch in der Botschaft[345] fehlt allerdings eine Auseinandersetzung mit der Frage, wie es sich mit der schriftlichen Verurkundung elektronischer Daten verhält. So wie der E-OR formuliert ist, vermöchten selbst elektronisch signierte Daten m.E. das Formerfordernis der einfachen Schriftlichkeit nicht zu erfüllen. Anstatt Art. 13 Abs. 2 OR zu streichen, wäre dieser m.E. vielmehr dahingehend zu ergänzen, dass als schriftliche Form der Brief, der Telefax, die E-Mail und jeder andere Datenträger gilt, der den Nachweis des Vertrages durch Text ermöglicht[346].

VI. Zusammenfassung

Zusammenfassend ist festzuhalten, dass formlos gültige Verträge elektronisch grundsätzlich[347] rechtsgültig abgeschlossen werden können. Zu beachten ist, dass Web-Angebote i.d.R. als rechtlich unverbindliche Einladungen zur Offertstellung zu qualifizieren sind, womit in diesen Fällen der Kunde den Antrag unterbreitet. Da dieser Antrag auf einer invitatio ad offerendum des Verwenders beruht, kommt der Vertrag in Anwendung von Art. 6 OR zustande, sofern ihn der Verwender nicht innert kurzer Frist ablehnt. Aufgrund der technischen Besonderheiten ist der Widerruf der elektronischen Willenserklärung faktisch nahezu ausgeschlossen. Auch das Widerrufsrecht bei Haustürgeschäften gelangt de lege lata im elektronischen Geschäftsverkehr nicht zur Anwendung.

---

[343] Vgl. dazu § 5/I/A/2.

[344] Dementsprechend werden auch elektronisch signierte Schuldanerkennungen als provisorische Rechtsöffnungstitel i.S.v. Art. 82 SchKG gelten (vgl. dazu Begleitbericht VE-BGES, Ziff. 142.2). De lege lata ist dies noch umstritten, zumal – soweit ersichtlich – ein entsprechendes Urteil bisher noch nicht ergangen ist (vgl. zu dieser Frage ausführlich *Gasser*, 91 ff., aber auch *Weber*, Rechtsfragen, 252; *Weber/Jöhri*, 55).

[345] Vgl. die Botschaft zum E-ZertES, Ziff. 2.2.2.1.

[346] Ähnlich z.B. Art. 5 Abs. 1 IPRG.

[347] Eine Ausnahme gilt de lege lata für formbedürftige Verträge.

4. Kapitel: Übernahme von AGB in elektronisch abgeschlossene Verträge

Der Einsatz moderner Kommunikationsmittel wirkt sich auf die Form der Vertragsverhandlungen und des Vertragsabschlusses aus. Der Vertragsinhalt bleibt demgegenüber grundsätzlich derselbe. Hinsichtlich der AGB bedeutet dies, dass für die Auslegungs- und Inhaltskontrolle im elektronischen Geschäftsverkehr keine[348] mediumsspezifischen Besonderheiten gelten.[349] Das Kommunikationsmedium beeinflusst jedoch die Übernahme von AGB.

Sollen AGB Vertragsbestandteil werden, sind drei Voraussetzungen[350] zu erfüllen. Zunächst muss der Verwender den Vertragspartner im Zeitpunkt des Vertragsabschlusses auf die AGB *hinweisen* (§ 7), sodann muss der Kunde die *Möglichkeit* haben, die AGB *in zumutbarer Weise zur Kenntnis zu nehmen* (§ 8) und schliesslich müssen beide Parteien *erklären*, die AGB in den Vertrag *übernehmen zu wollen* (§ 9). Nachfolgend ist der Frage nachzugehen, inwieweit sich diese von Lehre und Rechtsprechung erarbeiteten Übernahmekriterien[351] im elektronisch abgeschlossenen Vertrag erfüllen lassen. Auf die besonderen Anforderungen, die bei der Globalübernahme von ungewöhnlichen Klauseln gelten, ist in § 10 einzugehen.

---

[348] Vorbehalten bleiben auf die Besonderheiten des elektronischen Geschäftsverkehrs zugeschnittene Vertragsklauseln wie etwa eine geografische und/oder zeitliche Beschränkung des Angebotes oder Hinweise zur Form des Vertragsabschlusses (vgl. dazu *Widmer/Bähler*, 176 ff., mit weiteren Beispielen).

[349] Ob der Inhalt der Vertragsklauseln rechtlich zulässig ist, beurteilt sich unabhängig davon, ob sie in elektronischer Form oder in Papierform vorliegen. So auch *Hunger*, 144; *Nestlé*, AGB, 267.

[350] Vgl. dazu § 4/I/A/1.

[351] Eine andere Frage ist jene nach der Einhaltung der Formvorschriften. Es ist daran zu erinnern, dass die für den Vertragsabschluss bestehenden Formvorschriften de lege lata im elektronischen Geschäftsverkehr nicht erfüllt werden können (vgl. dazu § 6/V.). Die Ausführungen des vierten Kapitels beschränken sich daher auf nicht formbedürftige Rechtsgeschäfte.

§ 7 Hinweis auf die AGB

Der Kunde kann nur dann ausdrücklich erklären, die AGB übernehmen zu wollen, wenn er von deren Bestand Kenntnis hat. Gleich verhält es sich, wenn eine explizite Erklärung des Kunden fehlt und sich nach den Grundsätzen des Vertrauensprinzips beurteilt, ob die Übernahme allenfalls stillschweigend erfolgt ist. Auch dies setzt unter anderem[352] voraus, dass der Kunde weiss, dass vorformulierte Vertragsklauseln bestehen.[353] Damit ist der Kunde sowohl im Hinblick auf eine ausdrückliche als auch auf eine stillschweigende Übernahme in rechtsgenüglicher Weise auf die AGB hinzuweisen. Es ist zu prüfen, wann (I.), wo (II.) und in welcher Form (III.) der Kunde im elektronischen Geschäftsverkehr auf die AGB aufmerksam zu machen ist.

I. Zeitliche Platzierung des Hinweises

A. Ausgangslage

Der Zweck des Hinweises besteht darin, den Kunden so auf den Bestand der AGB aufmerksam zu machen, dass im Zeitpunkt des Vertragsabschlusses feststeht, dass er von diesen Kenntnis hat. Stösst der Kunde erst nachträglich auf den AGB-Text resp. auf einen entsprechenden Hinweis, erfolgt die Kenntnisnahme verspätet, da er seine Willenserklärung bereits abgegeben hat, bevor er sich zur Frage der Übernahme von AGB einen Willen bilden konnte.[354] Der Kunde ist daher zeitlich notwendigerweise *vor Abgabe seiner Willenserklärung* auf deren Bestand hinzuweisen.

B. World Wide Web

Bezüglich des Zeitpunktes des Hinweises gilt beim Vertragsabschluss im WWW nichts anderes als im herkömmlichen Geschäftsverkehr. Die Web-Site ist daher so zu gestalten, dass der Kunde noch vor Klicken des Bestell-Icons

---

[352] Vgl. zur stillschweigenden Übernahme nachfolgend § 9/II.
[353] *Jäggi*, N 457 zu Art. 1 OR.
[354] *Jäggi*, N 458 zu Art. 1 OR; *Schuler*, 96. Vgl. zur fehlenden Übernahmeerklärung nachfolgend § 9/III.

auf die AGB aufmerksam wird.[355] Andernfalls[356] muss der Verwender in Anwendung des Vertrauensprinzips davon ausgehen, dass der Kunde seine Willenserklärung ohne Kenntnis vom Bestand der AGB abgegeben hat.

Ist der Hinweis auf der Web-Page unterhalb des Bestell-Icons platziert, erfolgt dieser damit grundsätzlich verspätet. Füllt der Kunde das Web-Formular aus, konzentriert sich seine Aufmerksamkeit auf die leer stehenden Felder und die damit zusammenhängenden Bemerkungen. Da der Kunde keinen Anlass hat, davon auszugehen, dass sich vertragsrelevante Hinweise unterhalb des Bestell-Icons befinden, darf der Verwender nach Treu und Glauben nicht vom Kunden erwarten, dass er auch Bemerkungen studiert, die dort platziert sind.[357] Etwas anderes gilt nur dann, wenn entweder der Hinweis noch vor dem Absenden der Bestellung notwendigerweise auf dem Bildschirm erscheint[358] und er zudem optisch besonders hervorgehoben[359] ist oder wenn sich das Bestell-Icon oben an der Web-Page befindet, sodass vom Kunden in guten Treuen erwartet werden kann, er nehme den gesamten Inhalt des daran anschliessenden Web-Formulars zur Kenntnis. Zweifelsohne verspätet ist der Hinweis, der sich auf der automatisch erstellten Bestätigung[360] der Bestellung befindet oder erst im Zeitpunkt der Vertragserfüllung erfolgt.[361]

C. E-Mail

Sollen AGB in über E-Mail abgeschlossene Verträge übernommen werden, hat der Verwender den Kunden ebenfalls auf die vorformulierten Geschäftsbedingungen aufmerksam zu machen, bevor dieser seine Willenserklärung abgibt.

---

[355] *Nestlé*, AGB, 268, gleich in der deutschen Literatur *Theis*, 47, und in der englischen *Chissick/Kelman*, N 3.70.

[356] Dies ist beispielsweise der Fall, wenn nach dem Absenden der Bestellung auf dem Bildschirm des Kunden die Nachricht eingeblendet wird: „Wir danken Ihnen für Ihre Bestellung und machen Sie darauf aufmerksam, dass wir den Vertrag nur unter Einschluss unserer Allgemeinen Geschäftsbedingungen schliessen."

[357] So das BGer zum konventionellen Geschäftsverkehr bereits in BGE 84 II 561, in dem die Rechtswirkung eines unterhalb der Unterschrift platzierten Hinweises zu beurteilen war.

[358] Wird der Hinweis etwa am Ende des Bestellformulars angefügt, muss dieses daher so kurz gefasst sein, dass die auszufüllenden Felder zusammen mit dem Hinweis auf einer Bildschirmseite Platz finden.

[359] Da der Kunde nicht damit rechnet und auch nicht damit zu rechnen braucht, dass sich unterhalb des Bestell-Icons vertragsrelevante Hinweise befinden, sind diese – etwa durch grössere Schrift und auffällige Farbwahl – besonders hervorzuheben. So zum konventionellen Geschäftsverkehr auch *Schuler*, 91, der verlangt, dass der Hinweis gut sichtbar sein muss.

[360] Vgl. zur rechtlichen Qualifikation einer automatischen Bestätigung FN 309.

[361] So zum konventionellen Geschäftsverkehr *Jäggi*, N 458 zu Art. 1 OR; *Schuler*, 96.

Tauschen sich die Parteien im Vorfeld des eigentlichen Vertragsschlusses per E-Mail aus, kann der Verwender ohne weiteres in eine dieser Nachrichten den Hinweis auf die AGB aufnehmen.

Problematischer ist es demgegenüber, wenn der Kunde dem Verwender per E-Mail direkt eine rechtsverbindliche Offerte unterbreitet, ohne dass die Parteien davor Vertragsverhandlungen führen.[362] In solchen Fällen fehlt es an einem rechtzeitigen Hinweis auf die AGB und der Verwender darf grundsätzlich[363] nicht davon ausgehen, der Kunde habe vom Bestand der AGB Kenntnis.

II. Örtliche Platzierung des Hinweises

A. Ausgangslage

Damit der Kunde bei Abgabe seiner Willenserklärung vom Bestand der AGB Kenntnis hat, ist neben der zeitlichen auch der örtlichen Stellung des Hinweises Beachtung zu schenken. Nicht jeder beliebig platzierte Hinweis erlaubt es dem Verwender, in guten Treuen anzunehmen, der Kunde habe vom Bestand der AGB gewusst oder hätte davon wissen müssen.[364]

Stellt der Verwender dem Kunden im Hinblick auf einen konkreten Vertragsabschluss eine *individuelle Offerte* zu, in der klar und deutlich auf die AGB verwiesen wird, darf er in guten Treuen davon ausgehen, dass der Kunde diese umfassend studiert und dabei den Hinweis zur Kenntnis nimmt.[365] Heikler ist ein in *nicht individualisierten Werbesendungen* platzierter Hinweis. Diese richten sich an ein unbestimmtes Publikum und zeichnen sich durch ihren Massencharakter aus. Da Werbesendungen nicht auf die individuellen Interessen des einzelnen Kunden zugeschnitten sind, wird dieser sich – wenn überhaupt –

---

[362] Ein solcher Fall liegt etwa vor, wenn ein Kunde für die Bestellung eines Web-Angebotes nicht das vorgesehene Bestellformular benützt, sondern dem Anbieter seine Offerte per E-Mail zukommen lässt. Da er das Web-Formular nicht benützt hat, darf der Verwender nicht davon ausgehen, der Kunde habe einen darin integrierten Hinweis zur Kenntnis genommen.

[363] Vorbehalten bleiben jene Fälle, in denen der Verwender weiss, dass der Kunde trotz eines fehlenden Hinweises von den AGB Kenntnis hat oder haben sollte, weil zwischen den Parteien etwa ein Rahmenvertrag besteht.

[364] *Schuler*, 89, und weniger deutlich auch *Kramer*, N 193 zu Art. 1 OR.

[365] *Schuler*, 90; *Giger*, 53 (der jedoch m.E. an dieser Stelle das Kriterium der zumutbaren Möglichkeit der Kenntnisnahme und des hinreichenden Hinweises vermengt).

nur für gewisse Artikel, aber kaum je für das ganze Sortiment interessieren.[366] Es ist daher von ihm nicht zu erwarten, dass er die Werbesendung umfassend studiert.[367] Folglich darf der Verwender auch nicht davon ausgehen, der Kunde nehme einen in der nicht individualisierten Werbesendung an beliebiger Stelle platzierten Hinweis auf die AGB zur Kenntnis.[368] Eine sichere Vertrauensgrundlage besteht für den Verwender nur dann, wenn er den Hinweis darin so platziert, dass vom Kunden nach Treu und Glauben zu erwarten ist, dass er darauf aufmerksam wird, bevor er seine Willenserklärung abgibt.[369] In nicht individualisierten Werbesendungen muss der Verwender bei der Platzierung des Hinweises damit besondere Vorsicht walten lassen.

Auch im elektronischen Geschäftsverkehr bestehen dementsprechend unterschiedliche Anforderungen an die örtliche Stellung des Hinweises, je nach dem, ob das Web-Angebot[370] resp. die E-Mail als individuelle Offerte oder als Werbesendung mit Massencharakter zu qualifizieren ist. Bevor auf die Frage nach der örtlichen Platzierung des Hinweises eingegangen werden kann (C.), ist daher zunächst der Charakter der Web- resp. der E-Mail-Angebote zu prüfen (B.).

B. Qualifikation des elektronischen Angebotes

1. Qualifikation des Web-Angebotes

a)   Web-Angebot im Allgemeinen
Das Web-Angebot enthält grundsätzlich nicht auf den einzelnen Kunden zugeschnittene, individuelle Angebote, sondern dient als Werbemedium mit Massencharakter.[371] Allein die Tatsache, dass der Kunde die Web-Site selber auf den Bildschirm lädt, lässt ein Web-Angebot noch nicht zu einer individuellen Offerte werden. Auch im konventionellen Geschäftsverkehr ist unerheblich, ob die Werbesendung dem Kunden ohne seinen Willen in den Briefkasten gelegt wird oder ob er sie selbst beim Anbieter bezieht. Denn einerseits ist es im Er-

---

[366] *Schuler*, 91.
[367] *Giger*, 53; *Kramer*, N 188 zu Art. 1 OR; *Schuler*, 91.
[368] *Giger*, 61; *Schuler*, 91 f.
[369] *Schuler*, 92.
[370] Der Begriff „Web-Angebot" wird auch nachfolgend nicht im rechtlichen Sinn verwendet, sagt also nichts darüber aus, ob es sich um einen rechtsverbindlichen Antrag oder um eine Einladung zur Offertstellung handelt (vgl. zu dieser Qualifikation § 6/II/A/2.).
[371] So auch *Hunger*, 147 f.

gebnis stets der Kunde, der sie aufschlägt und studiert. Andererseits lässt sich aus einem grundsätzlichen Interesse am Prospekt nicht schliessen, dass der Kunde sich für jedes einzelne der darin enthaltenen Angebote interessiert und er daher die Werbesendung umfassend zur Kenntnis nimmt.

Nichts anderes gilt, wenn das Web-Angebot rechtlich als Offerte zu qualifizieren ist. Auch dann richtet sich das Angebot nicht an einen konkreten Vertragspartner, sondern an eine unbestimmte Masse potenzieller Kunden[372], sodass nicht davon auszugehen ist, dass der einzelne Kunde sämtliche Web-Pages ausführlich studiert.[373]

b)   Individualisiertes Web-Angebot
Bewegt sich der Kunde auf einer Web-Site, hält der Web-Server sein Verhalten i.d.R. in einem Log-File fest. Gestützt auf das aus diesen Daten erstellte Konsumprofil, lässt sich die Web-Site bei späteren Zugriffen den (statistisch ermittelten) Bedürfnissen des Kunden anpassen. Es stellt sich damit die Frage, ob solche „individualisierte" Web-Angebote als individuelle Offerten zu qualifizieren sind.

Die Anforderungen an die Platzierung des Hinweises sind bei individuellen Offerten weniger streng, weil der Verwender davon ausgehen darf, der Kunde habe das Angebot umfassend studiert, da es auf seinen Wunsch erstellt wurde und sich auf seine persönlichen Interessen bezieht.[374] „Individualisierte" Web-Angebote werden indessen unabhängig vom Willen des Kunden durch eine Software realisiert. Verändert wird in erster Linie die Reihenfolge, in welcher der Kunde die einzelnen Angebote präsentiert erhält. Der Zugriff auf das gesamte Sortiment bleibt ihm weiterhin vollumfänglich möglich. Diese Web-Site bleibt damit – trotz einer gewissen Individualisierung – eine Werbesendung mit Massencharakter, sodass die Wahrscheinlichkeit, dass der Kunde die Web-Site umfassend studiert, nicht grösser ist, als bei einer gewöhnlichen Site.

Etwas anderes gilt m.E. nur dann, wenn der Kunde auf der Web-Site die Möglichkeit hat, eine individuelle Offerte zu verlangen.[375] Kann der Kunde die Parameter nennen, die auf die ihn interessierende Leistung zutreffen und wird ihm gestützt auf diese Angaben ein persönliches Angebot unterbreitet, liegt eine individuelle Offerte vor. Da der Kunde diese persönlich angefordert hat und sie auf seine Bedürfnisse zugeschnitten ist, darf der Verwender in guten Treuen davon ausgehen, dass er die Offerte eingehend studiert.

---

[372] Vgl. zum Antrag, der sich an jedermann richtet *Gauch/Schluep/Schmid/Rey*, N 388 f.
[373] Vgl. dazu auch *Köhler/Arndt*, N 106.
[374] Vgl. dazu vorstehend § 7/II/A.
[375] Dieses Zusammenstellen eines individuellen Produktes wird als *Mass Customization* bezeichnet. Vgl. dazu *Weber*, E-Commerce, 369.

c) Ergebnis

Im Ergebnis ist festzuhalten, dass ein Web-Angebot i.d.R. als Werbesendung mit Massencharakter zu qualifizieren ist. Von einer individuellen Offerte ist nur auszugehen, wenn dem Kunden aufgrund einer individuellen Anfrage ein Angebot unterbreitet wird.

2. Qualifikation des E-Mail-Angebotes

a) E-Mail-Angebot im Allgemeinen

Die E-Mail wird im Geschäftsalltag i.d.R. als individuelles Kommunikationsmittel eingesetzt, mit dem Zweck, Vertragsurkunden oder individuelle Vertragsofferten zu übermitteln. Sind diese Mitteilungen auf die persönlichen Bedürfnisse und Wünsche des Kunden zugeschnitten, liegt – gleich wie im konventionellen Geschäftsverkehr[376] – eine individuelle Offerte vor, sodass vom Kunden nach Treu und Glauben zu erwarten ist, dass er diese ausführlich studiert.

b) Werbe-E-Mail

Verschickt der Verwender in einem Massenversand Nachrichten mit kommerziellem Inhalt, das heisst eigentliche Werbe-E-Mails, die nicht auf einer spezifischen Anfrage des Kunden beruhen, liegt eine nicht individualisierte Werbesendung vor. Dementsprechend darf der Verwender nicht erwarten, dass sich der Kunde dafür interessiert und sie umfassend studiert. Völlig unerheblich ist dabei, ob der Kunde seine Zustimmung zum Zustellen solcher Werbe-E-Mails gegeben hat oder nicht.[377]

c) Ergebnis

Im Ergebnis ist festzuhalten, dass eine E-Mail sowohl individuelle Offerte als auch Werbesendung mit Massencharakter sein kann. Die Qualifikation ist in jedem Einzelfall aufgrund der konkreten Umstände vorzunehmen.

---

[376] *Schuler*, 90.
[377] Vgl. dazu die Ausführungen zur Qualifikation des Web-Angebotes im Allgemeinen (vorstehend § 7/II/B/1/a).

C. Örtliche Platzierung des Hinweises im elektronischen Geschäftsverkehr

1. World Wide Web

Da die Web-Site i.d.R. als nicht individualisierte Werbesendung zu qualifizieren ist[378], darf der Verwender nicht davon ausgehen, der Kunde gehe jede Web-Page einzeln durch und stosse dabei irgendwann auf den Hinweis auf die AGB. In Anwendung des Vertrauensprinzips muss der Verwender vielmehr damit rechnen, dass der Kunde solchen Hinweisen mit beträchtlicher Wahrscheinlichkeit keine Aufmerksamkeit schenkt.

Damit der Verwender erwarten darf, der Kunde nehme den Hinweis zur Kenntnis, muss er ihn so platzieren[379], dass der Kunde ihn vor Abgabe seiner Willenserklärung nicht übersehen kann. Es drängt sich damit auf, den Hinweis auf einer Web-Page anzubringen, die der Kunde notwendigerweise auf dem Bildschirm einblenden muss, bevor er seine Willenserklärung abgibt. Für die Platzierung des Hinweises besonders geeignet ist damit das Web-Bestellformular. Genügt ein darin integrierter Hinweis den gestalterischen Anforderungen[380] und benutzt der Kunde zur Abgabe seiner Willenserklärung dieses Formular, darf der Verwender in Anwendung des Vertrauensprinzips davon ausgehen, dass ihn der Kunde zur Kenntnis genommen hat, unabhängig davon, wie ausführlich er die Web-Site (d.h. alle übrigen Seiten der Web-Präsentation) ansonsten studiert.[381] Gleiches gilt, wenn sich der Hinweis automatisch als Pop-up-Fenster am Bildschirm einblendet[382], bevor der Kunde die Bestellung ausfüllen resp. absenden kann. Auch diesfalls ist der Kunde nach Treu und Glauben verpflichtet, diesen zur Kenntnis zu nehmen. Denkbar ist schliesslich, auf jeder einzelnen Web-Page einen Hinweis auf die AGB anzubringen. Da der Kunde grundsätzlich zunächst eine Ware oder Dienstleistung aussuchen muss, die er bestellen will, ruft er vor Abgabe seiner Willenserklärung regelmässig mindestens eine Web-Page auf. Ist die Stellung des Hinwei-

---

[378] Vgl. vorstehend § 7/II/B/1.
[379] Selbstverständlich muss resp. darf der Hinweis auf die AGB auch über den Bildschirm erfolgen, wenn der gesamte Prozess von der Kenntnisnahme des Angebotes bis hin zur übereinstimmenden Willenserklärung im WWW abläuft (so – zumindest für Btx – auch *Koch Frank A.*, 68).
[380] Vgl. dazu nachfolgend § 7/III/C.
[381] *Hunger*, 150, gleich auch die deutsche Lehre – *Eichhorn*, 75; *Härting*, Internetrecht, N 137; *Kamanabrou*, 422; – und die österreichische – *Schauer*, 114. Gleiches gilt auch für den konventionellen Geschäftsverkehr: *Schuler*, 92.
[382] Vgl. dazu *Widmer/Bähler*, 164 f.

ses auf dieser Seite so, dass er zwingend[383] auf dem Bildschirm erscheint, darf der Verwender grundsätzlich[384] davon ausgehen, dass ihn der Kunde nicht übersieht. Problematisch ist diese Variante allerdings in den Fällen, in denen der Kunde das Bestellformular unmittelbar[385] ausfüllt und absendet, ohne vorher eine der mit dem Hinweis versehenen Web-Pages auf den Bildschirm zu holen. Damit bleibt das Risiko bestehen, dass der Kunde seine Willenserklärung abgibt, ohne den Hinweis zur Kenntnis zu nehmen resp. nehmen zu müssen.

Jeder andere, an beliebiger Stelle der Web-Site platzierte Hinweis vermag den rechtlichen Anforderungen nicht zu genügen.[386] Dementsprechend bietet auch ein auf der Homepage platzierter Hinweis keine genügende Vertrauensgrundlage, da der Kunde sie nicht zwingend auf dem Bildschirm einblenden muss, um zum Angebot zu gelangen, und, selbst wenn er sie einblendet, nicht in guten Treuen davon auszugehen ist, dass er sie eingehend studiert.[387] Gleiches gilt auch für den in der Basisnavigationsleiste platzierten Hinweis, da der geschäftsunerfahrene Kunde nach den Grundsätzen des Vertrauensprinzips nicht erwarten muss, dass dort vertragsrelevante Hinweise angebracht sind, wenn er diese ansonsten alle im Bestellformular findet.[388]

Eine Ausnahme gilt dann, wenn das Web-Angebot als individuelle Offerte zu qualifizieren ist. Der Verwender darf diesfalls in Anwendung des Vertrau-

---

[383] Damit ist die Platzierung zuunterst auf der Seite, die sich nicht vollumfänglich auf einem Bildschirm darstellen lässt, ungenügend, solange der Verwender nicht sicherstellen kann, dass der Kunde die ganze Seite durchscrollt.

[384] Vorbehalten bleiben die gestalterischen Voraussetzungen, die an einen Hinweis gestellt werden (dazu § 7/III/C. nachfolgend).

[385] Weil er etwa aus früheren Rechtsgeschäften noch genau weiss, was er haben will.

[386] Gleicher Meinung in der deutschen Lehre *Theis,* 47, in der österreichischen *Mottl,* 42, und in der englischen *Chissick/Kelman,* N 3.70. Vgl. in diesem Zusammenhang auch die deutsche Rechtsprechung zu Btx. Danach muss der Hinweis auf einer Btx-Seite erfolgen, über die der Kunde bei der Vertragsanbahnung notwendigerweise gelangt (Landgericht Ravensburg zit. nach CR 1992, 473).

[387] So auch *Eichhorn,* 75; *Köhler/Arndt,* N 110; *Löhnig,* 1689. Hunger argumentiert, dass dem Kunden nicht zugemutet werden kann, zumeist unübersichtliche und mit Werbung durchzogene Eingangsfenster nach AGB abzusuchen (*Hunger,* 150). Meines Erachtens steht diese Überlegung im Zusammenhang mit der Ausgestaltung des Hinweises und wirkt sich daher auch auf die Platzierung des Hinweises aus, ist jedoch nicht der eigentliche Grund, weshalb der Hinweis auf der Homepage keine sichere Vertrauensgrundlage schafft.

[388] Eine Ausnahme gilt nur dann, wenn dieser Hinweis einerseits so gestaltet ist, dass er nicht zu übersehen ist, und andererseits eine Formulierung gewählt wird, aus welcher mit aller Deutlichkeit hervorgeht, dass der Vertrag nur bei Übernahme der AGB abgeschlossen wird.

ensprinzips davon ausgehen, dass der Kunde das Angebot umfassend studiert und einen darin[389] integrierten Hinweis auf die AGB zur Kenntnis nimmt. Um eine Auseinandersetzung über die Frage, ob es sich um ein individuelles Angebot oder um eine Werbesendung mit Massencharakter handelt, zu vermeiden, empfiehlt es sich jedoch auch hier, den Hinweis in das Bestellformular aufzunehmen oder in einem Pop-up-Fenster einzublenden.

2. E-Mail

Wird dem Kunden in der E-Mail resp. in einem Attachment[390] eine individuelle Offerte übermittelt, darf der Verwender nach Treu und Glauben davon ausgehen, dass der Kunde diese ausführlich studiert und damit auch einen darin an beliebiger Stelle platzierten Hinweis auf AGB zur Kenntnis nimmt.[391]

Stellt der Verwender dem Kunden Werbe-E-Mails zu, ist demgegenüber nicht zu erwarten, dass er diese umfassend studiert. Dementsprechend ist der Kunde nicht verpflichtet, einen darin an beliebigem Ort angebrachten Hinweis zur Kenntnis zu nehmen.[392] Es empfiehlt sich damit, dem Werbe-E-Mail einen Bestellschein beizufügen und darin auf die AGB hinzuweisen.[393] Dieser kann entweder direkt in die E-Mail integriert sein oder ihr in Form eines Attachment beigefügt werden.

Etwas anderes gilt allerdings dann, wenn die Werbe-E-Mail sehr kurz gehalten ist. Darf der Kunde einen darin enthaltenen Hinweis – etwa wegen einer auffälligen optischen Gestaltung – schlicht nicht übersehen, ist in Anwendung des Vertrauensprinzips zu erwarten, dass ihn der Kunde zur Kenntnis nimmt, selbst wenn der Versand nicht individualisierten Massencharakter aufweist.[394]

3. Sondervorschriften für den geschäftserfahrenen Kunden

Ist der Kunde geschäftserfahren, führen die Grundsätze des Vertrauensprinzips sowohl im WWW als auch im E-Mail-Verkehr zu anderen Ergebnissen. Da der geschäftserfahrene Kunde weiss oder aufgrund seiner Erfahrung wissen muss,

---

[389] Es genügt auch in diesen Fällen nicht, den Hinweis bloss auf der Homepage oder in der Basisnavigationsleiste zu platzieren, da sie nicht Bestandteil des individuellen Angebotes sind.
[390] Vorbehalten bleibt, dass der Kunde das Attachment überhaupt zur Kenntnis nehmen kann. Vgl. zu dieser Problematik § 8/I/A.
[391] Gleich zum konventionellen Geschäftsverkehr *Giger*, 53; *Schuler*, 90.
[392] Gleich zum konventionellen Geschäftsverkehr *Schuler*, 92.
[393] Vgl. zur Begründung die vorstehenden Ausführungen zum Web-Angebot (§ 7/II/C/1.).
[394] Gleich zum konventionellen Geschäftsverkehr *Schuler*, 92.

dass in schriftliche Massenverträge gewöhnlich AGB übernommen werden[395], darf der Verwender von ihm in guten Treuen erwarten, dass er bezüglich Hinweisen auf AGB eine höhere Aufmerksamkeit an den Tag legt, als dies ein unerfahrener Kunde tut.[396] Infolge dieser gesteigerten Aufmerksamkeit muss dem geschäftserfahrenen Kunden ein solcher Hinweis rascher auffallen, sodass bezüglich dessen Platzierung weniger strenge Anforderungen gelten. Von einem geschäftserfahrenen Kunden kann m.E. etwa erwartet werden, dass er einen in der Basisnavigationsleiste platzierten Hinweis zur Kenntnis nimmt, obwohl ein eigentlicher Bezug zum konkreten Vertragsabschluss fehlt.

Ob die örtliche Stellung des Hinweises im Einzelfall derart ist, dass der Verwender in guten Treuen davon ausgehen darf, der geschäftserfahrene Kunde habe diesen zur Kenntnis genommen, hat im Einzelfall aufgrund einer eingehenden Analyse der Web-Site resp. der E-Mail zu erfolgen. Zu berücksichtigen ist dabei auch der Grad der individuellen Mediumserfahrung des Kunden.[397] Will der Verwender das Risiko einer Auseinandersetzung über die Frage der hinreichenden örtlichen Platzierung vermeiden, empfiehlt sich auch in diesen Fällen, die Regeln zu beachten, die für den geschäftsunerfahrenen Kunden gelten.

III. Form des Hinweises

A. Ausgangslage

Dem Verwender stehen verschiedene Möglichkeiten offen, um den Kunden auf den Bestand der AGB aufmerksam zu machen. Er kann den AGB-Text etwa unmittelbar in die Vertragsurkunde resp. ins Bestellformular integrieren. Sind dabei die Anforderungen, die an die örtliche und die zeitliche Platzierung gestellt werden, erfüllt, darf der Verwender ohne weiteres davon ausgehen, dass der Kunde den Bestand der AGB zur Kenntnis nimmt.[398] Ein besonderer Ver-

---

[395] Vgl. dazu auch FN 30 und 31.
[396] *Koch Robert*, 89 f.
[397] Gerade im WWW kann selbst einem an sich geschäftserfahrenen Kunden ein Hinweis auf die AGB entgehen, wenn er über keinerlei oder nur rudimentäre Mediumserfahrung verfügt, da diesfalls nicht von ihm zu erwarten ist, dass er aktiv nach einem irgendwo auf der Web-Site platzierten Hinweis sucht. Zur Kenntnis zu nehmen hat allerdings auch er etwa einen in der Basisnavigationsleiste angebrachten Hinweis.
[398] *Jäggi*, N 449 zu Art. 1 OR; *Schuler*, 89.

weis[399] auf diese erübrigt sich.[400] Finden sich die AGB-Klauseln demgegenüber nicht im Vertragstext, sind zwei Fälle zu unterscheiden. Entweder macht der Verwender den Kunden durch einen ausdrücklichen Verweis auf den Bestand der AGB aufmerksam[401] oder ein solcher unterbleibt. Gleich wie bei der unmittelbaren Integration des AGB-Textes darf der Verwender bei einem den Anforderungen an die örtliche und die zeitliche Platzierung genügenden Verweis in guten Treuen davon ausgehen, der Kunde habe vom Bestand der AGB Kenntnis.[402] In den übrigen Fällen darf der Verwender demgegenüber grundsätzlich nicht erwarten, dass der Kunde vom Bestand der vorformulierten Bedingungen weiss.[403] Dies schliesst allerdings nicht aus, dass der Kunde im konkreten Einzelfall trotzdem vom Bestand der AGB Kenntnis hat.

Gleich wie im konventionellen ist dem Verwender auch im elektronischen Geschäftsverkehr anheim gestellt, ob er den Kunden mittels AGB-Text (B.) oder durch einen Verweis (C.) auf den Bestand der AGB hinweist.

B. Volltext der AGB

Wie sich aus den Anforderungen an die örtliche und die zeitliche Platzierung ergibt, ist der Kunde in Web-Geschäften vorzugsweise auf dem Bestellformular oder in einem Pop-up-Fenster auf den Bestand der AGB aufmerksam zu machen. Erfolgt die Kommunikation über E-Mail, kann der Verwender den Kunden in der E-Mail selber oder in einem Attachment auf die AGB hinweisen. In all diesen Varianten lässt sich der Volltext der AGB ohne weiteres abbilden.[404] Tut der Verwender dies, darf er nach Treu und Glauben davon ausgehen, dass der Kunde den Bestand der AGB zur Kenntnis nimmt.[405]

---

[399] Der Begriff „Verweis" steht für einen Hinweis i.e.S., das heisst für eine ausdrückliche Erklärung, mit welcher der Verwender den Kunden auf den Bestand der AGB aufmerksam macht. Ein Hinweis (i.w.S.) kann damit sowohl der AGB-Text als solcher als auch der Verweis auf die AGB sein.

[400] *Jäggi*, N 449 zu Art. 1 OR.

[401] Unerheblich ist in diesem Zusammenhang, wo sich der AGB-Text befindet, das heisst, ob er auf einem Schriftstück ist, das beim Vertragsabschluss verwendet wird, oder ob er etwa bloss im örtlichen Bereich, in dem sich die Parteien beim Vertragsabschluss bewegen, für jedermann bekannt gegeben wird. Dieses Kriterium spielt allerdings bei der Frage nach der Zumutbarkeit der Kenntnisnahme eine wesentliche Rolle (vgl. dazu § 8).

[402] So zum konventionellen Geschäftsverkehr *Jäggi*, N 451 ff. zu Art. 1 OR.

[403] BGE 85 II 569 f.

[404] Zur Frage, wie der AGB-Text zu gestalten ist, vgl. § 8/II/B/2.

[405] *Taupitz/Kritter*, 844.

C. Verweis auf AGB

Die Integration des ganzen AGB-Textes kann sich jedoch – besonders bei der Integration ins Web-Formular resp. in die E-Mail – als nicht besonders kundenfreundlich erweisen, da AGB gewöhnlich einen nicht unerheblichen Umfang aufweisen, was zu einem Verlust der Übersichtlichkeit führen kann.[406] Der Verwender wird es daher – gerade im elektronischen Geschäftsverkehr, der sich durch seine Geschwindigkeit und Strukturiertheit auszeichnet – regelmässig vorziehen, den Kunden durch einen Verweis auf den Bestand der AGB aufmerksam zu machen.[407] Dieser Verweis erfolgt durch Platzieren eines entsprechenden Satzes[408] im Bestellformular, in einem Pop-up-Fenster oder auf jeder einzelnen Web-Page resp. in der E-Mail oder in einem Attachment.

Die Anforderungen, die an die Gestaltung des Verweises gestellt werden, variieren je nach Grad der Geschäftserfahrenheit des Kunden. Damit der Verwender davon ausgehen kann, der *geschäftsunerfahrene Kunde* habe den Verweis zur Kenntnis genommen, muss dieser klar[409] und unmissverständlich[410] formuliert sein. Darüber hinaus darf er nicht auf einer unübersichtlichen[411] Web-Page resp. einer solchen E-Mail versteckt sein. Schliesslich beeinflusst die Geschäftserfahrenheit des Kunden auch die optische Gestaltung des Verweises. Im Verhältnis zu einem geschäftsunerfahrenen Kunden muss sich der Hinweis grafisch deutlich vom übrigen Text abheben.[412] Er muss so angeordnet

---

[406] *Hunger*, 151, FN 780; *Chissick/Kelman*, N 3.73.

[407] Weil es keine Schwierigkeit bietet, im elektronischen Geschäftsverkehr auf AGB hinzuweisen (*Köhler/Arndt*, N 108), ist auf die Ausnahmeregel, wonach der Hinweis durch einen deutlich sichtbaren Aushang am Ort des Vertragsabschluss ersetzt werden kann, sofern die Art des Vertragsabschlusses einen Hinweis nicht oder nur unter unverhältnismässigen Schwierigkeiten zulässt, nicht weiter einzugehen. Vgl. zu dieser Ausnahmeregel etwa *Kramer*, N 195 zu Art. 1 OR, oder *Schuler*, 94 ff.

[408] Beispielsweise: „Ich habe zur Kenntnis genommen, dass Allgemeine Geschäftsbedingungen bestehen, und bin mit deren Übernahme in den Vertrag einverstanden." Wird dieser Hinweis als Hyperlink formatiert, erlaubt er dem Kunden, direkten Zugriff auf den AGB-Text zu nehmen, was für die Frage der zumutbaren Möglichkeit zur Kenntnisnahme von zentraler Bedeutung ist (vgl. dazu im Einzelnen § 8/II/A/1/c/aa).

[409] An der notwendigen Klarheit fehlt es etwa, wenn auf einer deutschsprachigen Web-Site ein englischer Hyperlink (wie: Terms of Payment) gesetzt wird (*Härting*, Internetrecht, N 136) oder wenn nur eine Abkürzung wie „AGB" verwendet wird.

[410] Missverständlich ist der Hinweis etwa dann, wenn eine Formulierung gewählt wird, aus der für den geschäftsunerfahrenen Durchschnittskunden nicht deutlich hervor geht, dass der Verwender den Vertrag nur bei Übernahme der AGB abschliessen will.

[411] Beispielsweise zwischen einer Vielzahl anderer Hyperlinks.

[412] So schon BGE 77 II 156, wonach der geschäftsunerfahrene Kunde in „nicht zu übersehender Weise" auf das Bestehen von AGB hinzuweisen ist. Vgl. zu dieser Frage auch

sein, dass er von einem Durchschnittskunden auch bei flüchtiger Betrachtungsweise nicht übersehen werden kann.[413] Diese Voraussetzung ist erfüllt, wenn der Verweis in einer grösseren Schrift, in Fettdruck und in einer auffälligen, im Kontrast zum übrigen Text stehende Farbe[414] dargestellt oder durch ein blinkendes Hinweiszeichen darauf aufmerksam gemacht wird.[415] Es kann ganz allgemein festgehalten werden, dass je auffälliger der Verweis gestaltet ist, desto eher von der Kenntnisnahme durch den geschäftsunerfahrenen Kunden auszugehen ist.

Im Verhältnis zum *geschäftserfahrenen Kunden* gelten weniger strenge Anforderungen an die Gestaltung des Verweises. Von diesem darf nach Treu und Glauben erwartet werden, dass er den Verweis auch dann zur Kenntnis nimmt, wenn er optisch nicht besonders ausgestaltet oder hervorgehoben ist. Unberücksichtigt bleibt in diesem Zusammenhang der Grad der Mediumserfahrung des geschäftserfahrenen Kunden. Denn ob er einen zeitlich und örtlich korrekt plazierten Hinweis wahrnimmt, hängt einzig von seiner Aufmerksamkeit ab und erfordert keinerlei besondere Kenntnis des Mediums.

IV. Zusammenfassung

Im Ergebnis ist festzuhalten, dass der Kunde im Zeitpunkt der Abgabe seiner Willenserklärung wissen muss, dass vorformulierte Vertragsklauseln bestehen. Tauschen sich die Parteien im WWW oder über E-Mail aus, ist es grundsätzlich ohne weiteres möglich, den Kunden rechtzeitig auf den Bestand der AGB hinzuweisen. Gelangt der Kunde jedoch per E-Mail unmittelbar mit einer rechtsverbindlichen Offerte an den Verwender, erfolgt der Hinweis – wenn überhaupt – erst in dessen Antwort und ist damit verspätet.

Der rechtzeitige Hinweis muss örtlich so plaziert sein, dass der Kunde ihn nach Treu und Glauben zur Kenntnis nehmen muss. Da Web-Sites i.d.R. als nicht individualisierte Werbesendungen zu qualifizieren sind, darf der Verwender nur dann von einer Kenntnisnahme ausgehen, wenn der Hinweis im Bestellformular integriert ist, in einem Pop-up-Fenster auf dem Bildschirm erscheint

---

Widmer/Bähler, 163. Gleich für das englische Recht *Chissick/Kelman*, N 3.71, und für das österreichische Recht *Schauer*, 114.

[413] *Eichhorn*, 75; *Koehler*, 290. Dem Verwender ist daher zu empfehlen, den Hinweis auch optisch hervorzuheben, sodass der Kunde beim Ausfüllen des Formulars oder Lesen des Vertragstextes diesen notwendigerweise zur Kenntnis nimmt.

[414] Vgl. zur Farbwahl auch § 8/II/B/2/b.

[415] *Kamanabrou*, 422; *Schauer*, 114, FN 562.

oder auf jeder einzelnen Web-Page[416] platziert ist. In den seltenen Fällen, in denen ein Web-Angebot als individuelle Offerte zu qualifizieren ist, genügt es, wenn darin auf die AGB hingewiesen wird. Gleiches gilt, wenn die E-Mail eine individuelle Offerte enthält. Übermittelt der Verwender dem Kunden jedoch per E-Mail eine nicht individualisierte Werbesendung, darf er nur dann von der Kenntnisnahme des Kunden ausgehen, wenn er den Hinweis so platziert, dass ihn dieser nicht übersehen kann. Dies ist etwa der Fall, wenn er ihn in einem der Werbe-E-Mail beigefügten Bestellformular integriert.[417]

Der Verwender kann wählen, in welcher Form er den Kunden auf den Bestand der AGB aufmerksam machen will. Unproblematisch ist es dann, wenn er dem Kunden den ganzen AGB-Text unterbreitet. Erfolgt der Hinweis durch einen Verweis auf die AGB, muss dieser klar und unmissverständlich formuliert und optisch so ausgestaltet sein, dass er selbst von einem flüchtigen Leser nicht übersehen werden kann.

Der geschäftserfahrene Kunde hat hinsichtlich AGB eine höhere Aufmerksamkeit an den Tag zu legen, womit sowohl bezüglich der örtlichen Platzierung des Hinweises als auch hinsichtlich der Ausgestaltung des Verweises weniger strenge Anforderungen gelten. Von ihm ist einerseits zu erwarten, dass er grundsätzlich auch einen Hinweis in nicht individualisierten Werbesendungen – sei es auf einer Web-Site oder in einer E-Mail – zur Kenntnis nimmt. Andererseits darf er einen Verweis auch dann nicht übersehen, wenn dieser nicht besonders ausgestaltet oder hervorgehoben ist.

---

[416] Bei dieser Variante besteht jedoch ein gewisses Risiko, dass der Kunde keine mit dem Hinweis versehene Web-Page aufruft und daher auch keine Kenntnis vom Bestand der AGB hat.

[417] Eine Ausnahme gilt für sehr kurze Werbe-E-Mails, bei denen vom Kunden zu erwarten ist, dass er trotz der fehlenden Individualisierung auf den Hinweis aufmerksam wird.

§ 8 Möglichkeit zumutbarer Kenntnisnahme

Der Kunde ist in Anwendung des Vertrauensprinzips an seine Erklärung, die AGB in den Vertrag übernehmen zu wollen, auch dann gebunden, wenn er deren Inhalt nicht zur Kenntnis nimmt.[418] Dies setzt allerdings voraus, dass ihm grundsätzlich eine zumutbare Möglichkeit zur Kenntnisnahme des AGB-Textes offen steht.[419] Wann dies im elektronischen Geschäftsverkehr der Fall ist, wird im 8. Paragrafen untersucht. Einleitend ist zu prüfen, ob für den Kunden überhaupt eine Möglichkeit zur Kenntnisnahme besteht (I.). Anschliessend ist der Frage nachzugehen, ob dem Kunden die Kenntnisnahme auch zumutbar ist (II.).

I. Möglichkeit der Kenntnisnahme

A. Unmittelbare Übergabe

Im E-Commerce erhält der Kunde den AGB-Text statt in Papierform elektronisch. So werden die AGB etwa ins Web-Formular oder in die E-Mail integriert resp. dieser in Form eines Attachment beigefügt oder in einem Fenster auf dem Bildschirm eingeblendet. Auch solche elektronisch übermittelten AGB liegen dem Kunden unmittelbar vor und können von diesem im Bedarfsfall zur Kenntnis genommen werden.[420]

Ein Vorbehalt ist allerdings hinsichtlich den Attachment anzubringen. Anders als im konventionellen Geschäftsverkehr ist es im E-Mail-Verkehr nicht selbstverständlich, dass der Kunde die Anlagen zur Kenntnis nehmen kann. Zunächst besteht das Risiko, dass eine Firewall[421] das Attachment aufhält und dieses damit gar nicht in den Machtbereich des Kunden gelangt.[422] Weiter

---

[418] *Forstmoser*, Standortbestimmung, 38; *Jäggi*, N 457 zu Art. 1 OR; *Kramer*, N 190 zu Art. 1 OR; *Schwenzer*, N 45.03; BGE 119 II 445; 109 II 456; 108 II 418.
[419] *Gauch/Schluep/Schmid/Rey*, N 1140; BGE 77 II 156; 100 II 209 f. Ob er diese Möglichkeit tatsächlich nutzt, ist demgegenüber unerheblich (*Jäggi*, N 457 zu Art. 1 OR; *Rosenthal*, 329; *Schwenzer*, N 45.03).
[420] *Koehler*, 291; *Taupitz/Kritter*, 844.
[421] „Firewall" ist der Oberbegriff für Datensicherungskonzepte, welche vernetzte Systeme voneinander abschotten (*Fischer*, 93).
[422] *Chissick/Kelman*, N 3.76.

ist fraglich, ob der Kunde über die notwendige Software verfügt, um das Attachment zu lesen.[423] Schliesslich sind Attachment ein beliebtes Medium zum Verbreiten von Computerviren. Ein vorsichtiger Kunde wird sie daher nur öffnen, wenn er in der E-Mail besonders darauf hingewiesen wird. Aufgrund dieser besonderen Umstände darf der Verwender folglich grundsätzlich nicht davon ausgehen, dass der Kunde das Attachment zur Kenntnis nimmt resp. nehmen kann.

Zweckdienliche Vorkehren vermögen dieses Ergebnis jedoch abzuwenden. Zunächst kann der Verwender den Kunden in der E-Mail auf das Attachment hinweisen und ihn auffordern, dieses zu öffnen. Damit wird das Argument entkräftet, der Kunde habe das Attachement aus Angst vor Viren nicht zur Kenntnis genommen. Ist dem Verwender nicht bekannt, über welche Software der Kunde verfügt, kann er ihm das Dokument in einem pdf-Format oder in einem txt-Format[424] zur Verfügung stellen. Entscheidet sich der Verwender für das kundenfreundlichere pdf-Format, kann er in der E-Mail einen direkten Link zur Web-Site[425] setzen, von welcher der Kunde die aktuelle Version des Adobe Acrobat Reader – der Software, die zum Lesen von pdf-Dateien benötigt wird – unentgeltlich zu beziehen vermag. Schliesslich kann der Verwender etwa durch Nachfrage[426] beim Kunden sicherstellen, dass dieser das Attachment erhält und es nicht von einer Firewall abgefangen wird.

Zusammenfassend ist damit festzuhalten, dass der Kunde ohne weiteres die Möglichkeit hat, die AGB zur Kenntnis zu nehmen, wenn sie in das Web-Formular oder in die E-Mail integriert oder dem Kunden in einem Fenster auf dem Bildschirm eingeblendet werden. Fügt der Verwender die AGB der E-Mail in Form eines Attachment an, hat er allerdings sicherzustellen, dass der Kunde dieses sowohl erhält als auch lesen kann, um nach Treu und Glauben von einer Kenntnisnahme ausgehen zu dürfen.

---

[423] *Chissick/Kelman*, N 3.76.
[424] Das txt-Format ist ein absolutes Basisformat, das von jedem Betriebssystem gelesen werden kann.
[425] http://www.adobe.com/products/acrobat/readstep2.html [Stand 30.4.01].
[426] Eine ausdrückliche Nachfrage erübrigt sich dann, wenn die Parteien z.B. vereinbart haben, die Vertragsurkunde oder die Offerte in der Anlage einer E-Mail zu übermitteln. Wenn sich Parteien über die Übermittlungsart geeinigt haben, darf der Verwender in guten Treuen davon ausgehen, dass der Kunde das Attachment zur Kenntnis nehmen kann.

B. Mittelbare Übergabe

Da sich die Integration der ganzen AGB ins Web-Formular oder in die E-Mail besonders für längere Texte als wenig kundenfreundlich erweist[427], wird es der Verwender regelmässig vorziehen, den Kunden durch Verweis auf den Bestand der AGB aufmerksam zu machen. In der Praxis kommt es somit häufig vor, dass dem Kunden die vorformulierten Klauseln nicht unmittelbar vorliegen.

Gemäss Lehre und Rechtsprechung zum konventionellen Geschäftsverkehr ist eine tatsächliche Übergabe des AGB-Textes nicht zwingend erforderlich.[428] Es genügt vielmehr, wenn der Kunde die Möglichkeit hat, die AGB vor Abgabe seiner Willenserklärung einzusehen. Da diese Regel auch im elektronischen Geschäftsverkehr gilt[429], besteht weder beim Vertragsabschluss im WWW noch über E-Mail die Notwendigkeit, dem Kunden die AGB zu übermitteln, sofern eine andere Möglichkeit besteht, diese einzusehen.[430] Dementsprechend braucht der Kunde auch nicht zwingend über die Web-Page mit den AGB geführt zu werden.[431] Es genügt etwa, wenn der Kunde durch einen verlinkten Verweis auf die AGB aufmerksam gemacht wird. Diesfalls kann er die AGB durch einfachen Klick auf den Bildschirm holen und zur Kenntnis nehmen. Der Kunde kann die AGB auch einsehen, wenn ihm die Uniform Resource Locator (URL)[432] der entsprechenden Web-Page mitgeteilt wird.

Problematischer ist es allerdings dann, wenn der Verweis auf eine Web-Page in einer E-Mail platziert wird und der Kunde keinen Zugriff auf das WWW hat.[433] Für den Kunden besteht diesfalls keine Möglichkeit, von der

---

[427] *Hunger*, 151, FN 780; *Chissick/Kelman*, N 3.74.

[428] *Giger*, 52 f.; *Kramer*, N 188 zu Art. 1 OR; *Ramstein/Kuster*, 11; BGE 100 II 209 f.; 77 II 156. *Forstmoser*, Standortbestimmung, 39, fordert demgegenüber im Verhältnis zum geschäftlich nicht erfahrenen Kunden die Aushändigung der AGB, jedoch ohne dies zu begründen. Strengere Vorschriften gelten jedenfalls gemäss VVG und PRG. Auf diese wird nachfolgend unter § 8/II/A/3. eingegangen.
An dieser Stelle sei auf die grosszügigere US-amerikanische Praxis hingewiesen. Gemäss der neueren Rechtsprechung zu den Lizenzverträgen muss der Kunde von den AGB vor Vertragsabschluss nicht zwingend Kenntnis nehmen können. Es genügt, wenn der Verwender ihn rechtzeitig auf die Klauseln hinweist (vgl. dazu *Nestlé*, Lizenzverträge, 221; *dies.*, AGB, 252).

[429] *Wildemann*, 43.

[430] So – zumindest implizit – auch *Nestlé*, AGB, 269.

[431] *Kamanabrou*, 422.

[432] Die URL ist die Adresse einer Web-Page. Sie erlaubt es, jedes Dokument eindeutig zu bezeichnen. Sie lässt sich etwa mit der International Standard Book Number (ISBN) von Büchern vergleichen. Vgl. zur URL ausführlich *Scheller/Boden/Geenen/Kampermann*, 263 ff.

[433] Vgl. dazu *Chissick/Kelman*, N 3.76. Solche Situationen sind etwa am Arbeitsplatz anzutreffen.

Web-Page mit den AGB Kenntnis zu nehmen. Es bleibt ihm keine andere Wahl, als die AGB direkt beim Verwender anzufordern. Beim Verwender beziehen muss der Kunde die AGB auch dann, wenn er auf den Bestand der AGB verwiesen wird, ohne dass ihm diese unmittelbar oder mittelbar zur Verfügung gestellt werden. Erhält er die AGB vom Verwender auf Anfrage zugestellt[434], besteht dennoch eine Möglichkeit zur Kenntnisnahme.[435]

C. Zusammenfassung

Eine Übergabe der AGB an den Kunden ist auch im elektronischen Geschäftsverkehr nicht zwingend notwendig. Der Kunde kann die AGB damit sowohl dann zur Kenntnis nehmen, wenn sie unmittelbar als auch wenn sie mittelbar – etwa indem ein entsprechender Link gesetzt oder die URL der Web-Page bekannt gegeben wird – zur Verfügung stehen. Die Kenntnisnahme ist dem Kunden schliesslich selbst dann möglich, wenn er die AGB beim Verwender beziehen kann.

II. Zumutbarkeit der Kenntnisnahme

Allein die Tatsache, dass für den Kunden die Möglichkeit besteht, die AGB zur Kenntnis zu nehmen, vermag für eine rechtswirksame Globalübernahme noch nicht zu genügen. Damit der Verwender in guten Treuen davon ausgehen kann, der Kunde habe einen entsprechenden Übernahmewillen, muss die Kenntnisnahme der AGB in *zumutbarer Art und Weise* möglich sein.[436] Dies setzt einerseits voraus, dass der Kunde eine zumutbare Möglichkeit des Zugriffs auf die Vertragsklauseln hat (Kenntnisnahme i.w.S. – nachfolgend A.). Andererseits muss ihm auch das eigentliche Lesen der AGB (Kenntnisnahme i.e.S. – nachfolgend B.) zumutbar sein.

---

[434] Der Verwender wird dem Kunden den AGB-Text per E-Mail übermitteln oder ihm die URL der AGB-Web-Page bekannt geben. Es steht dem Verwender selbstverständlich auch frei, dem Kunden die AGB auf physischem Weg zuzusenden, wobei diese Vorgehensweise nicht dem Zweck des elektronischen Geschäftsverkehrs entspricht (*Mottl*, 42).

[435] *Waltl*, 186. Zur Frage, ob dem Kunden zumutbar ist, selber nach den AGB zu suchen resp. beim Verwender nachzufragen, vgl. nachfolgend § 8/II/A/1/a.

[436] BGE 108 II 418; 109 II 456; *Giger*, 52 f., *Nestlé*, AGB, 269 f.; *Wessner*, 170.

A. Zumutbarkeit der Kenntnisnahme im weiteren Sinn

1. Zugriff auf die AGB

a) Ausgangslage

Die Kenntnisnahme des AGB-Textes ist dem Kunden zumutbar, sofern er dafür nur so viel an gutem Willen, geistiger Energie und Aufmerksamkeit aufzubringen hat, als ihm nach seinen Fähigkeiten und seiner Lebenserfahrung überhaupt abverlangt werden kann.[437] Der Aufwand, den der Kunde zum Beschaffen der AGB zu leisten hat, hängt damit grundsätzlich[438] von seiner Geschäftserfahrenheit ab.[439]

Den *geschäftserfahrenen Kunden* trifft eine Erkundigungspflicht[440] und es ist ihm daher zuzumuten, die AGB notfalls beim Verwender anzufordern. Da gerade in Internet-Sachverhalten die Kontaktaufnahme mit dem Verwender grundsätzlich besonders einfach und rasch möglich ist, besteht für den geschäftserfahrenen Kunden i.d.R. eine zumutbare Möglichkeit zur Kenntnisnahme, soweit er den AGB-Text tatsächlich beim Verwender beziehen kann. Da der E-Commerce auf eine rasche und einfache Geschäftsabwicklung ausgerichtet ist, kann dem Kunden m.E. nicht zugemutet werden, die AGB beim Verwender etwa auf postalischem Weg anzufordern. Eine zumutbare Möglichkeit zur Kenntnisnahme besteht vielmehr nur dann, wenn der geschäftserfahrene[441] Kunde per E-Mail[442] oder anderswie – etwa über ein entsprechendes Web-Formular – elektronisch beim Verwender um Zustellung der AGB nachsuchen kann, und diesem Wunsch ebenfalls in elektronischer Form nachgekommen wird.

---

[437] *Schuler*, 88, FN 23.
[438] Vorbehalten bleiben besondere gesetzliche Regelungen wie sie im VVG oder im PRG gelten (vgl. dazu nachfolgend § 8/II/A/3.).
[439] BGE 77 II 156.
[440] *Giger*, 52 f.
[441] Je grösser die Mediumserfahrung des Kunden ist, umso eher ist von ihm zu erwarten, dass er die AGB in einer der Schnelligkeit des E-Commerce entsprechenden – und damit zumutbaren – Weise beim Verwender anfordert. Damit beeinflusst die Mediumserfahrung des Kunden den Grad seiner Geschäftserfahrung und damit auch die Frage der Zumutbarkeit der Kenntnisnahme.
[442] Dies setzt allerdings voraus, dass dem Kunden die E-Mail-Adresse des Verwenders bekannt ist. Die Informationspflichten, die aus den verschiedenen EU-RL sowie dem VE-BG über den elektronischen Geschäftsverkehr hervorgehen (vgl. dazu § 5/I/B. und § 5/II/A. und C.), stellen entsprechende Informationen sicher.

Von einem *geschäftsunerfahrenen Kunden* ist demgegenüber nicht zu erwarten, dass er sich den AGB-Text selber beim Verwender beschafft. Der Verwender muss daher sicherstellen, dass ihm die Kenntnisnahme der AGB in anderer zumutbarer Weise möglich ist. Was dies für den elektronischen Geschäftsverkehr heisst, wird nachfolgend geprüft.

b)   AGB-Text übermittelt

Zweifellos zumutbar ist dem Kunden die Kenntnisnahme dann, wenn er die AGB vor Vertragsabschluss unmittelbar übermittelt erhält.[443] Dies ist der Fall, wenn der vorformulierte Vertragstext ins Web-Formular integriert, in die E-Mail aufgenommen resp. in Form eines Attachment[444] beigefügt oder in einem Pop-up-Fenster auf dem Bildschirm eingeblendet wird.[445]

c)   AGB-Text nicht übermittelt

Fraglich ist, ob dem Kunden die Kenntnisnahme zumutbar ist, wenn es an einer unmittelbaren Übermittlung der AGB-Klauseln fehlt.

aa)   Hyperlink

Verknüpft der Verwender den Verweis mit einem Hyperlink auf die AGB, kann der Kunde den vorformulierten Vertragstext durch einfachen Klick auf den Bildschirm holen. Da das Anklicken eines Links keinen grösseren Aufwand bedeutet als das Umdrehen eines Formulars, auf dessen Rückseite die AGB abgedruckt sind[446], ist dem Kunden die Kenntnisnahme der AGB zumutbar[447].

Gleiches gilt für einen in der E-Mail gesetzten Hyperlink. Bedient sich ein Kunde zum Abschluss seiner Verträge eines Internet-Dienstes, kann ihm zwei-

---

[443] Vgl. dazu etwa *Koehler*, 291; *Taupitz/Kritter*, 844, und zum konventionellen Geschäftsverkehr *Jäggi*, N 449 zu Art. 1 OR.

[444] Zur Frage, ob das Attachment überhaupt zur Kenntnis genommen werden kann, vorstehend § 8/I/A.

[445] Vgl. dazu § 8/I/A und auch *Waltl*, 186.

[446] *Härting*, Internetrecht, N 140; *Köhler/Arndt*, N 114.

[447] *Hunger*, 150 f.; *Widmer/Bähler*, 163, und aus der deutschen Literatur *Kaiser/Voigt*, 450; *Taupitz/Kritter*, 844. Anderer Ansicht wohl *Heermann*, 9. Er führt aus, dass die Möglichkeit, die AGB herunterzuladen und offline zu studieren, nicht zu genügen vermag, da für den Kunden keine Pflicht zum Herunterladen bestehe und daher kaum überwindbare Beweisschwierigkeiten bestünden. Dabei übersieht er jedoch, dass die tatsächliche Kenntnisnahme durch den Kunden eben gerade nicht Übernahmevoraussetzung ist (vgl. dazu die Hinweise in FN 418).

felsohne zugemutet werden, die auf einer Web-Page bereitgehaltenen AGB – auf die er durch einfachen Klick gelangen kann[448] – zur Kenntnis zu nehmen.

bb)   Uniform Resource Locator

Etwas aufwendiger ist es für den Kunden dann, wenn der Verwender ihm die URL der massgeblichen Web-Page bekannt gibt. Dieser Fall lässt sich mit jenem vergleichen, in dem der Verwender dem Kunden in einem Bestellformular eines dokumentarischen Kataloges zusammen mit dem Verweis auf die AGB die Seite bekannt gibt, auf welcher der AGB-Text abgedruckt ist. Der Kunde kennt die genaue Seitenzahl, muss die entsprechende Seite jedoch selber suchen. Da der Kunde weiss, wo er die AGB sofort und ohne besonderen Aufwand finden kann, ist ihm die Kenntnisnahme ohne weiteres zumutbar. Analog dazu ist im elektronischen Geschäftsverkehr die Mitteilung der URL hinreichend.[449]

cc)   Kette von Hyperlinks

In Internet-Sachverhalten ist es für den Verwender ein Leichtes, dem Kunden den einfachen und gezielten Zugriff auf Daten zu ermöglichen. Das Setzen eines direkten Hyperlinks auf den AGB-Text bedeutet für ihn keinen besonderen Aufwand. Folgerichtig kann dem geschäftsunerfahrenen Kunden nicht zugemutet werden, auf dem Weg des Durchklickens durch eine ganze Kette von Links resp. Web-Pages zu den AGB zu gelangen.[450] In diesen Fällen lassen sich die AGB-Klauseln nicht ohne besonderen Aufwand einsehen, was deren Kenntnisnahme für den geschäftsunerfahrenen Kunden unzumutbar macht.

2.   Kosten

Kommunizieren die Parteien über Internet-Dienste, fallen Gebühren[451] an. Es stellt sich damit die Frage, ob sich diese Kosten auf die Zumutbarkeit der

---

[448] Steht dem Kunden allerdings kein Zugriff auf das WWW offen, fehlt es bereits an der Möglichkeit zur Kenntnisnahme (vgl. vorstehend § 8/I/B.).

[449] *Nestlé*, Lizenzverträge, 229; *dies.*, AGB, 270. Gleich wurde auch in Bezug auf Btx-Verträge entschieden (LG Ravensburg im Urteil vom 13. Juni 1991, 2 S 6/91 [CR 1992, 472 ff.]). Vorbehalten bleiben allerdings Fälle, in denen dem Kunden der Zugang zum WWW fehlt, wobei diesfalls gar keine Möglichkeit zur Kenntnisnahme besteht (vgl. dazu § 8/I/B. vorstehend).

[450] *Härting*, Internetrecht, N 144. Vgl. dazu auch den Entscheid des LG Ravensburg vom 13. Juni 1991 (2 S 6/91), wonach der Umstand, dass der Kunde zum AGB-Abruf ins Hauptmenü zurück muss, gegen eine problemlose Möglichkeit der Kenntnisnahme spricht (CR 1992, 474). Das Gericht hat die Frage jedoch offen gelassen.

[451] Wie etwa Gebühren für das Benutzen der Telefonleitungen.

Kenntnisnahme auswirken. Der Kunde bedient sich grundsätzlich freiwillig moderner Kommunikationsmedien, um seine Rechtsgeschäfte abzuschliessen.[452] Er weiss von vornherein, dass dies für ihn mit Kosten verbunden ist. Macht der Kunde geltend, die Kenntnisnahme der AGB sei ihm infolge der anfallenden Gebühren nicht zumutbar, verhält er sich damit widersprüchlich und ist in seiner Argumentation nicht zu schützen.[453]

Anzufügen bleibt, dass der Kostenfaktor durch die Tatsache entschärft wird, dass die Übermittlungskosten äusserst gering sind, da der Aufbau reiner Textseiten – wie dies bei AGB i.d.R. der Fall ist – ausgesprochen schnell stattfindet.[454] Besteht für den Kunden die Möglichkeit, den Text zu speichern und auszudrucken[455], kann er ihn darüber hinaus in aller Ruhe offline zur Kenntnis nehmen. Damit entfallen auch die letzten Bedenken hinsichtlich unzumutbarer Gebühren.[456]

3. Sondervorschriften

Was die Zumutbarkeit der Kenntnisnahme i.w.S. anbelangt, bestehen für den Versicherungsvertrag (a) und den Pauschalreisevertrag (b) besondere gesetzliche Vorschriften. Auf diese beiden Sonderregelungen ist nachfolgend einzugehen.

---

[452] *Löhnig,* 1689.
[453] *Köhler/Arndt,* N 113 (mit Hinweisen); *Löhnig,* 1689; gleicher Ansicht im Ergebnis auch *Kamanabrou,* 422. Anders verhält es sich, wenn der Kunde eine besondere Gebühr zu entrichten hat, um die entsprechenden AGB-Web-Pages überhaupt erst lesen zu können.
[454] *Kaiser/Voigt,* 450; *Löhnig,* 1689. Meines Erachtens ist daher das von *Nestlé,* AGB, 269 f., aufgeführte Kriterium, wonach die Ladezeiten kurz sein müssen, bei reinen Textdateien bedeutungslos.
[455] Es ist allerdings zu präzisieren, dass es sich dabei nicht um eine notwendige Voraussetzung zur rechtsgültigen Übernahme handelt. Liegt eine Globalübernahme vor, ist massgeblich, ob der Kunde in zumutbarer Weise von den AGB Kenntnis nehmen kann. Gleich wie im konventionellen Geschäftsverkehr (vgl. dazu die Hinweise in FN 428) setzt dies auch für Internet-Sachverhalte nicht voraus, dass ihm die AGB ausgehändigt werden (anders wohl *Nestlé,* Lizenzverträge, 229). Es genügt vielmehr, wenn der Kunde diese sonstwie in zumutbarer Weise zur Kenntnis nehmen kann. Immerhin vermag die Möglichkeit zum Ausdruck die Zumutbarkeit der Kenntnisnahme i.e.S. (vgl. dazu nachfolgend § 8/II/B.) positiv beeinflussen und ist daher eine wünschenswerte Einrichtung.
[456] Gleicher Ansicht auch *Koehler,* 292.

a)   Versicherungsvertrag

aa)   Ausgangslage
Die blosse Möglichkeit, die AGB vor Abgabe des Versicherungsantrages zur Kenntnis zu nehmen, genügt für eine rechtsgültige Übernahme in den Versicherungsvertrag nicht. Gemäss Art. 3 Abs. 1 VVG müssen die allgemeinen Versicherungsbedingungen entweder in den vom Versicherer abgegebenen Antragsschein aufgenommen oder dem Kunden vor Einreichen des Antragsscheines übergeben werden. Andernfalls ist der Kunde in Anwendung von Abs. 2 der Bestimmung nicht an den Antrag gebunden.

bb)   World Wide Web
Damit der Versicherungsantrag für den Kunden verbindlich ist, kann der Versicherer die AGB in das Antragsformular integrieren. Dies lässt sich im WWW ohne besonderen Aufwand dadurch realisieren, dass der AGB-Text in das entsprechende Web-Formular aufgenommen wird.

Da Allgemeine Versicherungsbedingungen oft einen bedeutenden Umfang aufweisen, wird sich diese Lösung in der Praxis allerdings häufig als nicht besonders kundenfreundlich erweisen.[457] Es stellt sich damit die Frage, inwieweit sich die zweite Variante – das heisst die Möglichkeit, dem Kunden die AGB vor Einreichen des Antragsformulars zu übergeben – in Web-Sachverhalten realisieren lässt. Art. 3 VVG will sicherstellen, dass die AGB dem Kunden tatsächlich ausgehändigt werden.[458] Der Kunde soll im Zeitpunkt der Abgabe seiner Willenserklärung über die vorformulierten Klauseln verfügen. Da die Bestimmung ein aktives Handeln des Versicherers verlangt, genügt im konventionellen Geschäftsverkehr das blosse Auflegen der AGB in der Empfangshalle einer Agentur oder ein Aushändigen nur auf Verlangen hin nicht.[459] Analog dazu vermag ein blosser Verweis auf die AGB in Form eines Hyperlinks dem gesetzlichen Erfordernis nicht zu genügen. Dem Verwender fehlt die Möglichkeit, sicherzustellen, dass der Kunde tatsächlich auf die Web-Page mit den AGB zugreift, bevor er den Antrag absendet. Anders verhält es sich demgegenüber, wenn die AGB vor Abgabe der Willenserklärung in einem Pop-up-Fenster auf dem Bildschirm eingeblendet werden. Unabhängig vom Willen des Kunden werden ihm die AGB damit elektronisch übergeben, sodass dem Erfordernis von Art. 3 Abs. 1 VVG m.E. Genüge getan ist.

Im Ergebnis ist festzuhalten, dass für die Verbindlichkeit des im WWW übermittelten Versicherungsantrages die AGB entweder in das Web-Formular

---

[457] *Hunger*, 151, FN 780; *Chissick/Kelman*, N 3.74.
[458] *Iten*, 121.
[459] *Iten*, 122.

integriert werden müssen oder in einem Fenster auf dem Bildschirm einzublenden sind.[460]

cc) E-Mail

Erfolgt der Vertragsabschluss per E-Mail, kann der Versicherer ebenfalls zwischen den beiden Möglichkeiten wählen. Ohne weiteres lassen sich die Versicherungsbedingungen in das elektronisch übermittelte Antragsformular integrieren. Die AGB lassen sich aber auch als eigenständiges Dokument zustellen, indem sie entweder direkt in die E-Mail eingefügt oder in Form eines Attachment mitgeschickt werden. In beiden Fällen befinden sich die Versicherungsbedingungen im Zeitpunkt der Abgabe der Willenserklärung im Einflussbereich des Kunden, womit den gesetzlichen Anforderungen genüge getan ist.[461] Aus denselben Gründen wie im WWW[462] vermag ein blosser Link auf eine Web-Page demgegenüber nicht zu genügen.

b) Pauschalreisevertrag

Gemäss Art. 4 Abs. 1 PRG muss der Veranstalter oder der Vermittler dem Konsumenten vor Vertragsschluss alle Vertragsbedingungen[463] schriftlich mitteilen. Diese strenge Formvorschrift, die nicht nur wie im VVG das Aushändigen der AGB fordert, sondern darüber hinaus verlangt, dass es in *schriftlicher Form* zu geschehen hat, will sicherstellen, dass der Konsument bei Vertragsabschluss ein Schriftstück in den Händen hält, aus dem alle Vertragsbedingungen hervorgehen.[464] Da de lege lata eine Gleichstellung zwischen Aufzeichnungen auf Datenträgern und von in Urkunden dauerhaft verkörperten Schriftzeichen fehlt[465], ist die Übernahme von AGB in elektronisch abgeschlossene Pauschalreiseverträge bis auf weiteres[466] grundsätzlich nicht möglich.[467]

---

[460] Der Vollständigkeit halber ist anzumerken, dass in jenen Fällen, in denen der Versicherungsantrag nicht verbindlich ist, ein Vertragsabschluss nicht von vornherein ausgeschlossen ist. Die Annahmeerklärung des Versicherers ist in diesen Fällen rechtlich als neuer Antrag zu qualifizieren. Nimmt der Kunde etwa die ihm zugestellte Police vorbehaltlos an, werden die darin enthaltenen AGB Vertragsbestandteil (*Maurer*, 215, FN 443, mit Hinweisen).
[461] *Iten*, 121.
[462] Vgl. zur Begründung vorstehend § 8/II/A/3/a/bb.
[463] Vgl. zu den AGB der Reiseveranstalter ganz allgemein *Stauder*, Reiseveranstalter, 139 ff.
[464] *Frank*, N 3 zu Art. 4 PRG; *Paetzold*, 16.
[465] Vgl. dazu die Erläuterungen zu den Formvorschriften in § 6/V.
[466] Keine Abhilfe schafft in diesem Zusammenhang m.E. der E-ZertES (dazu § 5/I/A/2.). Elektronisch signierte Dokumente erfüllen danach zwar das Formerfordernis der einfachen Schriftform (vgl. Art. 14 Abs. 2bis E-OR); zu einer eigentlichen Gleichstellung elektronischer Dokumente mit solchen in Papierform kommt es allerdings nicht.

Eine Ausnahme sieht Abs. 2 Satz 1 der Bestimmung vor. Danach können die Vertragsbedingungen dem Konsumenten auch in anderer geeigneter Form[468] vermittelt werden, sofern sie ihm vor Vertragsschluss schriftlich bestätigt werden. Da auch diese Sonderregelung keinen vollumfänglichen elektronischen Vertragsabschluss erlaubt, wie es dem E-Commerce entsprechen würde, sondern an der schriftlichen Bestätigung festhält, ist an dieser Stelle nicht weiter darauf einzugehen.

Die Pflicht zur schriftlichen Bestätigung fällt lediglich dann gänzlich dahin, wenn eine Buchung oder ein Vertragsabschluss ansonsten verunmöglicht wäre.[469] Nur wenn sich die AGB aus zeitlichen Gründen nicht mehr in schriftlicher Form übermitteln lassen, entfällt die Formvorschrift. Davon ist bei echten Last-Minute-Angeboten auszugehen.[470] Immerhin sind auch in diesen Fällen die AGB dem Kunden zu übergeben, womit im elektronischen Geschäftsverkehr dasselbe wie beim VVG[471] Gesagte gilt.

Im Ergebnis steht damit fest, dass de lege lata eine Übernahme von AGB in elektronisch geschlossene Pauschalreiseverträge nur denkbar ist, wenn zeitliche Gründe eine schriftliche Aushändigung verunmöglichen. In allen anderen Fällen sind die Vertragsbedingungen dem Kunden vor Vertragsabschluss über ein konventionelles Kommunikationsmittel in schriftlicher Form zu übergeben, sofern sie Vertragsbestandteil werden sollen.

4. Zusammenfassung

Der Grad der Geschäftserfahrenheit des Kunden bestimmt, ob ihm die Kenntnisnahme i.w.S. zumutbar ist. Dem geschäftsunerfahrenen Kunden sind die AGB unmittelbar zu übergeben oder sie müssen über einen Hyperlink oder durch Bekanntgabe der URL mittelbar verfügbar sein. Den geschäftserfahrenen Kunden trifft demgegenüber eine Erkundigungspflicht, womit er die AGB nötigenfalls beim Verwender anzufordern hat. Vorbehalten bleiben die besonderen gesetzlichen Regelungen des VVG und des PRG. Keinen Einfluss auf die Zumutbarkeit der Kenntnisnahme vermag nach dem heutigen Stand der Technik der Kostenfaktor zu haben.

---

[467] *Metz*, 31. Zu beachten ist in diesem Zusammenhang auch Art. 18 PRG, wonach die Bestimmungen des Gesetzes nicht zu Ungunsten des Konsumenten abgeändert werden dürfen.
[468] Beispielsweise mündlich oder elektronisch.
[469] Art. 4 Abs. 2 Satz 2 PRG.
[470] Vgl. dazu *Frank*, N 5 zu Art. 4 PRG; *Paetzold*, 16; *Hangartner*, 46 (er spricht gar von Last-Second-Angeboten).
[471] Vgl. dazu vorstehend § 8/II/A/3/a.

B. Zumutbarkeit der Kenntnisnahme im engeren Sinn

Neben dem Zugriff auf den AGB-Text muss dem Kunden auch die Kenntnisnahme des Inhaltes der AGB zumutbar sein. Dies setzt grundsätzlich einen vertretbaren Umfang und ein Mindestmass an Lesbarkeit, Übersichtlichkeit und Verständlichkeit voraus.[472] Was dies für elektronische AGB bedeutet, wird nachfolgend geprüft. Zunächst wird der Frage nachgegangen, ob hinsichtlich des zumutbaren Umfangs von AGB in Internet-Sachverhalten Besonderheiten gelten (1.). Anschliessend folgen Ausführungen zu den Gestaltungsfragen, die im elektronischen Geschäftsverkehr zu berücksichtigen sind (2.). Schliesslich ist auf die Sprachenfrage einzugehen (3.).

1. Umfang elektronischer AGB

a) Ausgangslage

Die Zumutbarkeit des Umfanges von AGB hängt grundsätzlich von der Tragweite des Rechtsgeschäftes ab.[473] Massgeblich ist, ob die Länge der Vertragsklauseln in einem vertretbaren Verhältnis zur Bedeutung des Vertrages steht. Wann bezüglich Umfang die Grenze erreicht bzw. überschritten wird, lässt sich nicht generell festlegen. Vielmehr ist dies im Rahmen einer genauen Analyse jedes Einzelfalles zu ermitteln.[474]

Im elektronischen Geschäftsverkehr erfolgt die Kenntnisnahme typischerweise über den Bildschirm. Es stellt sich damit die Frage, inwieweit sich diese technische Neuerung auf den zumutbaren Umfang von AGB auswirkt. Soweit ersichtlich, liegen in der Schweiz bis heute noch keine Entscheide vor, die sich mit dem Umfang von elektronisch übernommenen AGB auseinander setzen. Vor allem in Deutschland haben sich demgegenüber Rechtsprechung[475]

---

[472] *Gauch/Schluep/Schmid/Rey,* N 1140a; *Kramer,* N 207 zu Art. 1 OR; *Weber,* E-Commerce, 327.

[473] *Eichhorn,* 76; *Härting,* Internetrecht, N 141 i.f.; *Taupitz/Kritter,* 844.

[474] Es lässt sich daher kein abstraktes Rezept dafür abgeben, bis zu welchem Umfang die Kenntnisnahme noch zumutbar ist und ab wann nicht mehr. So hat es denn auch *Nestlé,* AGB, 273, vorgezogen, sich in Bezug auf die Wirksamkeit von AGB in elektronischen Verträgen vorsichtig zu äussern. Sie führt aus, dass die Übernahme „umso wahrscheinlicher ist, (...) je klarer, prägnanter, kürzer und ausgewogener die Vertragsbestimmungen selbst sind". Da es sich bei der Frage nach dem grundsätzlich zumutbaren Umfang von AGB nicht um eine Internet-spezifische Rechtsfrage handelt, ist auf diese nicht näher einzugehen.

[475] Vgl. die Zusammenstellung der deutschen Rechtsprechung zum Einbezug von AGB in Rechtsgeschäfte über Bildschirmtext in Jur-PC 1994, 2763 f.

§ 8 Möglichkeit zumutbarer Kenntnisnahme

und Lehre[476] im Zusammenhang mit der Beurteilung von Bildschirmtext[477]-Verträgen[478] bereits eingehend mit der Frage nach dem noch zumutbaren Umfang elektronischer AGB beschäftigt. Da § 2 Abs. 1 Nr. 2 AGBG ebenfalls die Zumutbarkeit der Kenntnisnahme verlangt, sind die in Deutschland angestellten Überlegungen grundsätzlich auch für das Schweizer Recht von Bedeutung[479]. Nachfolgend ist damit zunächst die auf die medienspezifischen Besonderheiten von Btx zugeschnittenen Rechtsprechung kurz zu erläutern (b). Anschliessend ist zu prüfen, ob sich die dabei entwickelten Analysen und Grundsätze auf Internet-Sachverhalte übertragen lassen (c).

b)   Praxis und Lehre zu Bildschirmtext
Gemäss der deutschen Rechtsprechung können vorformulierte Klauseln, deren Umfang im konventionellen Geschäftsverkehr noch ohne weiteres zulässig wären, in Btx-Verträgen infolge der Kenntnisnahme über Bildschirmanzeige die Grenze des Zumutbaren überschreiten. Für die Frage der Zumutbarkeit ist dementsprechend nicht die objektive inhaltliche Länge[480] der AGB entscheidend, sondern einzig, wie viele Btx-Seiten der Kunde zur Kenntnis nehmen muss.[481]

Diese – im Vergleich zu den dokumentarischen AGB – strengere Rechtsprechung wird mit drei Argumenten begründet[482]: Zunächst wird angeführt, dass bei Btx der angezeigte Text stets flüchtig bleibt. Selbst zu den Zeiten mit dem höchsten Verbreitungsgrad von Btx verfügte die überwiegende Anzahl der Nutzer weder über die Möglichkeit, die abgerufenen Seiten zu speichern, noch

---

[476] Vgl. dazu statt vieler *Koch Frank A.*, 68 ff.; *Koehler*, 292; *Köhler/Arndt*, N 112.
[477] Resp. Videotex, wie Btx in der Schweiz genannt wird.
[478] Vgl. zu Videotex allgemein *Atia-Off*, 2 ff. resp. zum Vertragsabschluss 96 ff.
[479] *Hunger*, 152; *Thomann*, 163.
[480] So aber noch das LG Bielefeld in seinem Urteil vom 30. Oktober 1991 (1 S 174/90). Das LG führt aus, dass AGB, welche in Normalschrift auf zwei DIN-A4-Seiten darstellbar sind, nicht unzumutbar lang sind. Der Umstand, dass der Text wegen der eingeschränkten Darstellungsmöglichkeit in Btx mehr Seiten benötige, mache die Kenntnisnahme noch nicht unzumutbar.
[481] Gemäss einem Entscheid des OLG Köln vom 21. November 1997 (19 U 128/97) sind 7 Btx-Seiten und 15 Ziffern noch zumutbar. Demgegenüber ist die Kenntnisnahme bei einem Klauselumfang ab 14 resp. 16 Btx-Seiten gemäss deutscher Rechtsprechung unzumutbar (Urteil des LG Aachen vom 24. Januar 1991, 6 S 192/90 [NJW 1991, 2159 f.; Jur-PC 1991, 1000 f.]; LG Wuppertal im Entscheid vom 16. Mai 1990, 8 S 21/90 [NJW-RR 1991, 1148 f.]; LG Ravensburg im Urteil vom 13. Juni 1991, 2 S 6/91 [CR 1992, 472 ff.] und LG Freiburg im Entscheid vom 7. April 1992, 9 S 139/90 [CR 1993, 433 f.]).
[482] Vgl. dazu ausführlich Urteil des LG Freiburg vom 7. April 1992, 9 S 139/90 (CR 1993, 433 f.).

sie auszudrucken.⁴⁸³ Weiter wird argumentiert, dass auf einer Btx-Seite nicht mehr als 960 Zeichen (24 Zeilen zu 40 Zeichen) angezeigt werden können, was etwa einem Siebtel bis einem Achtel einer DIN-A4-Seite entspricht. Die Kenntnisnahme umfangreicher AGB ist für den Kunden daher relativ umständlich, da er auf dem Bildschirm immer nur einen kleinen Bruchteil des Ganzen lesen kann. Schliesslich wird vorgebracht, dass im Btx die Möglichkeit fehlt, zwischen einzelnen Vertragsklauseln hin- und herzuwechseln, um sie im Zusammenhang zu prüfen, da bei jedem Weiterblättern die Seite neu aufgebaut wird. Die deutsche Lehre schliesst sich der Rechtsprechung an und geht ebenfalls davon aus, dass sich in Btx-Verträge nur relativ kurze, klar gegliederte und problemlos abrufbare Texte wirksam einbeziehen lassen.⁴⁸⁴

c)   Übertragbarkeit auf Internet-Sachverhalte

Da die AGB auch bei Internet-Applikationen über Bildschirmanzeige zur Kenntnis genommen werden, wenden einige Autoren⁴⁸⁵ die Rechtsprechung zu Btx unbesehen darauf an. Sie übersehen dabei m.E. allerdings, dass zwischen den beiden Kommunikationstechnologien erhebliche Unterschiede bestehen. Wie die nachfolgenden Ausführungen zeigen, greifen die im Zusammenhang mit Btx vorgebrachten Argumente zur Begründung einer restriktiven Praxis hinsichtlich der zumutbaren Länge von AGB in Internet-Sachverhalten nicht.

aa)   Flüchtigkeit

Anders als bei Btx besteht technisch sowohl in Web- als auch in E-Mail-Geschäften grundsätzlich die Möglichkeit, den AGB-Text abzuspeichern und auszudrucken.⁴⁸⁶ Der Verwender darf auch in guten Treuen erwarten, dass der

---

⁴⁸³ Vgl. dazu *Koehler*, 291. Die Frage, ob die Kenntnisnahme umfangreicher AGB dem Kunden zumutbar sei, wenn ihm ein Drucker zur Verfügung steht, durch den es ihm möglich wäre, die AGB sofort körperlich darzustellen, hat das LG Ravensburg in seinem Urteil vom 13. Juni 1991, 2 S 6/91 (CR 1992, 472 ff.) offen gelassen, da die Klägerin weder behauptet noch bewiesen hatte, dass der Beklagte über einen Drucker verfügte.

⁴⁸⁴ Vgl. dazu statt vieler *Koch Frank A.*, 68 ff.; *Koehler*, 292; *Köhler/Arndt*, N 112.

⁴⁸⁵ Wie etwa *Thomann*, 163, oder in der deutschen Literatur *Köhler/Arndt*, N 112; *Theis*, 47 f.; *Waltl*, 186.

⁴⁸⁶ *Hunger*, 154 f.; *Drexl*, 95; *Härting*, Internetrecht, N 140.
Bei Web-Pages ist dem Kunden der Ausdruck allerdings je nach Aufbau nicht immer möglich. Problematisch ist es vor allem dann, wenn die Web-Page in Frames aufgeteilt ist und die AGB nur in einem solchen Teil abgebildet werden. Diesfalls besteht die Gefahr, dass bei Abgabe des Druckbefehls nicht das Frame mit den AGB gedruckt wird. Schwierigkeiten treten auch auf, wenn die AGB den Druckbereich einer DIN-A4-Seite überschreiten. Dem Verwender ist daher zu empfehlen, stets sicherzustellen, dass ein gestalterisch einwandfreier Ausdruck des HTML-Dokumentes möglich ist. Hat der Kunde nämlich die AGB bei sich ausgedruckt, verhält er sich widersprüchlich, wenn er etwa ar-

Kunde über die notwendigen technischen Installationen verfügt, um diese Möglichkeiten zu nutzen.[487] Da es dem Kunden (durch Abspeichern oder Ausdrucken) möglich ist, Massnahmen zu treffen, um die Vertragsbedingungen jederzeit wieder zur Kenntnis nehmen zu können, verlieren die AGB in Internet-Sachverhalten – anders als im Btx – ihre „Flüchtigkeit".[488] Es sei an dieser Stelle denn auch auf Art. 10 Abs. 3 E-Commerce-RL hingewiesen, der vorsieht, dass die AGB dem Kunden so zur Verfügung zu stellen sind, dass er sie speichern und reproduzieren kann.[489]

Allerdings ist klarzustellen, dass die Flüchtigkeit von Daten nicht die Zumutbarkeit der Kenntnisnahme beeinflusst, sondern vielmehr ein Problem der nachträglichen prozessualen Beweisbarkeit ist.[490] Für die rechtsgültige Übernahme der AGB ist deren Aushändigung ja gerade *nicht entscheidendes Kriterium*[491], womit eine allfällige Flüchtigkeit von elektronischen Daten die Zumutbarkeit der Kenntnisnahme von vornherein nicht zu beeinflussen vermag.

bb) Limitierte Darstellungsmöglichkeiten

Auf durchschnittlichen PC- oder Notebook-Bildschirmen lässt sich etwa eine halbe DIN-A4-Seite darstellen.[492] Dies ist erheblich mehr, als auf Btx-Seiten möglich ist.[493] Dementsprechend kann der Kunde wesentlich umfangreichere Textabschnitte auf einmal zur Kenntnis nehmen, als er dies im Btx tun kann.

---

gumentiert, er habe die AGB am Bildschirm nicht in zumutbarer Weise zur Kenntnis nehmen können. Neben der Rechtssicherheit, die damit erhöht werden kann, drängt sich eine entsprechende Kontrolle auch im Interesse der Kundenfreundlichkeit auf.

[487] *Hunger*, 155; *Koehler*, 292. Der Verwender darf davon ausgehen, dass der Kunde mit einem durchschnittlichen Computer, Modem und Provider ausgestattet ist (Einzelheiten dazu bei *Nestlé*, AGB, 270, FN 66). Das Risiko, mit ungenügender resp. veralteter Hardware zu arbeiten, trägt der Kunde. Dies rechtfertigt sich einerseits damit, dass sich der Kunde trotz seines mangelhaften Materials entschliesst, die Möglichkeiten des Internets zu nutzen. Andererseits kann der Anbieter keinen Einfluss auf die Hardware seiner Kunden nehmen, sodass ihm nicht zugemutet werden kann, das Risiko dafür zu tragen. Der Verwender darf damit in guten Treuen davon ausgehen, dass jeder Internet-Nutzer über einen funktionstüchtigen Drucker verfügt (*Drexl*, 95; *Kamanabrou*, 423). Anderer Ansicht *Schauer*, 115.

[488] *Graf Fringuelli/Wallhäuser*, 93 f.

[489] Vgl. vorstehend § 5/II/C/2.

[490] Vgl. dazu auch *Hunger*, 155, FN 801 (mit Hinweisen), und gleich in der deutschen Literatur *Köhler/Arndt*, N 115; a.A. *Kamanabrou*, 422 f.

[491] *Giger*, 52 f.; *Kramer*, N 188 zu Art. 1 OR; *Ramstein/Kuster*, 11; BGE 100 II 209 f.; 77 II 156.

[492] *Koehler*, 292. Anders verhält es sich bei Kleincomputern; dazu nachfolgend § 8/II/B/1/d.

[493] Auf einem Btx-Bildschirm lässt sich etwa ein Siebtel bis ein Achtel einer DIN-A4-Seite darstellen (vgl. dazu vorstehend § 8/II/B/1/b).

Die Tatsache, dass sich auch auf einem durchschnittlichen PC-Bildschirm nicht eine ganze DIN-A4-Seite abbilden lässt, vermag eine im Verhältnis zu den dokumentarischen AGB restriktivere Rechtsprechung nicht zu rechtfertigen. Zunächst entfällt in den modernen Internet-Anwendungen der im Btx noch notwendige Wechsel zwischen verschiedenen Bildschirmtafeln, verbunden mit jeweils langen Wartezeiten für den Seitenaufbau.[494] Der Kunde sieht zwar immer nur einen Teil des Ganzen, kann aber den Text mit Hilfe der Bildlaufleiste oder der Scrollfunktion der Maus fliessend über den Bildschirm laufen lassen.[495] Sodann ist daran zu erinnern, dass sich auf einer DIN-A4-Seite zwar mehr Text darstellen lässt, die Kenntnisnahme für den Kunden aber dadurch erschwert wird, dass der Text regelmässig spaltenförmig und in sehr kleiner Schrift dargestellt wird.

Aus der Rechtsprechung zu Btx lässt sich m.E. hingegen ableiten, dass die Kenntnisnahme von AGB, die lediglich in einem schmalen vertikalen oder horizontalen Balken auf dem Bildschirm erscheinen, dem Kunden nicht zumutbar ist.[496] Denn der Leser wird damit der Möglichkeit beraubt, sich einen Überblick über die AGB zu verschaffen. Die AGB sind damit grossflächig auf dem Bildschirm einzublenden. Ergibt sich dies – wie etwa bei einem Pop-up-Fenster – nicht von selbst, muss dem Kunden die Möglichkeit offen stehen, den Ausschnitt ohne besonderen Aufwand auf Bildschirmgrösse zu vergrössern.

Im Ergebnis ist daher festzuhalten, dass sich auf durchschnittlichen PC- oder Notebook-Bildschirmen im Vergleich zu Btx erheblich mehr Text darstellen lässt und der Kunde etwa viermal längere Abschnitte auf einmal optisch erfassen kann. Die Tatsache, dass sich auf einem durchschnittlichen Bildschirm nicht eine ganze DIN-A4-Seite abbilden lässt, wird durch technische Möglichkeiten wie der Scrollfunktion der Maus oder die Bildlaufleiste mehr als aufgewogen, zumal der Kunde auch beim Lesen von dokumentarischen AGB nicht in der Lage ist, den gesamten Inhalt einer Seite auf einmal zu erfassen. Damit rechtfertigt sich eine im Verhältnis zu den dokumentarischen AGB strengere Rechtsprechung nicht, wenn der Verwender die technischen Möglichkeiten, die ihm die moderne Computertechnologie bietet, voll ausschöpft und die AGB möglichst grossflächig auf dem Bildschirm präsentiert.

---

[494] *Koehler*, 292. Im Unterschied zu Btx wird nicht jede Seite neu aufgebaut, sondern der Text ist als Ganzes verfügbar und bleibt erhalten, selbst wenn er gerade nicht auf dem Bildschirm abgebildet wird.
[495] *Hunger*, 154.
[496] Vgl. *Koch Frank A.*, 69, der Texte in kleinen Ausschnittsfenstern als „kritisch" bezeichnet.

cc) Vergleichsmöglichkeiten

Die Möglichkeiten, die in Internet-Anwendungen bestehen, um verschiedene Textabschnitte einander gegenüberzustellen, können nicht mit der Situation verglichen werden, wie sie beim Btx vorliegt. In Internet-Applikationen steht dem Kunden grundsätzlich der ganze Text zur Verfügung. Der Kunde kann direkt auf die gewünschte Textstelle greifen, ohne zunächst den langwierigen Bildschirmaufbau abwarten zu müssen. Erheblich vereinfacht wird das Lesen des Textes darüber hinaus durch die Möglichkeit, diesen über die Bildlaufleiste des Programms oder die Scrollfunktion der Maus fliessend durchzugehen.[497] Damit ist ein einfacher Klauselvergleich sichergestellt.[498]

Wird der AGB-Text gar mit Hyperlinks versehen[499], erlaubt dies dem Kunden, mit einfacher Navigation in Sekundenschnelle zielgerichtet von einer Klausel zur anderen zu gelangen.[500] Über den Link wird er ohne weiteres zu der von ihm gewünschten Stelle geführt, sodass das von den körperlichen Textseiten her bekannte Suchen nach der fraglichen Klausel gar entfällt. Nutzt der Verwender bei der Gestaltung der AGB die Möglichkeiten, welche die Web-Technologie bietet, fällt dem Kunden das Vergleichen der Klauseln gar leichter als in dokumentarischen AGB.[501]

dd) Ergebnis

Im Ergebnis ist festzuhalten, dass die Probleme bezüglich der Kenntnisnahme von Btx- und Internet-AGB zwar ähnlich, aber nicht identisch sind. Der technische Fortschritt ermöglicht es dem Kunden, die einzelnen Vertragsklauseln – nicht nur im Vergleich zu Btx, sondern auch zu dokumentarischen AGB – unter erheblich erleichterten Bedingungen zur Kenntnis zu nehmen. Die Überlegungen, welche in Bezug auf Btx eine restriktive Rechtsprechung hinsichtlich dem noch zumutbaren Umfang von AGB rechtfertigen, sind angesichts des heutigen Standes der Computertechnologie auf neue Kommunikationsformen nicht über-

---

[497] *Koch Frank A.*, 69; *Koehler*, 292.
[498] *Hunger*, 154.
[499] Wird z.B. das Inhaltsverzeichnis in Hypertext formatiert, braucht der Kunde nicht den gesamten Text über den Bildschirm laufen zu lassen, sondern kann gezielt auf jene Klauseln springen, die ihn interessieren. Werden im Text verwendete Begriffe (wie z.B. Versicherter oder Vertragsbeginn) durch einen Link mit der Definition gekoppelt, erlaubt dies dem Kunden, beim Lesen jederzeit rasch auf die Definition zurückzugreifen, um sie nachzulesen.
[500] Vgl. dazu ausführlich *Härting*, Internetrecht, N 140.
[501] Das Lesen von AGB-Klauseln am Bildschirm ist aufgrund der technischen Möglichkeiten, die laufend weiterentwickelt werden, noch einfacher und vor allem bequemer, als einen mehrseitigen, klein und spaltenförmig gedruckten Vertragstext zu lesen.

tragbar.[502] Dementsprechend sind hinsichtlich des Umfanges der AGB in elektronisch abgeschlossenen Verträgen keine mediumspezifischen Besonderheiten[503] zu beachten.[504] Es gilt – gleich wie für die dokumentarischen AGB – nur der allgemeine Grundsatz, wonach die AGB vom Umfang her angemessen sein müssen. Dies setzt allerdings voraus, dass der Verwender die technischen Möglichkeiten auch tatsächlich nutzt.

Abschliessend ist noch auf einen weiteren – nicht unwesentlichen – Faktor hinzuweisen, der dem Kunden die Kenntnisnahme von elektronischen AGB ebenfalls erheblich erleichtert. Werden die AGB dem Kunden nämlich elektronisch übermittelt, kann er diese – anders als beim Vertragsschluss unter Anwesenden[505] – zuhause in aller Ruhe (je nach Wunsch auf dem Bildschirm oder in Papierform) studieren, bevor er seine Willenserklärung abgibt.[506] Der Umstand, dass die Kenntnisnahme ohne äusseren Druck erfolgt, wirkt sich auch auf die

---

[502] Gleicher Ansicht *Hunger*, 155 f., und aus der deutschen Literatur *Büchner*, 162; *Härting*, Internetrecht, N 140; *Koehler*, 292; *Löhnig*, 1689; *Wildemann*, 44; *Heermann*, 10 (der jedoch zu bedenken gibt, dass auch Nutzer mit qualitativ veralteten Bildschirmen die Klauseln noch in zumutbarer Weise müssen lesen können). Auch *Drexl*, 95, kommt zum selben Schluss, setzt aber voraus, dass die AGB ausgedruckt werden können. Dabei übersieht er jedoch, dass die Aushändigung gerade nicht Einbeziehungsvoraussetzung ist (vgl. die Hinweise in FN 428). Anderer Ansicht wohl *Busse*, 390, jedoch ohne eingehende Auseinandersetzung mit der Frage.

[503] Dass etwa – wie im Btx – aus technischen Gründen nur kurze AGB übernommen werden könnten.

[504] So auch *Hunger*, 155 f., aus der deutschen Literatur *Härting*, Internetrecht, N 140; *Koehler*, 292; *Thot*, 76, und auch *Graf Fringuelli/Wallhäuser*, 94 (die dies jedoch mit der Möglichkeit, die AGB herunterzuladen und auszudrucken, begründen). Leicht abweichend etwa *Nestlé*, die davon ausgeht, dass der zulässige Textumfang durch die Aufnahmekapazität einer Bildschirmseite definiert wird (*Nestlé*, AGB, 271). Die Forderung, dass zusammengehörige Informationsteile nie durch eine Bildschirmseite getrennt werden dürfen, stammt jedoch aus der Rechtsprechung zu Btx (vgl. dazu § 8/II/B/1/b). Da das Argument mit dem langwierigen Seitenaufbau in Internet-Sachverhalten nicht mehr greift, erstaunt es daher auch nicht, dass Nestlé – im Unterschied zum früheren Aufsatz (*Nestlé*, Lizenzverträge, 229 f.) – die grosszügiger werdende Praxis begrüsst und vorbringt, dass sich die Kunden eben bereits an elektronische Verträge gewöhnt haben und sich noch mehr gewöhnen werden (obwohl die Gewöhnung m.E. nichts mit der Frage nach der Zumutbarkeit gemeinsam hat). Anders *Cichon*, 220, die eine Beschränkung auf 15'000 Zeichen vorschlägt.

[505] Selbst der mit der AGB-Problematik an sich vertraute Jurist unterzeichnet regelmässig nicht gelesene AGB-Texte, weil der Verkäufer ihn eindringlich dazu auffordert, jetzt doch endlich zu unterschreiben, und er ihn (und auch die anderen Kunden, die bereits ungeduldig über die Schulter schauen) ja nicht unnötig warten lassen will.

[506] *Koehler*, 292; *Löhnig*, 1689.

Konzentrationsfähigkeit des Kunden positiv aus, was ihm wiederum erleichtert, auch längere Texte vollständig zu erfassen.

d) Mobile Kleinstkommunikationsgeräte

Neue Standards[507] erlauben es, die Internet-Technologie auch über mobile (drahtlose) Kleinstkommunikationsgeräte[508] zum Informationsaustausch resp. zur Informationsbeschaffung zu nutzen.[509] Da die dafür eingesetzten Geräte die Mobilität des Benutzers nicht einschränken dürfen, werden deren Bildschirme möglichst klein gehalten. Auf dem Display eines Handys können nach dem heutigen Stand der Technik durchschnittlich etwa 75 Zeichen (3–6 Zeilen zu 13–16 Zeichen) dargestellt werden. Angesichts dieser äusserst limitierten Darstellungsmöglichkeit[510], ist – zumindest nach dem aktuellen Stand der Technik – die Zumutbarkeit der Kenntnisnahme von AGB über Handydisplays offensichtlich zu verneinen.[511] Auf einem Palmtop lassen sich immerhin schon ca. 408 Zeichen (32 Zeilen zu 12 Zeichen) darstellen. Dies entspricht weniger als einer halben Btx-Seite, die Platz für etwa 960 Zeichen (24 Zeilen zu 40 Zeichen) bietet. Da die Darstellungsmöglichkeiten auf diesen Kleinstcomputern stark limitiert sind, vermögen selbst technische Neuerungen wie Scrollfunktion oder Hyperlinks diesen Nachteil nicht wettzumachen. Dementsprechend sind für die Kenntnisnahme von AGB über Kleinstkommunikationsgeräte die gleichen Überlegungen anzustellen, wie sie im Zusammenhang mit Btx gemacht

---

[507] Eines der für den mobilen Zugang zum Internet entwickelten Protokolle ist das *Wireless Application Protocol* (WAP). Allerdings können WAP-taugliche Geräte das HTML-Format der Web-Page nicht darstellen. Ein Zugriff auf eine Web-Site ist daher nur dann erfolgreich möglich, wenn sie auf Wireless Mark-up Language (WML) basiert. Ein weiteres Protokoll ist I-Mode, das sich besonders in Japan grosser Beliebtheit erfreut. Die Stärke von I-Mode liegt darin, dass es auch Web-Pages im HTML-Format darstellen kann. Vgl. dazu *Camenzind*, 5.

[508] Wie z.B. Mobiltelefone resp. „Smartphones" (Letztere weisen gegenüber Handys einen rund viermal grösseren Bildschirm im Querformat auf [*Reust*, B 18]) oder Kleincomputer wie Palmtops und Personal Digital Assistants (PDA).

[509] Entsprechend ist in diesem Zusammenhang statt von E-Commerce von M-Commerce (Mobile Commerce) zu sprechen. Unter diesem Begriff ist ebenfalls elektronischer Handel zu verstehen, wobei der Kunde für die Kommunikation mobile Kleinstgeräte einsetzt. Auf jene Fälle, in denen das Handy etwa nur genutzt wird, um detailliertere Informationen oder Unterlagen anzufordern (z.B. durch Senden einer Nachricht an eine in der Werbung angegebenen Nummer oder durch Einlesen eines darin abgedruckten Codes), ist nicht weiter einzugehen, da es dabei zu keinem Online-Vertragsabschluss kommt.

[510] Es kann schon schwierig sein, einen vollständigen Satz auf dem Bildschirm einzublenden.

[511] Die Frage ausdrücklich offen gelassen hat *Hunger*, 155, FN 808.

wurden. Dem Kunden ist damit nur zuzumuten, sehr kurz gehaltene AGB zur Kenntnis zu nehmen.[512]

Will der Verwender nicht darauf verzichten, AGB mit „normalem" Umfang in den Vertrag zu übernehmen, stehen ihm grundsätzlich zwei Möglichkeiten offen. Entweder übermittelt er dem Kunden die AGB in dokumentarischer Form[513] oder er schliesst mit dem Kunden, ohne dafür Kleinstkommunikationsgeräte zu verwenden[514], einen Übernahmevertrag ab, wobei hauptsächlich an den Abschluss von Rahmenverträgen[515] zu denken ist.

e)   Zusammenfassung

Zusammenfassend ist festzuhalten, dass sich die Rechtsprechung zu Btx nicht ohne weiteres auf Internet-Sachverhalte übertragen lässt. Nutzt der Kunde zum Vertragsabschluss einen PC oder ein Notebook, sind die Darstellungsmöglichkeiten auf dem Bildschirm zusammen mit den technischen Möglichkeiten derart, dass sich eine mediumspezifisch begründete Umfangsbeschränkung nicht rechtfertigen lässt. Anders verhält es sich in Bezug auf mobile Kleinstkommunikationsgeräte. Die Darstellungsmöglichkeiten sind auf deren Bildschirmen so limitiert, dass AGB darüber entweder überhaupt nicht resp. – wie etwa bei Smartphones und Palmtops – nur dann in zumutbarer Weise zur Kenntnis genommen werden können, wenn sie sehr kurz sind.

2.   Abbildung und Gestaltung elektronischer AGB

a)   Abbildung elektronischer AGB

Neben dem Umfang hängt die Zumutbarkeit der Kenntnisnahme i.e.S. auch von der Art und Weise ab, wie die AGB dem Kunden präsentiert werden.[516] Je nach

---

[512] Beim Btx haben die Gerichte die Schwelle bei etwa 6 Bildschirmseiten angesetzt. Angesichts der technologischen Fortschritte, die inzwischen erzielt wurden (kein langwieriger Bildschirmaufbau notwendig, Bildlaufleiste, Hypertext, Speicherfähigkeit), ist die Grenze bei mobilen Kleinstkommunikationsgeräten mit grösseren Bildschirmen wie Smartphones oder Palmtops – trotz der noch beschränkteren Darstellungsfähigkeit – nicht tiefer anzusetzen.
[513] Allerdings handelt es sich dabei nicht mehr um eigentliche M-Commerce-Geschäfte.
[514] Unerheblich ist dabei, ob diese Übernahmeverträge über traditionelle Kommunikationsmittel oder über Nutzung des WWW oder der E-Mail geschlossen werden. Immerhin ist darauf hinzuweisen, dass Internet-spezifische Fragen des AGB-Rechts von vornherein keine Bedeutung erlangen, wenn die Übernahme nicht elektronisch erfolgt (so im Ergebnis auch *Busse,* 390).
[515] Vgl. zum Rahmenvertrag § 3/III/A/3.
[516] *Kramer,* N 207 zu Art. 1 OR.

Darstellung ist die Kenntnisnahme eines zwar kurzen, aber unübersichtlichen Textes dem Kunden nicht zumutbar, wogegen von ihm die Kenntnisnahme eines längeren, gut strukturierten Textes ohne weiteres erwartet werden darf. Dem Kunden ist die Kenntnisnahme von elektronischen AGB zumutbar, wenn sie für einen Durchschnittskunden auf dem Bildschirm mühelos lesbar, das heisst optisch gut wahrnehmbar sind.[517]

Die E-Mail wird je nach Einstellung der verwendeten Software auf dem Bildschirm des Empfängers anders abgebildet. Damit besteht die Gefahr, dass die elektronischen AGB unübersichtlich dargestellt werden und deren Kenntnisnahme dem Kunden nicht zumutbar ist. Dieses Risiko lässt sich vermeiden, indem der Verwender die elektronischen AGB in Formaten – wie etwa pdf – zur Verfügung stellt, von denen er weiss, dass sie auf dem Bildschirm des Kunden so abgebildet werden, wie er es definiert hat.

Ein ähnliches Problem stellt sich im WWW, wenn es der Verwender unterlässt, die Gestaltung seiner Web-Site absolut zu bestimmen. Diesfalls bildet der vom Kunden eingesetzte Browser diese in der Standardeinstellung ab.[518] Damit entfällt für den Verwender die Möglichkeit, auf die Darstellung seiner elektronischen AGB Einfluss zu nehmen. Es dürfte ihm im Streitfall kaum gelingen, nachzuweisen, welche Einstellungen der Browser des Kunden im Zeitpunkt der Kenntnisnahme hatte resp. gehabt hätte. Zudem ist weder von einem geschäftsunerfahrenen noch von einem geschäftserfahrenen[519] Kunden zu erwarten, dass er die Standardparameter seines Browsers ändert, damit er die AGB besser zur Kenntnis nehmen kann.[520] Die Gefahr, dass der Kunde die elektronischen AGB mit seinem Browser nicht in zumutbarer Weise zur Kenntnis nehmen kann, lässt sich ausschliessen, indem der Verwender die Einstellungen der Web-Site absolut definiert.[521]

b) *Gestaltung elektronischer AGB*

Nachfolgend ist auf die medienspezifischen Anforderungen, die bei der Gestaltung von elektronischen AGB zu beachten sind, einzugehen.

---

[517] So auch *Empfehlung EKK*, 394; *Eichhorn*, 76. Auch im konventionellen Geschäftsverkehr hängt die Zumutbarkeit der Kenntnisnahme von der Lesbarkeit ab (vgl. dazu *Gauch/Schluep/Schmid/Rey*, N 1140a, mit Hinweisen).
[518] *Cichon*, 219.
[519] Selbst von einem geschäftserfahrenen Kunden kann m.E. nicht a priori erwartet werden, dass er weiss, dass sich die Standardeinstellungen seines Browsers verändern lassen und wie er dies tun muss. Damit der Verwender dies in guten Treuen erwarten darf, muss er vielmehr nachweisen, dass sein Kunde über besondere Informatikkenntnisse verfügt.
[520] *Cichon*, 219.
[521] *Cichon*, 219.

Einerseits ist bei der Farbwahl zu berücksichtigen, dass die AGB über Bildschirmanzeige zur Kenntnis genommen werden. So führt z.B. rote Schrift auf blauem Hintergrund innert kurzer Zeit zu Augenflimmern und sogar zu Kopfschmerzen, weil das Auge die rote Schrift als näher und den blauen Hintergrund als weiter weg wahrnimmt, was zu einem ständigen Wechsel der Scharfstellung des Auges führt.[522] Auf die Verwendung von Komplementärkontrasten sollte generell verzichtet werden, da diese die Wahrnehmung erheblich erschweren.[523] Auch geringe Helligkeitsunterschiede oder Ton-in-Ton-Darstellung von Text und Hintergrund führen zu schlechter Lesbarkeit.[524] Zudem ist auch eine Schriftgrösse zu wählen, die das Lesen nicht übermässig erschwert.[525] Für eine gute Lesbarkeit beträgt die Schriftgrösse bei optimalem Positivkontrast (dunkle Schrift auf hellem Hintergrund) etwa 12 Punkte.[526]

Damit längere AGB-Texte vom Kunden in zumutbarer Weise zur Kenntnis genommen werden können, müssen sie darüber hinaus leserfreundlich dargestellt sein. Daran fehlt es etwa, wenn die AGB ohne Satzzeichen oder ohne Beachtung der Gross- und Kleinschreibung verfasst sind.[527] Auch in elektronischen AGB ist ein linksbündiger Text einfacher zu lesen, weil die Augen den Zeilenanfang besser finden können.[528] Kann nicht der ganze Text auf einer Seite dargestellt werden, sollte von oben nach unten (und nicht von links nach rechts) gescrollt werden müssen, da wir uns vom Lesen her gewohnt sind, in dieser Richtung vorwärts zu gehen.[529] Wird der AGB-Text auf dem Bildschirm quer eingeblendet, ist dem Kunden die Kenntnisnahme nicht zumutbar.[530] Weiter müssen die AGB ein Mindestmass an Übersichtlichkeit aufweisen, das heisst, sie sind inhaltlich klar zu gliedern.[531] Bei der Darstellung der AGB ist

---

[522] *Felix*, B 5.
[523] *Felix*, B 5.
[524] *Felix*, B 5.
[525] *Nestlé*, AGB, 272, und aus der deutschen Literatur *Härting*, Internetrecht, N 142. Gleiches gilt auch für den konventionellen Geschäftsverkehr (vgl. dazu *Kramer*, N 207 zu Art. 1 OR).
[526] *Felix*, B 5. Vgl. in diesem Zusammenhang auch das Urteil des BGH vom 3.2.1986 (II ZR 201/85 [publiziert in NJW-RR 1986, 1311]), wonach eine Mindestgrösse einer bestimmten Schrifttype eingehalten werden muss. Sind die AGB im Zusammenhang nur mit der Lupe lesbar, kann die Kenntnisnahme – auch dem geschäftserfahrenen Kunden – nicht zugemutet werden.
[527] So in der deutschen Literatur auch *Härting*, Internetrecht, N 142.
[528] *Felix*, B 5.
[529] *Felix*, B 5.
[530] Vgl. den entsprechenden Hinweis bei *Ernst*, 167.
[531] *Eichhorn*, 76; *Mottl*, 42.

daher eine gewisse Systematik zu fordern, die durch den Einsatz von Titeln und Untertiteln unterstützt werden kann.[532]

c) *Ergebnis*
Im Ergebnis ist festzuhalten, dass der Verwender gut daran tut, die absoluten Einstellungen seiner elektronischen AGB zu definieren. Um sicherzustellen, dass diese auch so dargestellt werden, wie der Verwender sich dies vorstellt, drängt sich – vor allem im E-Mail-Verkehr – auf, den AGB-Text zusätzlich etwa im pdf-Format zur Verfügung zu stellen. Hinsichtlich der konkreten Gestaltung der elektronischen AGB ist besonders bei der Farbwahl und bei der Schriftgrösse dem Umstand Beachtung zu schenken ist, dass der Kunde sie über Bildschirmanzeige zur Kenntnis nimmt. Im Übrigen gelten bezüglich der Gestaltung dieselben Anforderungen wie bei dokumentarischen AGB auch.

3. Sprache elektronischer AGB

Von besonderer Bedeutung ist im elektronischen Geschäftsverkehr die Frage nach der Sprache der AGB. Da das Internet an den Landesgrenzen nicht Halt macht, erhöhen sich die Möglichkeit und die Wahrscheinlichkeit von (sprach-)grenzüberschreitenden Vertragsabschlüssen.[533] Es ist somit zu prüfen, ob es dem Kunden zumutbar ist, AGB zur Kenntnis zu nehmen, die nicht in seiner Landessprache verfasst sind.[534]

---

[532] Zum Ganzen *Kramer,* N 207 zu Art. 1 OR.
[533] *Grolimund,* 340.
[534] Das französische Recht verlangt etwa, dass den Konsumenten mit Wohnsitz in Frankreich die AGB immer in französischer Sprache zur Verfügung stehen (loi du 4 août 1994; vgl. dazu *Iteanu,* 82). Interessant ist in diesem Zusammenhang ein vom Europäischen Gerichtshof am 12. September 2000 gefälltes Urteil zu einer ähnlichen Frage (Rs. C-366/98 [NZZ Nr. 259 vom 6. November 2000, 18]). Der EuGH hat entschieden, dass in England abgefüllte und deshalb nur in Englisch beschriftete Getränkeflaschen auch in Frankreich verkauft werden dürfen. Das in Frankreich bestehende Verbot, Lebensmittel zu veräussern, die nicht auf Französisch beschriftet sind, verstösst nach Meinung des Gerichtes gegen das Recht der EU. Wenn die auf dem Produkt verwendete Sprache – die nicht die Landessprache ist – „leicht verständlich" ist, reicht dies für die Beschriftung aus. Gleich hat der EuGH etwa bereits im Urteil vom 14. Juli 1998 (Rs. C-385/96) oder vom 18. Juni 1991 (Rs. C-369/89) entscheiden. Vgl. zum neusten Entscheid und zu dieser Rechtsprechung ganz allgemein die Bemerkungen in JuS 2001, 493 ff. Diese Rechtsprechung zeigt m.E. auch Auswirkungen auf die Sprachenfrage der AGB, als ein Staat nicht a priori eine Übersetzung in seine Landessprache fordern darf. Damit ist wohl auch die Lehrmeinung, wonach in Verträgen mit Konsumenten fremdsprachige AGB grundsätzlich unwirksam sind (vgl. entsprechende Andeutung bei *Mottl,* 43, und bei *Schauer,* 115), zu überdenken.

a) World Wide Web

Würde die Zumutbarkeit der Kenntnisnahme davon abhängen, ob die Vertragsklauseln in der jeweiligen Landessprache des Kunden formuliert sind, wären die Verwender infolge der Internationalität des Internets gezwungen, ihre AGB in jeder Sprache zur Verfügung zu stellen, die potenzielle Kunden sprechen.[535] Dies kann nicht ernsthaft gefordert werden, ohne den kommerziellen Handel im WWW zu verunmöglichen. Es ist dem Anbieter nicht zumutbar, die AGB in alle Sprachen der Welt zu übersetzen, nur weil sein Web-Angebot grundsätzlich von jedem Punkt der Welt aus abgerufen werden kann.

Erforderlich (aber auch ausreichend) muss vielmehr sein, dass die AGB in der Verhandlungs- oder Vertragssprache abgefasst sind[536], also in einer Sprache, derer sich die Vertragspartner in den Vertragsverhandlungen resp. beim Vertragsabschluss tatsächlich bedienen. Die Verhandlungssprache[537] ist in Web-Verträgen i.d.R. auch die Vertragssprache, also jene Sprache, in welcher der Kunde das Bestellformular ausfüllt.[538] Lässt sich der Kunde widerspruchslos auf einen Vertragsabschluss in einer für ihn fremden Sprache ein, ist ihm auch zuzumuten, die AGB in dieser Sprache zur Kenntnis zu nehmen.[539] Unberücksichtigt bleiben dabei die tatsächlichen Sprachkenntnisse des Kunden.[540] Wer fremdsprachige Vertragsgespräche führt, trägt das Risiko sprachlich bedingter Missverständnisse. Dies rechtfertigt sich im WWW umso mehr, als der Kunde die Möglichkeit hat, die AGB in aller Ruhe zu studieren.[541]

Etwas anders gilt dann, wenn der AGB-Text sprachlich von der Web-Site (Verhandlungssprache) resp. dem Web-Formular (Vertragssprache) abweicht. Die Kenntnisnahme von AGB in einer anderen als der Verhandlungs- oder Vertragssprache ist dem Kunden nur dann zumutbar, wenn er auch diese Sprache ausreichend beherrscht[542]. Der Verwender darf aus dem Umstand, dass der Kunde das Vertragsformular ausfüllt, welches auf anderssprachige AGB verweist, nach Treu und Glauben nicht schliessen, dass er auf deren Kenntnisnah-

---

[535] *Wildemann,* 45.
[536] *Nestlé,* AGB, 272, FN 74, und aus der deutschen Literatur *Drexl,* 95 f.; *Härting,* Internetrecht, N 143; *Koch Robert,* 89; *Koehler,* 293 f.; *Taupitz/Kritter,* 844; *Wildemann,* 45.
[537] Im WWW ist dies die Sprache, in der die Web-Site verfasst ist.
[538] *Taupitz/Kritter,* 844.
[539] *Härting,* Internetrecht, N 143 (mit Hinweisen). Für den konventionellen Geschäftsverkehr so schon BGE 99 II 73.
[540] *Koehler,* 293.
[541] *Taupitz/Kritter,* 844. Vgl. dazu auch vorstehend § 8/II/B/1/c/dd i.f.
[542] *Koehler,* 294. So ist z.B. denkbar, dass die Parteien die Vertragsverhandlungen und den Vertragsabschluss in deutscher Sprache führen, die AGB jedoch nur auf Englisch zur Verfügung stehen. Ist dies jedoch die Muttersprache des Kunden, ist ihm die Kenntnisnahme trotzdem zumutbar.

me in der Verhandlungs- oder Vertragssprache verzichtet. In solchen Fällen ist den Kunden die Kenntnisnahme daher grundsätzlich nicht zumutbar.

b) E-Mail

Auch bei durch Austausch von E-Mail zustande gekommenen Verträgen kann der Kunde nicht auf AGB in seiner Landessprache beharren, wenn er sich widerspruchslos auf Vertragsverhandlungen eingelassen hat, die in einer anderen Sprache geführt werden.[543] Dem Kunden ist die Kenntnisnahme von AGB auch in E-Mail-Sachverhalten zumutbar, wenn sie in einer Sprache verfasst sind, deren sich die Vertragspartner bei den Vertragsverhandlungen resp. dem Vertragsabschluss tatsächlich bedient haben.[544] Werden die AGB in einer anderen Sprache zur Verfügung gestellt, ist dem Kunden die Kenntnisnahme nur zumutbar, wenn er diese beherrscht.[545]

c) Ergebnis

Im Ergebnis kann festgehalten werden, dass es an einer zumutbaren Möglichkeit zur Kenntnisnahme elektronischer AGB fehlt, wenn der Verwender dem Kunden diese nicht in der Verhandlungs- resp. Vertragssprache anbietet und der Kunde die Sprache, in der die AGB zur Verfügung stehen, nicht beherrscht.

4. Zusammenfassung

Damit dem Kunden die Kenntnisnahme i.e.S. zumutbar ist, sind bei der Gestaltung der elektronischen AGB gewisse medienspezifische Besonderheiten zu beachten. So ist bei der Farbwahl und der Schriftgrösse der Tatsache Beachtung zu schenken, dass sie über den Bildschirm zur Kenntnis genommen werden. Weiter setzt die Zumutbarkeit der Kenntnisnahme voraus, dass die AGB in der Verhandlungs- oder in der Vertragssprache verfasst sind. Bezüglich des Umfangs der Vertragsklauseln gelten demgegenüber grundsätzlich keine mediumspezifischen Besonderheiten. Eine Ausnahme besteht lediglich für Kleinstkommunikationsgeräte, bei welchen infolge der kleinen Bildschirme die AGB entweder gar nicht oder nur dann zur Kenntnis genommen werden können, wenn sie ausgesprochen kurz gehalten sind.

---

[543] So zum konventionellen Geschäftsverkehr BGE 99 II 73.
[544] Vgl. die vorstehenden Ausführungen (lit. a) zu der Sprachenfrage in Web-Verträgen.
[545] Vgl. dazu FN 542 vorstehend.

§ 9 Übernahmeerklärung

AGB werden aufgrund einer entsprechenden Erklärung beider Parteien in den Vertrag übernommen.[546] Dies gilt auch für elektronisch abgeschlossene Verträge.[547] Damit muss sowohl das Angebot[548] als auch die Annahme eine Übernahmeerklärung[549] enthalten. Die einzelne Übernahmeerklärung kann entweder ausdrücklich oder stillschweigend erfolgen.[550] Eine ausdrückliche Erklärung liegt vor, wenn der erklärte Wille daraus unmittelbar hervorgeht (I.). Fehlt es an einer solchen Erklärung, ist nach den Grundsätzen des Vertrauensprinzips zu ermitteln, ob allenfalls von einer stillschweigenden Erklärung auszugehen ist (II.). Schliesslich ist fraglich, was gilt, wenn eine Übernahmeerklärung gänzlich unterbleibt (III.).

I. Ausdrückliche Übernahmeerklärung

A. Übernahmeerklärung des Kunden

1. Ausgangslage

Liegt eine ausdrückliche Übernahmeerklärung des Kunden vor, welche der Verwender im Streitfall zu beweisen vermag, erübrigt sich der Nachweis darüber, dass der Kunde bei Abgabe seiner Willenserklärung vom Bestand der AGB Kenntnis hatte.[551] Angesichts dieser für ihn vorteilhaften Situation wird

---

[546] Art. 1 Abs. 1 OR. BGE 123 III 44; 118 II 297; 100 II 209 f.; *Gauch/Schluep/Schmid/Rey*, N 1128; *Giger*, 49 f.; *Schwenzer*, N 45.01.

[547] *Nestlé*, AGB, 265; *Weber*, E-Commerce, 326.

[548] Das Angebot muss auch in jenen Fällen auf die AGB Bezug nehmen, in denen es vom Kunden ausgeht (wie etwa bei einer Erklärung, gestützt auf eine Einladung zur Offertstellung des Verwenders).

[549] Die Übernahmeerklärung ist die Willenserklärung, dass ein „bestimmter vorgeformter Inhalt für diesen Vertrag gelten soll" (*Jäggi*, N 440 zu Art. 1 OR).

[550] Art. 1 Abs. 2 OR. Vgl. zur Unterscheidung zwischen ausdrücklicher und stillschweigender Erklärung § 4/I/A/1/a.

[551] Erklärt der Kunde ausdrücklich, mit der Übernahme der AGB einverstanden zu sein, und behauptet er gleichzeitig, nichts von den AGB gewusst zu haben, verhält er sich widersprüchlich und ist in seiner Argumentation nicht zu schützen.

der Verwender bestrebt sein, vom Kunden – unabhängig davon, ob dieser das Angebot unterbreitet resp. die Annahme erklärt[552] – eine ausdrückliche Übernahmeerklärung zu erhalten. Wie er dieses Ziel im elektronischen Geschäftsverkehr erreichen kann, ist Gegenstand der nachfolgenden Ausführungen.

2. World Wide Web

Eine ausdrückliche Übernahmeerklärung des Kunden liegt vor, wenn er im Web-Formular explizit bestätigt, mit der Übernahme der AGB einverstanden zu sein. Dabei wird er i.d.R. ein besonderes Feld anklicken, das die Frage nach dem Einverständnis mit den AGB enthält. Die Frage nach dem Übernahmewillen kann vom Verwender aber auch in einem Pop-up-Fenster platziert werden, welches sich auf dem Bildschirm einblendet. Tut der Kunde seine Zustimmung zur Übernahme der AGB darin durch Anklicken des Bestätigungsfeldes resp. Betätigen der Returntaste[553] explizit kund, liegt ebenfalls eine ausdrückliche Übernahmeerklärung vor.

Um auszuschliessen, dass der Kunde seine Willenserklärung abgibt, ohne den Übernahmewillen ausdrücklich erklärt zu haben, muss der Verwender in beiden Fällen technisch sicherstellen, dass sich die Bestellung erst absenden lässt, wenn der Kunde bestätigt hat, mit der Übernahme der AGB einverstanden zu sein.

3. E-Mail

Eine ausdrückliche Übernahme der AGB liegt vor, wenn der Kunde in seine E-Mail einen Satz wie „Ich bin mit der Übernahme der AGB einverstanden." integriert. Allerdings ist dieser Fall in der Praxis kaum je anzutreffen, da deren Übernahme grundsätzlich nicht im Interesse des Kunden liegt und er daher nicht von sich aus vorschlägt, solche zum Vertragsbestandteil zu erheben. Da dem Verwender beim Vertragsabschluss über E-Mail – anders als im WWW – i.d.R. die Möglichkeit fehlt, den Inhalt der Willenserklärung des Kunden zu beeinflussen, kommt es auf Seiten des Kunden nur selten zu einer expliziten Übernahmeerklärung.

Anders verhält es sich nur, wenn der Verwender dem Kunden per E-Mail ein Bestellformular übermittelt, in welchem dieser seinen Übernahmewillen

---

[552] *Köhler/Arndt,* N 106.
[553] Vgl. den Hinweis von Waltl, dass im WWW eine unliebsame Bildschirmseite regelmässig durch Betätigen der Return-Taste auszublenden ist. Hat der Kunde eine besondere Tastenkombination zu tätigen, lässt sich daraus mit grösserer Sicherheit ein Übernahmewille des Kunden ableiten (*Waltl,* 187).

ausdrücklich erklären muss[554]. Allerdings kann der Verwender im E-Mail-Verkehr technisch nicht verhindern, dass der Kunde das Bestellformular absendet und damit seine Willenserklärung abgibt, ohne darin seinen Übernahmewillen ausdrücklich zu erklären.

B. Übernahmeerklärung des Verwenders

1. World Wide Web

Ist die Web-Site als rechtsverbindliches Angebot – und nicht bloss als Einladung zur Offertstellung – zu qualifizieren[555], muss sie den Übernahmewillen des Verwenders enthalten, damit die AGB überhaupt Vertragsbestandteil werden können[556]. Der Verwender äussert diesen Willen explizit, indem er darin einen Satz wie „Ich will den Vertrag unter Übernahme der Allgemeinen Geschäftsbedingungen abschliessen." aufnimmt.

In Web-Sachverhalten gibt jedoch der Verwender i.d.R. die zeitlich zweite Willenserklärung ab.[557] Hält er darin explizit fest, dass der Vertrag unter Übernahme der AGB zustande kommt, liegt eine ausdrückliche Übernahmeerklärung vor. Diese Erklärung lässt sich elektronisch etwa in einer automatisierten Bestätigung[558] oder in einer entsprechenden E-Mail äussern.

2. E-Mail

Erklärt der Verwender in seiner E-Mail ausdrücklich, den Vertrag unter Übernahme von AGB abschliessen zu wollen, liegt – unabhängig davon, ob es sich dabei um einen Antrag oder um eine Annahme handelt – eine ausdrückliche Übernahmeerklärung vor.

---

[554] Vgl. die Ausführungen zum WWW in § 9/I/A/2. vorstehend.
[555] Davon ist auszugehen, wenn die angebotene Leistung direkt online bezogen werden kann (dazu § 6/II/A/2/a).
[556] Andernfalls ist eine übereinstimmende Übernahmeerklärung von vornherein ausgeschlossen, sodass der Vertrag – durch die Erklärung des Kunden – ohne die AGB zustande kommt.
[557] Vgl. § 6/II/A/2.
[558] Vgl. zur rechtlichen Qualifikation von automatisch erstellten Bestätigungen FN 309.

C. Zusammenfassung

Von einer ausdrücklichen Übernahmeerklärung ist immer dann auszugehen, wenn der Erklärende seinen Willen, AGB in den Vertrag zu übernehmen, explizit erklärt. Der Kunde tut dies i.d.R. durch Klicken auf ein Bestätigungsfeld, wobei es Sache des Verwenders ist, die dafür notwendigen Vorkehrungen zu treffen. Der Verwender wird demgegenüber regelmässig einen entsprechenden Hinweis in seine Erklärung aufnehmen.

II. Stillschweigende Übernahmeerklärung

A. Ausgangslage

Fehlt eine ausdrückliche Übernahmeerklärung eines Vertragspartners, stellt sich die Frage, ob er sich allenfalls stillschweigend mit dem Einbezug der AGB einverstanden erklärt. Passives Verhalten bedeutet grundsätzlich Ablehnung und vermag daher i.d.R. keinen Vertragsabschluss zu bewirken.[559] Da der auf Rechtswirkung gerichtete Wille gemäss Art. 1 Abs. 2 OR stillschweigend[560] geäussert werden kann, erlangt auch nicht ausdrückliches Verhalten ausnahmsweise Rechtswirkung.[561] Davon ist auszugehen, wenn das Verhalten des Kunden nach Treu und Glauben als Zustimmung auszulegen ist.[562] Dies gilt gemäss bundesgerichtlicher Rechtsprechung ebenso für AGB.[563] Wann der

---

[559] *Forstmoser*, Bankverkehr, 15; *Gauch/Schluep/Schmid/Rey*, N 451; *Giger*, 57; *Koller Alfred*, 71; *Kramer*, N 12 und 194 zu Art. 1 OR; *Ramstein/Kuster*, 13; *Schuler*, 85; vgl. dazu auch BGE 123 III 59.

[560] Vgl. zur Unterscheidung zwischen ausdrücklicher und stillschweigender Erklärung § 4/I/A/1/a.

[561] Unabhängig vom tatsächlichen Übernahmewillen des Erklärenden wird in diesen Fällen ein rechtlicher Konsens fingiert. Der betroffenen Partei bleibt die Berufung auf einen allfällig abweichenden Willen verschlossen (*Jäggi*, N 484 zu Art. 1 OR).

[562] Dazu § 4/I/A/1/a. Es ist jedoch mit *Schuler* darauf hinzuweisen, dass die Auslegung von einem Verhalten immer nur ein mehr oder weniger wahrscheinliches Resultat ergeben kann. Ist sich der Empfänger der Erklärung nicht sicher, wie er diese interpretieren soll, hat er daher durch entsprechendes Rückfragen eine sichere Vertrauensgrundlage zu schaffen (*Schuler*, 87).

[563] BGE 77 II 156. In diesem Fall hatte der Kunde die AGB anlässlich früherer Transportaufträge ausdrücklich anerkannt. Das Bundesgericht entschied daher, dass der Kunde beim fraglichen Vertragsabschluss, der ohne Bezugnahme auf die AGB erfolgte, nach Treu und Glauben gehalten gewesen wäre, die AGB des Spediteurs vom Vertragsinhalt

Empfänger einer elektronischen Erklärung davon ausgehen darf, dass sich der Kunde (B.) resp. der Verwender (C.) stillschweigend mit der Übernahme der AGB einverstanden erklärt, ist nachfolgend zu prüfen.

B. Übernahmeerklärung des Kunden

Ob das Verhalten des Kunden nach den Grundsätzen des Vertrauensprinzips als stillschweigender Akzept auszulegen ist, wird vom Grad der Geschäftserfahrenheit des Kunden beeinflusst.[564] Nachfolgend ist daher zwischen dem geschäftsunerfahrenen (1.) und dem geschäftserfahrenen (2.) Kunden zu unterscheiden.

1. Geschäftsunerfahrener Kunde

a) Hinweis auf die AGB

Enthält das Web-Formular resp. ein Pop-up-Fenster den AGB-Text oder einen hinreichenden[565] Verweis auf diesen Text, darf der Verwender in guten Treuen davon ausgehen, dass der Kunde davon Kenntnis genommen hat.[566] Füllt der Kunde daraufhin ein Web-Formular aus und versendet er es vorbehaltlos, darf der Verwender dies als stillschweigende Übernahmeerklärung qualifizieren.[567] Will der Kunde die AGB nämlich nicht übernehmen, ist er aufgrund seiner Kenntnis vom Bestand der AGB und in Anwendung der Grundsätze des Vertrauensprinzips verpflichtet, eine ablehnende Erklärung abzugeben.[568] Gleich verhält es sich, wenn der Verwender den Kunden in einer E-Mail resp. einem Attachment rechtsgenüglich auf den Bestand der AGB hinweist. Erklärt der Kunde gestützt darauf seinen Vertragsabschlusswillen, ohne in Bezug auf die

---

ausdrücklich auszunehmen, wenn sie nicht wie in früheren Fällen wirksam werden sollten.

[564] *Giger*, 58.

[565] Zu den Anforderungen, denen ein Verweis zu genügen hat, vgl. § 7/III/C.

[566] Vgl. dazu § 7.

[567] So hat denn auch das BGer in BGE 119 II 445 (vgl. die kritischen Bemerkungen zur Tatsache, dass in diesem Entscheid erneut keine offene Inhaltskontrolle erfolgte, von *Baudenbacher*, nichts Neues, 83 ff.) – gleich wie bereits in BGE 64 II 357 – festgehalten, dass „celui qui signe un texte comportant une référence expresse à des conditions générales est lié au même titre que celui qui appose sa signature sur le texte même des conditions générales". Vgl. zur ungelesen unterzeichneten Urkunde *Kramer*, N 190 zu Art. 1 OR; *Wiegand*, 142, und in der deutschen Literatur *Härting*, Internetrecht, N 146; *Kaiser/Voigt*, 450; *Wildemann*, 42.

[568] So zum konventionellen Geschäftsverkehr *Schuler*, 86.

Übernahme der AGB einen Vorbehalt anzubringen, darf der Verwender nach den Grundsätzen des Vertrauensprinzips vom Übernahmewillen des Kunden ausgehen.

Es kann damit festgehalten werden, dass – sowohl im WWW als auch beim Vertragsabschluss durch E-Mail – von einer stillschweigenden Übernahmeerklärung auszugehen ist, wenn einerseits ein rechtsgenüglicher Hinweis und andererseits ein widerspruchsloses Erklärungsverhalten des Kunden vorliegt.

b)   Fehlender Hinweis auf die AGB

Unterlässt es der Verwender, dem Kunden sowohl den örtlich und den zeitlich korrekt platzierten AGB-Text als auch einen rechtsgenüglichen Verweis auf diesen zu unterbreiten[569], darf der Verwender grundsätzlich nicht davon ausgehen, der Kunde wisse auf andere Art und Weise vom Bestand der vorformulierten Bedingungen.[570] Äussert sich der Kunde in solchen Fällen nicht explizit zur Frage der Übernahme der AGB, ist sein Verhalten grundsätzlich nicht als stillschweigende Zustimmung auszulegen.[571] Denn hat er vom Bestand der AGB keine Kenntnis, ist er auch nicht verpflichtet, Widerspruch zu erheben, wenn er die AGB nicht übernehmen will.

Allerdings sind Fälle denkbar, in denen der Verwender – trotz fehlendem Hinweis auf die AGB – annehmen darf, der Kunde wolle AGB in den Vertrag übernehmen. Zunächst ist etwa von einem Übernahmewillen auszugehen, wenn der Kunde die Übernahme effektiv will und der Verwender dies auch so ver-

---

[569] Davon ist m.E. etwa auszugehen, wenn der AGB-Text einer E-Mail lediglich in Form eines Attachment angefügt wird, ohne dass im Text darauf verwiesen würde. Wenn das Bundesgericht (BGE 85 II 569 f.; vgl. dazu FN 570) dem Kunden nicht zumutet, von sich aus einen AGB-Text auf der Rückseite eines Vertragsformulars zu lesen oder von einem nicht besonders hervorgehobenen Hinweis unterhalb der Unterschriftszeile Kenntnis zu nehmen (BGE 84 II 562), wird es in Bezug auf geschäftsunerfahrene Kunden auch ein Attachment kaum als Hinweis genügen lassen.

[570] Das Bundesgericht hat im Zusammenhang mit dem herkömmlichen Geschäftsverkehr entschieden, dass grundsätzlich keine Übernahme von AGB-Klauseln erfolgt, welche auf der Rückseite des Formulars abgedruckt sind, wenn ein Hinweis auf diese fehlt (BGE 85 II 569 f.). Konkret ging es um eine Vorkaufsklausel, die auf einem dem eigentlichen Pachtvertrag beigefügten Blatt angebracht, jedoch nicht unterzeichnet war. Allerdings hat das Gericht präzisiert, dass der Entscheid anders ausfallen würde, wenn nachgewiesen wäre, dass der Vertragstext den Parteien vor Unterzeichnung vorlag und sie ihn als bindend ansahen. Es konnte aber nicht festgestellt werden, dass die Vorkaufsklausel nach dem Willen der Parteien auch als mitunterzeichnet gelten sollte.

[571] *Forstmoser*, Bankverkehr, 15; *Giger*, 57.

steht. Da zwischen den Parteien diesfalls ein tatsächlicher Konsens besteht, ist dieser massgeblich und das Vertrauensprinzip gelangt nicht zur Anwendung.[572] Von einem Übernahmewillen ist sodann ebenfalls auszugehen, wenn der Kunde auch ohne den Hinweis vom Bestand der AGB wusste oder davon hätte wissen müssen und trotzdem keinen Widerspruch erhebt.[573] Ein fehlender Hinweis ist damit unerheblich, wenn der Verwender nachzuweisen vermag, dass das Verhalten des Kunden in Anwendung des Vertrauensprinzips aus anderen Gründen als Zustimmung auszulegen ist.[574] Ein solcher Grund ist etwa ein zwischen den Parteien geschlossener Rahmenvertrag[575], in welchem sie die Übernahme von AGB in ihre künftigen Verträge vereinbart haben.[576] Ein im elektronischen Geschäftsverkehr verbreiteter Anwendungsfall solcher Rahmenverträge ist der Einsatz von *Electronic Data Interchange* (EDI)[577] zum Vertragsabschluss. Wollen die Parteien EDI als Kommunikationsmittel einsetzen, müssen sie dies vorgängig vertraglich[578] regeln. Im Rahmen des Grundgeschäfts – in

---

[572] Vgl. dazu BGE 123 III 22; *Gauch/Schluep/Schmid/Rey,* N 215 (mit Hinweisen).
[573] Vgl. dazu *Jäggi,* N 455 zu Art. 1 OR (mit Hinweisen).
[574] *Jäggi,* N 455 zu Art. 1 OR (mit Beispielen); *Schuler,* 86.
[575] Beispielsweise der Abschluss eines Rahmenvertrages mit einer Bank, der es dem Kunden anschliessend erlaubt, verschiedene Dienstleistungen online zu beziehen resp. in Auftrag zu geben. Unerheblich ist dabei, ob dieser Rahmenvertrag über konventionelle Kommunikationsmittel – was heute noch regelmässig der Fall sein dürfte – oder über Internet-Dienste abgeschlossen wird. Zum Rahmenvertrag vgl. § 3/III/A/3.
[576] *Gauch/Schluep/Schmid/Rey,* N 1133; *Jäggi,* N 455 zu Art. 1 OR. Hat der Verkehr mit dem Kunden jedoch über Jahre hinweg geruht und liegt faktisch ein Neubeginn der Vertragsbeziehung vor, greift das Vertrauensprinzip nicht mehr und die Vereinbarung über die AGB ist zu erneuern (*Forstmoser,* Bankverkehr, 17).
[577] Darunter ist ein elektronischer Austausch von Daten (wie etwa Bestellungen, Rechnungen, Informationen etc.) zwischen EDV-Anlagen zu verstehen. Dabei werden die übertragenen Daten nach standardisierten Regeln formatiert und können so vom Empfängerrechner *automatisch* weiterverarbeitet werden (*Gisler,* 9.). EDI ermöglicht den Vertragsabschluss ohne menschliche Intervention. Wird z.B. ein bestimmter minimaler Lagerbestand unterschritten, erfolgt automatisch eine Bestellung der Ware. Beim Hersteller werden die Waren nach Eingang der Bestellungen automatisch produziert resp. zur Auslieferung bereitgestellt. Vgl. zu EDI ausführlich *Jaccard,* aber auch *Rosenthal,* 346 ff.; *Hunger* 39 ff.; *Weber,* E-Commerce, 407 ff.
[578] Die Parteien schliessen Interchange Agreements ab, in denen sie sich über die zu verwendenden technischen Verfahren, Formate und Standards einigen (vgl. die Übersicht zu den bestehenden Musterverträgen bei *Rosenthal,* 349, und *Weber,* Rechtsfragen, 25 f.). EDI eignet sich daher vor allem im Business-to-Business-Bereich, wenn zwischen den Unternehmen ein ständiges Geschäftsverhältnis besteht (*Weber/Jöhri,* 40). Vgl. zum Ganzen ausführlich und mit vielen Hinweisen auch *Heinrich,* 118 ff.

welchem die EDI-Vereinbarung getroffen wird[579] – einigen[580] sich die Parteien auch über die Bedingungen, die für die konkreten Einzelverträge gelten sollen. Vereinbaren die Parteien dabei die Geltung von AGB, darf der Verwender in guten Treuen davon ausgehen, dass der Kunde beim Abschluss des Einzelvertrages von den AGB weiss. Damit werden die AGB in den mittels EDI geschlossenen Einzelvertrag übernommen, ohne dass die Parteien diesen Willen nochmals bestätigen müssten.

2. Geschäftserfahrener Kunde

Auch im Verkehr mit geschäftserfahrenen Kunden ist für die Annahme einer stillschweigenden Übernahmeerklärung massgeblich, ob der Verwender aufgrund der Umstände des Einzelfalls annehmen darf, der Kunde habe im Zeitpunkt der Abgabe seiner Willenserklärung Kenntnis vom Bestand der AGB. Denn diesfalls hat auch der geschäftserfahrene Kunde nach den Grundsätzen des Vertrauensprinzips seinen Widerspruch zu erklären, wenn er die AGB nicht übernehmen will.[581] Da im Verhältnis zum geschäftserfahrenen Kunden bedeutend weniger hohe Anforderungen an die Gestaltung und Platzierung des Hinweises gestellt werden[582], darf der Verwender in Anwendung des Vertrauensprinzips dementsprechend rascher von der Kenntnis des Bestandes der AGB und damit auch von einer stillschweigenden Übernahme des Kunden ausgehen.[583]

Darüber hinaus darf der Verwender von einem geschäftserfahrenen Kunden in guten Treuen erwarten, dass er mit der Übernahme von AGB rechnet, wenn er etwa aus früheren Geschäftsbeziehungen Kenntnis von jeweils in den Vertrag übernommenen AGB hat[584] oder aus Erfahrung weiss, dass Geschäfte der fraglichen Art[585] grundsätzlich unter Einbezug von AGB abgeschlossen

---

[579] Die EDI-Abrede ist damit regelmässig bloss ein Teil eines Rahmenvertrages zwischen den Parteien (vgl. dazu *Rosenthal*, 349).
[580] Dabei ist unerheblich, ob der Rahmenvertrag über konventionelle oder über elektronische Medien abgeschlossen wird.
[581] So zum konventionellen Geschäftsverkehr *Schuler*, 86.
[582] Vgl. dazu § 7.
[583] So zum konventionellen Geschäftsverkehr *Giger*, 58.
[584] Vgl. dazu etwa BGE 77 II 156 oder *Kramer*, N 198 zu Art. 1 OR; *Schwenzer*, N 45.05. Dem geschäftsunerfahrenen Kunden darf demgegenüber nicht zugemutet werden, sich an in frühere Verträge einbezogene AGB zu erinnern (*Schuler*, 99).
[585] In gewissen Branchen (Bank-, Versicherungs- oder Spediteurwesen) entspricht die Vereinbarung von AGB einer Verkehrssitte.

werden.[586] Auch in diesen Fällen verpflichtet der Grundsatz von Treu und Glauben den geschäftserfahrenen Kunden, Widerspruch zu erheben, falls er mit der Übernahme der AGB nicht einverstanden sein sollte.[587]

C. Übernahmeerklärung des Verwenders

Weist der Verwender den Kunden auf seiner Web-Site oder in seiner E-Mail auf die AGB hin und lässt er dadurch erkennen, dass er den Vertrag nur bei Übernahme der AGB abschliessen will, ist er schon durch diese Bekanntgabe an die AGB gebunden.[588] Der Kunde darf damit in guten Treuen davon ausgehen, dass der Verwender mit der Übernahme der AGB einverstanden ist, selbst wenn in Anwendung von Art. 6 OR[589] eine Vertragsannahme entbehrlich ist.

D. Zusammenfassung

Ob der Verwender von einer stillschweigenden Übernahmeerklärung des Kunden ausgehen darf, ergibt sich durch Auslegung seines Erklärungsverhaltens nach den Grundsätzen des Vertrauensprinzips. Wird der geschäftsunerfahrene Kunde in rechtsgenüglicher Weise auf den Bestand der AGB hingewiesen und widersetzt er sich in seiner Willenserklärung der Übernahme der AGB nicht, ist dies in guten Treuen als Zustimmung auszulegen. In allen andern Fällen, in denen der geschäftsunerfahrene Kunde die Übernahme nicht ausdrücklich erklärt, ist grundsätzlich nicht von einer stillschweigenden Erklärung auszugehen. Es sei denn, es bestehen besondere Gründe dafür, das passive Verhalten des Kunden als Übernahmeerklärung zu qualifizieren.

Im Verhältnis zum *geschäftserfahrenen Kunden* gilt grundsätzlich dasselbe. Aufgrund der Anforderungen, die hinsichtlich AGB an seine Aufmerksamkeit gestellt werden, bestehen allerdings bedeutend mehr Konstellationen, in denen er von den AGB Kenntnis haben muss und eine widerspruchslose Willenserklärung daher als Zustimmung auszulegen ist.

---

[586] Vgl. dazu etwa *Kramer*, N 200 zu Art. 1 OR; *Schwenzer*, N 45.05. Der geschäftsunerfahrene Kunde braucht demgegenüber keine Kenntnis solcher Branchenübung zu haben (*Giger*, 63).

[587] *Giger*, 62; *Kramer*, N 200 zu Art. 1 OR.

[588] So zum konventionellen Geschäftsverkehr *Jäggi*, N 479 zu Art. 1 OR. Dies gilt unabhängig davon, ob der Kunde der Übernahme zustimmt. Das heisst, dass sich nur der Kunde auf eine fehlende Zustimmung berufen kann, nicht aber der Verwender (*Jäggi*, N 479 zu Art. 1 OR).

[589] Vgl. zu Art. 6 OR vorstehend § 6/III.

In Bezug auf den *Verwender* gilt, dass er sich der Übernahme der AGB nicht widersetzen darf, wenn er den Kunden im WWW oder in einer E-Mail auf den Bestand der AGB hingewiesen hat. Er ist damit an die Übernahme gebunden, selbst wenn der Hinweis in einer an sich unverbindlichen Einladung zur Offertstellung platziert wurde. Liegt keine ausdrückliche Erklärung des Verwenders vor, ist damit in Anwendung des Vertrauensprinzips stets eine stillschweigende Übernahmeerklärung anzunehmen.

III. Fehlende Übernahmeerklärung

Fehlt im Angebot eine Übernahmeerklärung – weil der Verwender es etwa unterlassen hat, das Web-Formular entsprechend auszugestalten oder der Kunde direkt (ohne vorgängigen Hinweis) an den Verwender gelangt ist – und nimmt der Vertragspartner das Angebot ohne weitere Erklärung an, ist das Rechtsgeschäft ohne die AGB zustande gekommen.[590] Vorformulierte Klauseln lassen sich damit nur noch durch Vertragsänderung übernehmen.[591]

Will der Verwender den Vertrag nicht ohne Einbezug der elektronischen AGB abschliessen resp. will er sich nicht auf das Risiko[592] einer späteren Vertragsänderung einlassen, muss er die Offerte des Kunden ablehnen und ihm einen Antrag zum Vertragsabschluss mit Übernahme der AGB unterbreiten.[593] Rechtlich liegt ein neues Angebot vor, zu welchem wiederum der Kunde sein ausdrückliches oder stillschweigendes[594] Einverständnis erklären muss[595].

---

[590] *Cichon*, 218. Gleich zum konventionellen Geschäftsverkehr *Jäggi*, N 458 zu Art. 1 OR.
[591] *Gauch/Schluep/Schmid/Rey*, N 1133. Vgl. zum Änderungsvertrag § 3/III/A/4.
[592] Wie *Nestlé* m.E. richtig feststellt, ist es lebensfremd, anzunehmen, der Kunde werde nach Abschluss des Vertrages die AGB noch übernehmen (*Nestlé*, AGB, 273).
[593] Ob sich der Kunde dazu eines konventionellen Kommunikationsmittels oder der Möglichkeiten des Internets bedient, ist unerheblich. Es ist z.B. denkbar, dass unmittelbar auf das Absenden des Bestellformulars dem Kunden eine Web-„Bestätigung" gesandt wird, die den notwendigen Hinweis enthält. Damit der Vertrag zustande kommt, müsste der Kunde seinen Willen, die AGB in den Vertrag zu übernehmen, ebenfalls – etwa durch das Betätigen eines OK-Icons – kundtun.
[594] In der Literatur ist allerdings umstritten, ob eine stillschweigende Übernahme des neuen Angebotes durch den Kunden zulässig ist. So etwa *Weber*, E-Commerce, 329; a.A. *Härting*, Internetrecht, N 147, und wohl auch *Nestlé*, AGB, 273. Meines Erachtens ist nicht nachvollziehbar, weshalb in den Fällen, in denen der Verwender den Antrag erklärt, eine stillschweigende Annahme des Kunden möglich ist; hingegen dann, wenn der Verwender den Antrag des Kunden ablehnt und einen neuen abweichenden Antrag unterbreitet, dies nicht mehr möglich sein soll. In beiden Fällen bedarf es einer Annahmeerklärung des Kunden, die gemäss Art. 1 Abs. 2 OR ausdrücklich oder stillschweigend erfolgen kann.

Eine Besonderheit gilt für das Bestätigungsschreiben im kaufmännischen Verkehr.[596] Erfolgt im Rahmen der Vertragsverhandlungen keine Einigung über die Frage der Übernahme der AGB, so widerspiegelt ein im Bestätigungsschreiben aufgenommener Hinweis auf die Übernahme der AGB den Willen, diese Frage zu klären. Von einem Kaufmann darf nach Treu und Glauben erwartet werden, dass er dies bemerkt und – falls er mit der Übernahme nicht einverstanden sein sollte – richtigstellt. Erhebt er gegen den Inhalt des Schreibens nicht innerhalb angemessener Frist Einspruch, entfaltet es konstitutive Wirkung.[597]

Selbstverständlich ist auch hier vorausgesetzt, dass eine hinreichende Vertrauensbasis für eine stillschweigende Annahme besteht.

[595] Mit der vom Angebot abweichenden Annahme kommt noch kein Vertrag über die AGB zustande (*Weber*, E-Commerce, 329).

[596] Vgl. zum Bestätigungsschreiben im kaufmännischen Verkehr *Gauch/Schluep/Schmid/Rey*, N 1163.

[597] *Giger*, 59, und aus der deutschen Literatur *Heermann*, 10. Dabei handelt es sich jedoch nicht um ein spezifisches AGB-Problem (Bestätigungsschreiben können auch im Zusammenhang mit individuell ausgehandelten Verträgen eingesetzt werden), und es ist daher vorliegend nicht weiter darauf einzugehen.

§ 10 Übernahme ungewöhnlicher Klauseln

Äussern die Parteien den Willen, die AGB übernehmen zu wollen, in Form einer Globalerklärung, erlangen die vorformulierten Klauseln nur Geltung, wenn der Kunde vorgängig die Möglichkeit hatte, diese in zumutbarer Weise zur Kenntnis zu nehmen.[598] Enthalten die AGB jedoch ungewöhnliche[599] Klauseln, mit denen der Kunde nicht gerechnet hat resp. rechnen musste, und auf die er nicht besonders hingewiesen wurde, darf der Verwender aus einer widerspruchslosen Globalerklärung in Anwendung des Vertrauensprinzips nicht schliessen, dass der Kunde auch mit der Übernahme solcher Klauseln einverstanden ist.[600] Wann der Kunde auf ungewöhnliche Klauseln aufmerksam werden muss, und der Verwender damit in guten Treuen annehmen darf, dass der Kunde Widerspruch erhebt, falls er diese Klauseln nicht übernehmen will, hängt vom Grad seiner Geschäftserfahrenheit ab.[601] Es ist daher nachfolgend zwischen den geschäftsunerfahrenen (I.) und den geschäftserfahrenen (II.) Kunden zu unterscheiden.

I. Geschäftsunerfahrener Kunde

Enthalten die elektronischen AGB Gerichtsstandsklauseln oder andere ungewöhnliche Klauseln, vermag ein blosser Hinweis auf die AGB im Web-Formular oder in der E-Mail gemäss den vorstehenden Ausführungen für deren Übernahme nicht zu genügen. Damit der Verwender in guten Treuen davon ausgehen darf, der geschäftsunerfahrene Kunde habe eine ungewöhnliche Klausel zur Kenntnis genommen, muss er ihn vielmehr *besonders auf diese Klauseln aufmerksam machen* und ihm allenfalls *deren Tragweite erklären.*[602] Dafür gelten dieselben Voraussetzungen wie für den Hinweis auf den Bestand[603] der AGB.

Hinsichtlich der örtlichen und der zeitlichen Platzierung muss der Kunde vor Abgabe seiner Willenserklärung vom Bestand ungewöhnlicher Klauseln

---

[598] Vgl. dazu und zur Globalübernahme im Allgemeinen § 4/I/A/1/b.
[599] Vgl. zum Begriff § 4/I/A/2.
[600] Vgl. zur Ungewöhnlichkeitsregel § 4/I/A/2.
[601] Vgl. den Hinweis in FN 564.
[602] Pra 87, 1998, Nr. 9, 55.
[603] Vgl. dazu § 7.

Kenntnis nehmen. Es empfiehlt sich daher, diese unmittelbar ins Web-Formular resp. in die E-Mail aufzunehmen. Darüber hinaus ist die Klausel durch Fettdruck gestalterisch besonders hervorzuheben, sodass der Kunde sie auch optisch zur Kenntnis nehmen muss. Um spätere Auseinandersetzungen über die Frage der Kenntnisnahme durch den Kunden zu vermeiden, ist dem Verwender zu empfehlen, sich die Zustimmung vom Kunden durch Anklicken eines entsprechenden Feldes ausdrücklich bestätigen zu lassen. Damit der Kunde die ungewöhnliche Klausel auch versteht, sind schliesslich nötigenfalls (etwa über einen Link) klärende Bemerkungen anzufügen.

II. Geschäftserfahrener Kunde

Im Verhältnis zum geschäftserfahrenen Kunden sind die Voraussetzungen weniger streng. Der Verwender kann davon ausgehen, dieser habe eine ungewöhnliche Klausel zur Kenntnis genommen, wenn sie innerhalb des AGB-Textes an *gut sichtbarer Stelle platziert* und *besonders hervorgehoben* ist.[604] Ein besonderer Hinweis auf solche Klauseln im Bestellformular der Web-Site oder in der E-Mail erübrigt sich daher. Es drängt sich lediglich auf, die ungewöhnlichen Klauseln in den elektronischen AGB etwa durch besondere Schrift- und Farbwahl optisch hervorzuheben.[605]

---

[604] BGE 118 Ia 297; 104 Ia 282; *Kramer*, N 202 f. zu Art. 1 OR.
[605] Da es sich dabei nicht um medienspezifische Besonderheiten handelt, ist an dieser Stelle nicht weiter darauf einzugehen.

Dritter Teil:
Schlussbetrachtung

5. Kapitel: Zusammenfassung der Ergebnisse

§ 11 Zusammenfassung

Damit die AGB Bestandteil des elektronisch abgeschlossenen Vertrages werden, braucht es einerseits einen Übernahmewillen (II.) – wobei zwischen der Voll- und der Globalübernahme zu unterscheiden ist – und andererseits ein entsprechendes ausdrückliches oder stillschweigendes Erklärungsverhalten (I.). Wie es sich damit im elektronischen Geschäftsverkehr verhält, wurde im 4. Kapitel ausführlich untersucht. Nachfolgend sind die ermittelten Ergebnisse in Form einer Zusammenfassung darzustellen, wobei gleichzeitig auch auf Fragen der praktischen Umsetzung einzugehen ist.

I. Erklärungsverhalten

Der Wille, AGB in den Vertrag zu übernehmen, kann ausdrücklich oder stillschweigend erklärt werden. Je nach dem, welche Variante vorliegt, hat der Verwender[606] im Streitfall unterschiedliche Beweise zu erbringen. Im Geschäftsalltag ist es für ihn daher zentral, die Form der Erklärung des Kunden[607] so zu beeinflussen, dass ihm der Nachweis möglichst gut gelingt.

---

[606] Soweit das Gesetz es nicht anders bestimmt, hat derjenige das Vorhandensein einer behaupteten Tatsache zu beweisen, der aus ihr Rechte ableitet (Art. 8 ZGB). Damit trifft sowohl für die Erfüllung der Einbeziehungsvoraussetzungen als auch für den Inhalt der AGB die Beweislast denjenigen, der sich darauf beruft. Da die AGB in erster Linie im Interesse des Verwenders in den Vertrag übernommen werden, trägt auch er i.d.R. die Beweislast (*Heermann*, 9).

[607] Die Ausführungen des vorliegenden Paragrafen beziehen sich auf den geschäftsunerfahrenen Kunden. Zu den Besonderheiten, die für den geschäftserfahrenen Kunden gelten, vgl. § 12.

A. Ausdrückliche Erklärung

Am einfachsten ist es für den Verwender dann, wenn der Kunde seinen Übernahmewillen explizit kundtut. Gelingt es dem Verwender im Streitfall, eine ausdrückliche Erklärung des Kunden zu belegen, entfällt der Nachweis eines rechtsgenüglichen Hinweises auf den Bestand der AGB.[608] Der Verwender wird daher bestrebt sein, vom Kunden eine ausdrückliche Erklärung zu erhalten, da sie das Prozessrisiko minimiert und damit die Rechtssicherheit erhöht.

Die ausdrückliche Übernahmeerklärung erfolgt in der Praxis etwa, indem der Kunde durch Anklicken eines entsprechenden Feldes im Bestellformular – sei es im WWW oder in einer E-Mail – explizit bestätigt, die AGB in den Vertrag übernehmen zu wollen. Werden die AGB in einem Pop-up-Fenster automatisch auf dem Bildschirm eingeblendet, lässt sich auch darin eine Frage aufnehmen wie: „Wollen Sie die AGB in den Vertrag übernehmen?", die der Kunde mit Klick auf „Ja" bestätigen muss.

Wesentlich ist, dass der Kunde die Bestellung nur dann sollte abgeben können, wenn er die Frage nach der Übernahme der AGB ausdrücklich bejaht. Dies lässt sich im WWW[609] technisch ohne weiteres realisieren, wobei durch ein entsprechendes Log-File sicherzustellen ist, dass der Verwender den entscheidenden Klick[610] des Kunden beweisen kann. Damit der Kunde im Streitfall nicht behaupten kann, er habe sich verklickt, ist dem Verwender zudem zu empfehlen, eine entsprechende Nachfrage vorzusehen. Nach Abgabe der Übernahmeerklärung wird der Kunde erneut gefragt, ob er die AGB wirklich in den Vertrag übernehmen will. Er kann die Bestellung erst absenden, wenn er seinen Willen ein zweites Mal ausdrücklich bestätigt.

B. Stillschweigende Erklärung

1. Allgemeines

Verlangt der Verwender vom Kunden eine ausdrückliche Übernahmeerklärung, besteht die Gefahr, dass sich dieser dadurch verunsichern oder abschrecken

---

[608] Vgl. dazu § 9/I/A/1.
[609] Im E-Mail-Verkehr lässt sich dies demgegenüber nicht kontrollieren, sodass der Verwender keine ausdrückliche Willenserklärung erwarten kann.
[610] Es genügt selbstverständlich auch, wenn der Verwender nachweist, dass der Kunde ohne entsprechende Zustimmung die Bestellung gar nicht absenden konnte; diesfalls bleibt jedoch ein gewisses Risiko, dass es einem technisch gewieften Kunden gelingt, den Gegenbeweis zu erbringen.

lässt und infolgedessen von einer Bestellung absieht. Um dies zu vermeiden, wird der Verwender daher meist auf eine ausdrückliche Erklärung des Kunden verzichten. Will er den Vertrag trotzdem nicht ohne die AGB abschliessen, muss er sicherstellen, dass nach den Grundsätzen des Vertrauensprinzips von einer stillschweigenden Übernahmeerklärung des Kunden auszugehen ist.[611]

Hat der Kunde im Zeitpunkt der Abgabe seiner Willenserklärung vom Bestand der AGB Kenntnis und ist er mit deren Übernahme in den Vertrag nicht einverstanden, hat er dies dem Verwender mitzuteilen. Andernfalls darf der Verwender in guten Treuen von einem stillschweigenden Einverständnis des Kunden mit der Übernahme der AGB ausgehen. Neben der vorbehaltlosen Willenserklärung des Kunden muss der Verwender damit im Streitfall zusätzlich nachweisen, dass der Kunde vom Bestand der AGB wusste oder hätte wissen müssen.

2. Kenntnis der AGB

In modernen Kommunikationsmedien bieten sich verschiedenste Möglichkeiten, den Kunden auf den Bestand der AGB hinzuweisen. Im Hinblick auf die Beweislast[612], wählt der Verwender mit Vorteil eine Variante, die den Nachweis der Kenntnis erleichtert.

Die stärkste Rechtswirkung lässt sich erzielen, wenn der *AGB-Text* unmittelbar in das Web-Formular resp. in die E-Mail integriert oder automatisch auf dem Bildschirm eingeblendet wird. Erscheinen die AGB unabhängig vom Willen des Kunden auf dem Bildschirm, kommt er nicht umhin, deren Bestand zur Kenntnis zu nehmen. Gerade die erste Variante ist jedoch aus kommerzieller Sicht nicht besonders interessant. Sie birgt das Risiko, dass sich der Kunde am langen AGB-Text stösst und er infolgedessen auf einen Vertragsabschluss verzichtet.

Kundenfreundlicher ist es, im Web-Formular oder in der E-Mail einen *Verweis* wie „Mit dem Absenden der Bestellung erklären Sie sich mit den Allgemeinen Vertragsbedingungen einverstanden, die Sie hier zur Kenntnis nehmen können." zu platzieren. Ist der Verweis grafisch so gestaltet, dass ihn ein Durchschnittskunde auch bei flüchtiger Betrachtung zur Kenntnis nehmen muss – es empfiehlt sich daher, einen Fettdruck in einer vorteilhaften Kontrastfarbe und eine 12-Punkte-Schrift zu verwenden[613] –, darf der Verwender in guten Treuen davon ausgehen, dass der Kunde vom Bestand der AGB Kenntnis genommen hat. Da diese Variante ein gutes Gleichgewicht zwischen rechtlicher

---

[611] Vgl. dazu ganz allgemein § 9/II/A.
[612] Vgl. zur Frage der Beweislastverteilung vorstehend FN 606.
[613] Vgl. zur Frage der Gestaltung des Verweises § 7/III/C.

Wirkung und Kundenfreundlichkeit bietet, ist sie in der Praxis stark verbreitet.[614]

Rechtlich grundsätzlich[615] unzureichend ist demgegenüber, wenn der Verweis an einer beliebigen Stelle der Web-Site – insbesondere auf der Homepage oder der Basisnavigationsleiste – oder der Werbe-E-Mail platziert wird.[616] Allerdings kann zwischen den Parteien auch eine andere Vertrauensgrundlage – wie etwa ein entsprechender Rahmenvertrag – bestehen, aus der sich ergibt, dass der Kunde vom Bestand der AGB Kenntnis hat, obwohl ein rechtsgenüglicher Hinweis fehlt.

II. Übernahmewille

Erklärt der Kunde, die AGB übernehmen zu wollen, stellt sich neben der Frage nach der Form auch die Frage nach dem Inhalt der Erklärung. Liegt eine Vollübernahme vor, hat der Kunde die AGB ausführlich zur Kenntnis genommen und sich inhaltlich damit einverstanden erklärt. Anders verhält es sich bei einer Globalübernahme, bei der die Geltung der AGB auf dem Vertrauensprinzip beruht.[617] Die AGB werden Vertragsbestandteil unabhängig davon, ob eine Voll- oder eine Globalübernahme vorliegt.[618] Allerdings hat der Verwender[619] je nach Inhalt der Übernahmeerklärung im Streitfall unterschiedliche Nachweise zu erbringen.

A. Vollübernahme

Der Verwender kann nur dann mit Sicherheit wissen, dass der Kunde sämtliche AGB-Klauseln gelesen und verstanden hat, wenn er diese mit ihm ausführlich bespricht.[620] Ist es für den Verwender im herkömmlichen Geschäftsverkehr bereits sehr schwierig, diesen Nachweis zu erbringen, wird dieses Vorgehen im elektronischen Geschäftsverkehr praktisch kaum gelingen. Zunächst entspricht es nicht der Natur elektronisch abgeschlossener Verträge, dass sich die Parteien

---

[614] Vgl. dazu die Beispiele in Kapitel 6.
[615] Eine Ausnahme gilt nur dann, wenn das Web-Angebot als individuelle Offerte zu qualifizieren ist.
[616] Vgl. § 7/II/C.
[617] Vgl. zur Global- und Vollübernahme im Allgemeinen § 4/I/A/1/b.
[618] *Jäggi,* N 461 ff. zu Art. 1 OR.
[619] Vgl. zur Frage der Beweislastverteilung vorstehend FN 606.
[620] Vgl. zur Vollübernahme § 4/I/A/1/b.

unmittelbar gegenüberstehen und dabei die AGB durchdiskutieren. Sodann kann der Verwender durch ein Log-File allenfalls belegen, dass der Kunde auf die AGB zugegriffen hat. Damit vermag er jedoch nicht nachzuweisen, dass dieser den Inhalt auch verstanden hat. Der Verwender tut daher im E-Commerce gut daran, sicherzustellen, dass die Voraussetzungen für die Annahme einer Globalübernahme erfüllt sind.

B. Globalübernahme

Hat der Kunde die Möglichkeit, die AGB in zumutbarer Weise zur Kenntnis zu nehmen, verpflichtet ihn der Grundsatz von Treu und Glauben, Widerspruch zu erheben, falls er mit deren Inhalt nicht einverstanden sein sollte. Erklärt der Kunde dennoch vorbehaltlos, die AGB zu übernehmen, erlangen diese Geltung, unabhängig davon, ob sie der Kunde gelesen hat oder nicht. Damit dem Kunden die Kenntnisnahme der AGB zumutbar ist, muss er einerseits ohne besonderen Aufwand auf die elektronischen AGB greifen (1.) und diese andererseits auch von der Gestaltung her in zumutbarer Weise zur Kenntnis nehmen können (2.).[621]

1. Kenntnisnahme im weiteren Sinn

Im elektronischen Geschäftsverkehr bieten sich für den Verwender verschiedenste Möglichkeiten, den Zugriff auf die AGB auszugestalten.[622] Da dem Kunden nicht alle Varianten zumutbar sind, ist es von zentraler Bedeutung, für welche sich der Verwender entscheidet.

a) AGB-Text im Pop-up-Fenster

Der Verwender kann die Web-Site so ausgestalten, dass sich die AGB – etwa bevor der Kunde das Bestellformular ausfüllen oder absenden kann – in einem Pop-up-Fenster auf dem Bildschirm einblenden. Damit kann der Kunde die AGB sogleich inhaltlich zur Kenntnis nehmen[623], womit eine starke Rechtswirkung erzielt wird. Da durch Schliessen des Fensters ohne weiteres zum Bestell-

---

[621] Vgl. zur Globalübernahme § 4/I/A/1/b.
[622] Vgl. dazu ausführlich § 8/II/A/1. Vorbehalten bleiben auch die Sondervorschriften des VVG und des PRG; dazu § 8/I/A/3.
[623] Ein solches Fenster bedeckt beim Öffnen i.d.R. nur einen kleinen Teil des Bildschirmes. Da im Hintergrund die Web-Page sichtbar bleibt, auf der er sich befunden resp. die er aufgerufen hat, verliert der Kunde nicht den Überblick. Hinsichtlich der Kenntnisnahme i.e.S. muss ihm aber möglich sein, durch Anklicken eines entsprechenden Icons das Fenster auf Bildschirmgrösse zu öffnen, um die AGB besser lesen zu können.

formular zurückgekehrt werden kann, ist diese Variante auch ausgesprochen kundenfreundlich.

b)   AGB-Text im Web-Formular oder in der E-Mail
Wird der AGB-Text unmittelbar in das Web-Formular oder in die E-Mail integriert, kann der Kunde – gleich wie beim Einblenden der AGB in einem Pop-up-Fenster – die Klauseln ohne weiteres lesen, womit eine zumutbare Möglichkeit zur Kenntnisnahme besteht. Obwohl diese Variante rechtlich eine starke Wirkung entfaltet, ist sie aus kommerzieller Sicht eher ungeeignet, weil die Gefahr besteht, dass der Kunde durch den vielen Text abgeschreckt wird und von einer Bestellung absieht. Ein weiterer Nachteil liegt darin, dass der Kunde – anders als bei AGB in einem Pop-up-Fenster – nicht durch einfachen Klick auf das Bestätigungsfeld die Übernahme erklären und zum Bestellformular zurückkehren kann, sondern die AGB-Klauseln durchscrollen muss, bis er – i.d.R. an deren Ende – zum Bestell-Icon gelangt.

c)   Verlinkter Verweis auf AGB
Wird ein Verweis wie „Hier können Sie unsere Allgemeinen Vertragsbedingungen einsehen" mit der Web-Page verknüpft, auf der sich der AGB-Text befindet, kann der Kunde die AGB durch einfachen Klick auf dem Bildschirm einblenden. Diese Variante hat den Vorteil, dass nicht ein langer AGB-Text die Übersichtlichkeit des Web-Bestellformulars beeinträchtigt. Da sie ein gutes Gleichgewicht zwischen rechtlicher Wirkung und Kundenfreundlichkeit bietet, ist sie in der Praxis stark verbreitet.[624] Im Dienste des Kunden empfiehlt es sich zudem, einen dynamischen Link zu setzten, der eine einfache Rückkehr zum Bestellformular ermöglicht.

Als problematisch erweist sich die Lösung jedoch, wenn der Kunde im E-Mail-Verkehr keinen Zugriff auf das WWW hat. Weiss der Verwender nicht mit Sicherheit, ob der Kunde eine Web-Site abrufen kann, ist ihm daher zu empfehlen, auf einen Hyperlink zu verzichten und eine andere Variante zu wählen.

Schliesslich bleibt, darauf aufmerksam zu machen, dass der blosse Verweis auf AGB nicht zu einer Übernahme von ungewöhnlichen Klauseln führt, weil der Kunde nach Treu und Glauben nicht mit diesen rechnen muss. Sollen solche Klauseln dennoch gelten, muss der Verwender den Kunden besonders darauf aufmerksam machen. Er wird daher nicht umhinkommen, diese unmittelbar in das Web-Formular resp. die E-Mail zu integrieren.

---

[624] Vgl. dazu die Beispiele in § 13.

d) Verweis auf AGB in Attachment

Der Verwender kann den AGB-Text der E-Mail als Attachment beifügen. Verweist er in der E-Mail darauf, vermag diese Variante grundsätzlich gleiche rechtliche Wirkung zu entfalten wie ein Link auf die AGB, da der Kunde das Attachment durch einfachen Klick öffnen und lesen kann. Allerdings besteht einerseits die Gefahr, dass eine Firewall das Attachment wegfiltert und es gar nicht bis zum Kunden gelangt. Andererseits besteht das Risiko, dass der Kunde nicht über die notwendige Software verfügt, um das Attachment zu lesen. Letzteres lässt sich ausschliessen, indem das Dokument im pdf-Format zur Verfügung gestellt und ein Link zur Web-Page[625] gesetzt wird, auf welcher die Software unentgeltlich zu beziehen ist.

e) Verweis auf AGB ohne Link

Der Verwender kann den Kunden schliesslich auch auf die AGB aufmerksam machen, indem er einen Satz wie „Der Vertrag untersteht den Allgemeinen Geschäftsbedingungen." in das Web-Formular oder die E-Mail einfügt. Diese Variante ist ausgesprochen kundenfreundlich und daher in kommerzieller Hinsicht interessant. Rechtlich vermag sie jedoch nicht zu genügen. Selbst wenn der Kunde den Verweis liest, fehlt ihm die Möglichkeit, die AGB zur Kenntnis zu nehmen, da deren Text weder in das Web-Formular resp. die E-Mail integriert noch erkennbar ist, wo resp. wie der Kunde die AGB anderweitig zur Kenntnis nehmen könnte.

2. Kenntnisnahme im engeren Sinn

Sollen global übernommene AGB Vertragsbestandteil werden, muss der Text so gestaltet sein, dass der Kunde ihn in zumutbarer Weise zur Kenntnis nehmen kann. Medienspezifische Fragen stellen sich vor allem in Bezug auf deren Umfang (a), Gestaltung (b) und Sprache (c).

a) Umfang

Nimmt der Kunde die AGB über einen durchschnittlichen PC- oder Notebook-Bildschirm zur Kenntnis, gilt in Bezug auf den Umfang nichts anderes als im konventionellen Geschäftsverkehr auch.[626] Werden die technischen Möglichkeiten der Internet-Anwendungen vom Verwender ausgeschöpft, vermögen diese den Nachteil, dass sich nur eine halbe DIN-A4-Seite darstellen lässt, bei weitem aufzuwiegen.

---

[625] Vgl. die entsprechende URL in FN 425.
[626] Vgl. zum Umfang elektronischer AGB § 8/II/B/1.

Etwas anderes gilt in Bezug auf Kleinstkommunikationsgeräte.[627] Das Display eines durchschnittlichen Handys ist derart klein, dass dem Kunden nicht zumutbar ist, darüber AGB zur Kenntnis zu nehmen. Dem Verwender bleibt keine andere Möglichkeit, als die AGB anderweitig – etwa durch Abschluss eines Rahmenvertrages – zum Vertragsbestandteil zu erheben. Mit Kleincomputern wie Smartphones, die über einen etwas grösseren Bildschirmen verfügen, lassen sich immerhin sehr kurze AGB zur Kenntnis nehmen. Der Verwender kann damit nicht die AGB einsetzen, die er im konventionellen Geschäftsverkehr verwendet, sondern er hat eine auf die Besonderheiten des Mediums zugeschnittene Kurzfassung zu schaffen.

b) *Gestaltung*

Dem Kunden ist die Kenntnisnahme nur zumutbar, wenn die elektronischen AGB mühelos lesbar sind. Damit ist in elektronischen AGB besonders bei der Farbwahl[628] und bei der Schriftgrösse[629] dem Umstand Beachtung zu schenken, dass sie über Bildschirmanzeige zur Kenntnis genommen werden.[630]

Auch für elektronische AGB gilt, dass sie klar gegliedert sein müssen. Je nach Einstellung der verwendeten Software kann die Gestaltung allerdings nicht dem entsprechen, was sich der Verwender vorgestellt hat. Will er sicherstellen, dass die AGB auf dem Bildschirm optimal dargestellt sind, wird er einerseits die Einstellungen seiner Web-Site absolut definieren und dem Kunden die AGB andererseits zusätzlich in einem Format[631] zur Verfügung stellen, das diese so abbildet, wie er es vorgesehen hat.[632]

c) *Sprache*

Damit dem Kunden die Kenntnisnahme der AGB zugemutet werden kann, müssen sie schliesslich in der Verhandlungs- oder Vertragssprache abgefasst sein.[633] Bietet der Verwender seine Web-Site und das Web-Formular in verschiedenen Sprachen an, muss er daher auch die AGB in all diesen Sprachen

---

[627] Vgl. dazu § 8/II/B/1/d.
[628] Durch eine optimale Farbwahl kann der Verwender die Leserfreundlichkeit positiv beeinflussen.
[629] AGB brauchen zwar nicht zwingend gleich gross zu sein wie der übrige Vertragsinhalt. Um dem Umstand Rechnung zu tragen, dass der Kunde sie über den Bildschirm zur Kenntnis nehmen muss, ist dem Verwender jedoch zu empfehlen, eine Schriftgrösse von 12 Punkten zu wählen (vgl. § 8/II/B/2/b).
[630] Vgl. zur Gestaltung elektronischer AGB § 8/II/B/2/b.
[631] Wie etwa ein pdf-Format.
[632] Vgl. dazu § 8/II/B/2/a.
[633] Vgl. zur Sprache der elektronischen AGB § 8/II/B/3.

zur Verfügung stellen. Lässt sich der Kunde vorbehaltlos auf einen Vertragsabschluss in einer anderen als seiner Landessprache ein, hat er das Risiko allfälliger Unklarheiten oder Missverständnisse selber zu tragen.

§ 12 Problematik des geschäftserfahrenen Kunden

I. Sonderregeln für den geschäftserfahrenen Kunden

Im 4. Kapitel wurde wiederholt festgestellt, dass für eine rechtsgültige Übernahme von AGB je nach Grad der Geschäftserfahrenheit des Kunden unterschiedliche Regeln bestehen. Da von einem geschäftserfahrenen Kunden hinsichtlich Hinweise auf den Bestand von AGB eine gesteigerte Aufmerksamkeit erwartet wird, gelten dementsprechend weniger strenge Anforderungen an deren örtliche Platzierung.[634] In Web-Sachverhalten ist etwa von ihm zu erwarten, dass er einen in der Basisnavigationsleiste angebrachten Hinweis zur Kenntnis nimmt. Aus demselben Grund hat der geschäftserfahrene Kunde einen Verweis auf die AGB auch dann zu erkennen, wenn er nicht besonders hervorgehoben oder ausgestaltet ist.[635] Gleiches gilt für ungewöhnliche Klauseln, die der geschäftserfahrene Kunde auch dann zur Kenntnis zu nehmen hat, wenn sie innerhalb des AGB-Textes an gut sichtbarer Stelle platziert und besonders hervorgehoben sind.[636] Weiter obliegt dem geschäftserfahrenen Kunden eine Erkundigungspflicht, sodass davon auszugehen ist, er werde die AGB beim Verwender verlangen, wenn er ansonsten keine oder nur eine unzumutbare Möglichkeit zur Kenntnisnahme hat.[637] Schliesslich ist von einem geschäftserfahrenen Kunden zu erwarten, dass er seinen Widerspruch zur Übernahme von AGB auch dann anmeldet, wenn er nicht besonders auf diese hingewiesen wird, aber aus Erfahrung weiss oder wissen muss, dass der fragliche Vertrag regelmässig nur unter Einbezug von AGB abgeschlossen wird oder dies in früheren Verträgen mit dem Anbieter jeweils so war.[638] Der Verwender darf Stillschweigen des geschäftserfahrenen Kunden damit eher als Übernahmeerklärung auslegen, als dies gegenüber einem geschäftsunerfahrenen Kunden der Fall ist.

---

[634] Vgl. dazu § 7/II/C/3.
[635] Vgl. dazu § 7/III/C.
[636] Vgl. dazu § 10/II.
[637] Vgl. dazu § 8/II/A/1/a.
[638] Vgl. dazu § 9/II/B/2.

II. Bedeutung in der Praxis

Tritt der Kunde bloss elektronisch in Kontakt mit dem Verwender, besteht in der Praxis regelmässig die Schwierigkeit – wenn nicht gar Unmöglichkeit –, dessen individuellen Grad an Geschäftserfahrenheit zu beurteilen. Allerdings gibt es auch im E-Commerce Fälle, in denen dem Verwender der Grad der Geschäftserfahrenheit des Kunden bekannt ist. Davon ist etwa auszugehen, wenn er ihn aus früheren Vertragsbeziehungen resp. vom Abschluss eines Rahmenvertrages her kennt oder wenn sich dieser vor dem Zugriff auf das Web-Angebot hat authentifizieren[639] müssen. Hegt der Verwender jedoch über den Grad der Geschäftserfahrenheit des Kunden Zweifel, ist ihm zu empfehlen, vorsichtshalber von dessen geschäftlicher Unerfahrenheit auszugehen.[640] Denn stellt sich später heraus, dass es sich nicht um einen geschäftserfahrenen Kunden handelt, besteht das Risiko, dass die strengeren Bestimmungen, die im Verhältnis zum geschäftsunerfahrenen Kunden gelten, nicht erfüllt sind und eine rechtswirksame Übernahme der AGB damit unterbleibt. Schon aus Praktikabilitätsgründen ist dem Verwender zu empfehlen seine Web-Site nur dann nach den Grundsätzen, die für den geschäftserfahrenen Kunden gelten, einzurichten, wenn er sicherstellen kann, dass sie nicht von anderen Kunden benutzt wird.

---

[639] Vor der Abgabe einer Bestellung verlangen die Anbieter vom Kunden i.d.R. eine persönliche Authentifizierung, indem sie Angaben zu seiner Person fordern. Im Rahmen dieser Authentifizierung kann der Verwender auch Fragen zur Geschäftserfahrenheit des Kunden stellen.

[640] *Heermann*, 9.

6. Kapitel: Umsetzung der Ergebnisse in die Praxis

§ 13 Praktische Anwendungsbeispiele

Gestützt auf die theoretisch erarbeiteten Erkenntnisse, welche Kriterien für eine rechtsgültige Übernahme von AGB in elektronisch abgeschlossene Verträge zu beachten sind, ist bei fünf zufällig[641] ausgewählten Beispielen[642] zu prüfen, inwieweit diese die Einbeziehungserfordernisse erfüllen. Dabei ist, soweit als möglich, dem im 4. Kapitel verwendeten Aufbau zu folgen, wobei jeweils nur jene Kriterien zu diskutieren sind, die im konkreten Anwendungsfall Fragen aufwerfen.

---

[641] Immerhin wurde darauf geachtet, dass der Verwender in den ausgewählten Beispielen (auch) mit geschäftsunerfahrenen Kunden rechnen muss.

[642] Es handelt sich dabei um Beispiele von in der Praxis verwendeten Web-Sites, die durch Abdecken von Hinweisen, die Rückschlüsse auf den Verwender zulassen würden, anonymisiert sind.

I. Haushaltsartikel

A. Bestellformular

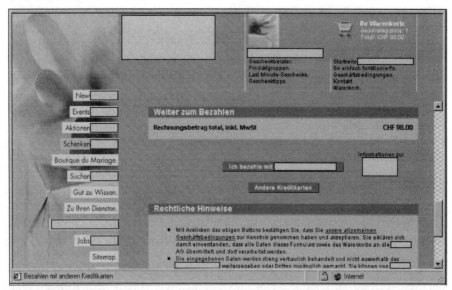

Abb. 1: Bestellformular Haushaltsartikel

In diesem ersten Beispiel wird der Kunde unterhalb der Icon, die ihn im Bestellprozess weiterführen, auf den Bestand der AGB verwiesen. Ein solcher Verweis dürfte grundsätzlich verspätet sein, es sei denn, er erscheine auf dem Bildschirm, und er sei auch optisch besonders hervorgehoben.[643] Im vorliegenden Anwendungsbeispiel wird der Hinweis nicht automatisch auf dem Bildschirm eingeblendet. Der Kunde kann ihn nur dann zur Kenntnis nehmen, wenn er auf der Web-Page genügend weit scrollt. Da der Textabschnitt mit der Überschrift „Rechtliche Hinweise" (in dem in der ersten Zeile der Verweis auf die AGB platziert ist) unmittelbar auf die beiden Icon folgt, mit denen der Kunde die Zahlungsart bestimmt und den Bestellprozess fortsetzt, darf der Verwender m.E. in guten Treuen davon ausgehen, der Kunde scrolle so weit, dass der Hinweis auf dem Bildschirm erscheint. Es wäre realitätsfremd anzunehmen, dass der Kunde gerade nur bis zum Erscheinen der beiden Icon scrollt.

---

[643] Vgl. § 7/I/B.

Hinsichtlich der optischen Ausgestaltung des Verweises ist festzustellen, dass für die fett gedruckte Überschrift eine grössere Schrift verwendet wird. Der eigentliche Verweis auf die AGB allerdings ist zusammen mit anderen rechtlichen Hinweisen in einem längeren Textabschnitt integriert. Dieses Textfeld wirkt infolge seiner grafischen Gestaltung bei raschem Hinsehen als Einheit, aus welcher der Hinweis optisch nicht hervortritt. Zudem ist der gesamte Abschnitt in einer kleinen, dunklen Schrift auf blauem Grund gehalten, was sich negativ auf die Lesbarkeit auswirkt. Obwohl der Verweis selbst unterstrichen ist, bleibt m.E. fraglich, ob der Kunde ihn bei bloss flüchtiger Betrachtung nach Treu und Glauben zur Kenntnis nehmen muss, und er nicht vielmehr im Bestellprozess fortfährt, ohne ihm Beachtung zu schenken.

Keine Abhilfe schafft der Link auf die AGB in der Basisnavigationsleiste. Ein geschäftsunerfahrener Kunde braucht diesen zum Vornherein nicht zur Kenntnis zu nehmen.[644] Erschwerend kommt hinzu, dass für diesen Verweis einerseits eine sehr kleine Schrift verwendet wird und er andererseits zwischen einer Vielzahl anderer Links unterzugehen droht.

Um seine Rechtssicherheit zu erhöhen, wäre dem Verwender zu empfehlen, den Verweis in einer grösseren Schrift unmittelbar vor dem definitiven Bestell-Icon zu platzieren[645]. Die gewählte Formulierung liesse sich dabei ohne weiteres beibehalten, da aus ihr deutlich hervorgeht, dass sich der Kunde bei der Abgabe der Bestellung auch mit der Übernahme der AGB einverstanden erklärt. Der Vermerk, dass der Kunde die AGB zur Kenntnis genommen habe, vermag demgegenüber keine rechtliche Wirkung zu entfalten. Da eine Globalübernahme grundsätzlich[646] ausreicht, um AGB-Klauseln zu einem Vertragsbestandteil werden zu lassen, bleibt dies unerheblich, sofern dem Kunden eine zumutbare Möglichkeit zur Kenntnisnahme offen steht.

---

[644] Vgl. dazu § 7/II/C/1. und 3.
[645] Vgl. die in dieser Hinsicht besseren Beispiele von Abb. 3 oder 5.
[646] Ein Vorbehalt ist in Bezug auf ungewöhnliche Klauseln anzubringen.

B. AGB-Text

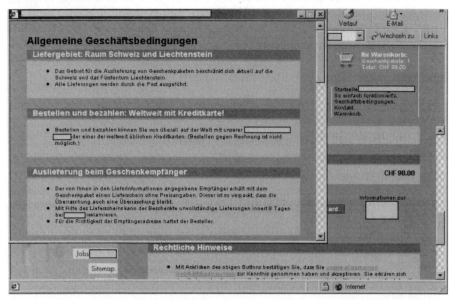

Abb. 2: AGB-Text Haushaltsartikel

Durch Anklicken der unterstrichenen Wortgruppe „unsere allgemeinen Geschäftsbedingungen" blenden sich die AGB in einem gesonderten Fenster auf dem Bildschirm ein. Da das Bestellformular im Hintergrund sichtbar bleibt, ist es – insbesondere für einen Kunden mit wenig WWW-Erfahrung – einfach, die Übersicht zu bewahren, da sie das Fenster durch blossen Klick schliessen können. Bedauerlich ist, dass sich das Fenster nicht auf die Bildschirmgrösse oder zumindest auf die Bildschirmhöhe öffnen lässt, was dem Kunden erlauben würde, einen längeren Textabschnitt zur Kenntnis zu nehmen.

Der AGB-Text fällt durch eine gute Struktur und Übersichtlichkeit auf. Bedauerlich ist allerdings das Fehlen einer Inhaltsübersicht und die Tatsache, dass die Möglichkeiten von Hypertext – insbesondere der Einsatz von Links – nicht ausgeschöpft werden. Da die AGB mit nur drei Bildschirmseiten sehr kurz ausfallen, wirkt sich dies jedoch vorliegend nicht nachteilig auf die Frage der Zumutbarkeit der Kenntnisnahme aus. Anders verhält es sich mit der Schriftgrösse, die, abgesehen von den Titeln, sehr klein ist, was die Kenntnisnahme über Bildschirmanzeige erschwert. Verschärft wird diese Problematik durch das Verwenden einer schwarzer Schrift auf blauem Grund. Dieser wenig optimale Helligkeitskontrast wirkt sich ebenfalls nachteilig auf die Zumutbarkeit der Kenntnisnahme aus.

Bedauerlich ist, dass der Kunde hier – gleich wie in allen nachfolgenden Beispielen – nicht aufgefordert wird, den Text bei sich auszudrucken, und ihm auch kein entsprechendes Icon zur Verfügung gestellt wird[647]. Weiter fehlt ein Link, der eine rasche und einfache Rückkehr zum Beginn der AGB-Klauseln oder zum Bestellformular erlaubt. Schliesslich wäre es in allen Beispielen wünschenswert, dem Kunden die AGB zusätzlich in einem anderen Format zur Verfügung zu stellen.

II. Wohnbedarf

A. Bestellformular

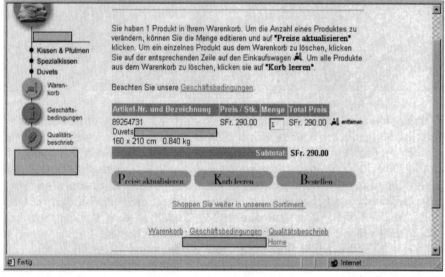

Abb. 3: Bestellformular Wohnbedarf

In diesem zweiten Beispiel findet sich zunächst in der Basisnavigationsleiste ein Verweis auf die AGB. Im Verhältnis zu einem geschäftsunerfahrenen Kunden vermag dieser Verweis den Anforderungen, die an die örtliche Platzierung von Verweisen gestellt werden, zum Vornherein nicht zu genügen.[648] Sodann findet sich auf jeder Web-Page ein Hinweis auf die AGB. Obwohl er in roter

---

[647] Da es sich nicht um Übernahmevoraussetzungen handelt, wirkt sich dies jedoch nicht unmittelbar auf die Frage der Zumutbarkeit der Kenntnisnahme aus.

[648] Vgl. dazu die Bemerkungen zum Bestellformular des ersten Beispiels (Abb. 1).

Schrift gehalten ist, sticht er, infolge seiner Platzierung zwischen anderen Hyperlinks, dem Leser nicht besonders ins Auge. Damit ist m.E. in guten Treuen nicht davon auszugehen, dass ihn ein geschäftsunerfahrener Kunde bei bloss flüchtiger Betrachtung zur Kenntnis nimmt. Obwohl die beiden Verweise den rechtlichen Anforderungen nicht zu genügen vermögen, sind sie dennoch sehr wünschenswert, erlauben sie doch dem interessierten Kunden jederzeit, zur Web-Page mit dem AGB-Text zu gelangen.

Dass der Kunde im Bestellformular nochmals auf die AGB hingewiesen wird, ist daher m.E. unerlässlich. Im vorliegenden Beispiel hebt sich dieser Verweis durch seine Stellung und durch seine Farbe optisch vom übrigen Text ab und muss aufgrund seiner Platzierung unmittelbar vor dem Bestell-Icon auch einem geschäftsunerfahrenen Kunden auffallen.

Da der Verwender auf eine ausdrückliche Kundgabe des Übernahmewillens des Kunden verzichtet, hat er im Streitfall nachzuweisen, dass nach den Grundsätzen des Vertrauensprinzips von einem stillschweigenden Übernahmewillen des Kunden auszugehen ist.[649] Um diesen Nachweis zu erleichtern, wäre dem Verwender zu empfehlen, den Verweis so zu formulieren, dass daraus deutlich hervorgeht, dass sich der Kunde bei Abgabe der Bestellung mit der Übernahme der AGB einverstanden erklärt[650]. Ist ein entsprechender Verweis derart gestaltet, dass er vom Kunden zur Kenntnis genommen werden muss, verpflichten ihn Treu und Glauben, dessen Bedeutung zu erkennen und dementsprechend Widerspruch zu erheben resp. auf die Bestellung zu verzichten, falls er damit nicht einverstanden ist.

---

[649] Vgl. dazu § 11/I/B.
[650] Vgl. das Beispiel von Abb. 5 oder 7 sowie den Formulierungsvorschlag in FN 660.

§ 13 Praktische Anwendungsbeispiele

B. AGB-Text

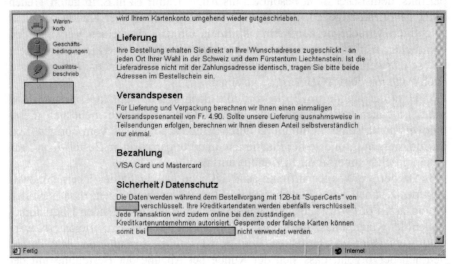

Abb. 4: AGB-Text Wohnbedarf

Durch Anklicken des entsprechenden Hyperlinks in der Basisnavigationsleiste, auf der Web-Page oder im Bestellformular[651] gelangt der Kunde ohne besonderen Aufwand zum AGB-Text. Dieser fällt durch seine Übersichtlichkeit und Systematik auf. Bedauerlich ist, dass nicht die gesamte Bildschirmgrösse, ja nicht einmal die Breite des Frames, in dem die AGB abgebildet sind, zur Darstellung des Textes ausgeschöpft wird. Dies bewirkt, dass der Kunde nicht so lange Abschnitte wahrnehmen kann, wie es technisch grundsätzlich möglich wäre. Da die AGB-Klauseln lediglich zwei Bildschirmseiten umfassen und damit sehr kurz ausfallen, wirkt sich dies vorliegend auf die Frage der Zumutbarkeit der Kenntnisnahme allerdings nicht nachteilig aus.

---

[651] Vgl. Abb. 3.

III. Lebensmittel

A. Bestellformular

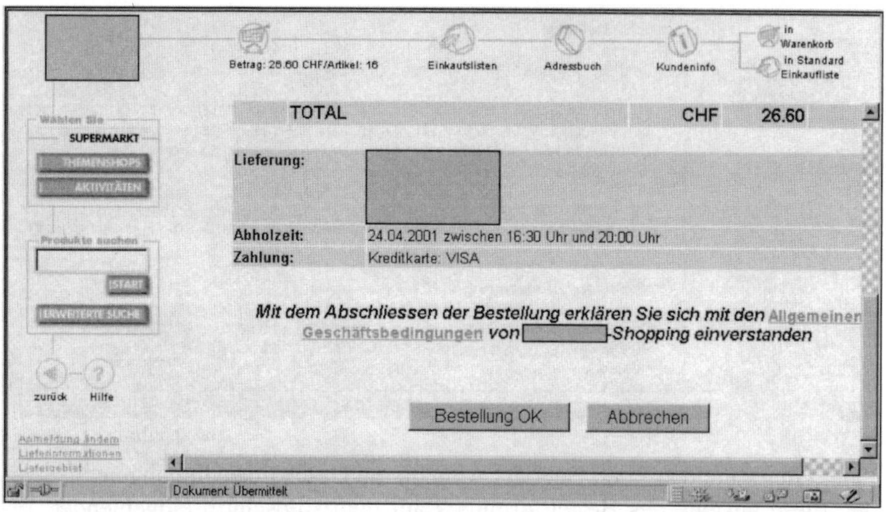

Abb. 5: Bestellformular Lebensmittel

In diesem dritten Beispiel wird auf der letzten Seite des Bestellvorganges, unmittelbar vor dem Bestell-Icon, in einer auffälligen Farbe und in einer vom übrigen Text abweichenden Schrift auf den Bestand der AGB hingewiesen. Hinsichtlich der örtlichen Stellung und der Gestaltung ist dieser Verweis nicht zu beanstanden.

Der Verwender verzichtet vorliegend auf eine ausdrückliche Übernahmeerklärung des Kunden. Aufgrund der deutlichen Formulierung des Verweises dürfte ihm der Nachweis ohne weiteres gelingen, dass in guten Treuen von einem stillschweigenden Übernahmewillen des Kunden auszugehen ist, zumal für den Kunden ja auch keine Möglichkeit besteht, in seiner Bestellung einen allfälligen Widerspruch anzubringen.

Im Interesse der Kundenfreundlichkeit begrüssenswert sind die in der Basisnavigationsleiste platzierten Links, über welche der Kunde jederzeit zu bestimmten AGB-Klauseln gelangen kann.[652] Noch vorteilhafter wäre es, statt bloss auf einzelne Klauseln, auf die AGB als Ganzes zu verweisen.

---

[652] Vgl. dazu auch die Ausführungen zum Bestellformular vom zweiten Beispiel (Abb. 3).

§ 13 Praktische Anwendungsbeispiele

B. AGB-Text

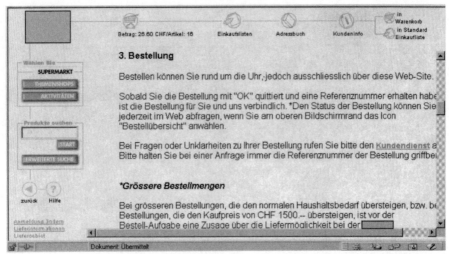

Abb. 6: AGB-Text Lebensmittel

Klickt der Kunde auf den Begriff „Allgemeine Geschäftsbedingungen"[653], werden diese anstelle des Bestellformulars auf dem Bildschirm eingeblendet. Erleichtert wird dem Kunden die Kenntnisnahme dadurch, dass er zunächst auf die Inhaltsübersicht gelangt, mit der er sich rasch einen Überblick über die AGB verschaffen kann. Durch Anklicken der ihn interessierenden Überschrift, blendet sich die entsprechende Klausel auf dem Bildschirm ein. Auch im AGB-Text selbst sind Links gesetzt, die dem Kunden den unmittelbaren Zugang zu weiteren Informationen öffnen.

Bedauerlich ist, dass der AGB-Text in der automatischen Einstellung am rechten Rand über das Frame hinaus reicht, in dem er abgebildet wird. Damit ist es dem Kunden nicht möglich, den AGB-Text vollständig zur Kenntnis zu nehmen. Er hat den abgeschnittenen Text vielmehr mit Hilfe der Bildlaufleiste auf den Bildschirm zu holen. Durch eine sorgfältige Prüfung der Darstellung der Web-Page mit unterschiedlichen Browsern liesse sich ein solches Ergebnis ohne besonderen Aufwand verhindern. Da es sich vorliegend allerdings nur um eine minimale Überlappung handelt, die zudem mit entsprechender Einstellung der unteren Bildlaufleiste zu beseitigen ist, vermag sie die Zumutbarkeit der Kenntnisnahme nicht in Frage zu stellen.

---

[653] Vgl. Abb. 5.

§ 13 Praktische Anwendungsbeispiele

IV. Flugtickets

A. Bestellformular

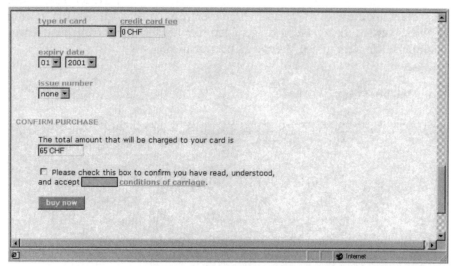

Abb. 7: Bestellformular Flugtickets

In diesem vierten Beispiel wird der Kunde unmittelbar vor dem Bestell-Icon durch einen farblich vom übrigen Text abgehobenen Verweis auf den Bestand der AGB aufmerksam gemacht. Dieser auf der übersichtlichen Web-Page platzierte Verweis ist nicht zu beanstanden.

Vorliegend begnügt sich der Verwender – anders als in den bisher untersuchten Beispielen[654] – nicht mit dem blossen Verweis. Der Kunde kann die Bestellung nur absenden, wenn er sein Einverständnis mit der Übernahme der AGB ausdrücklich erklärt, indem er ein entsprechendes Feld anklickt. Mit dieser ausdrücklichen Übernahmeerklärung entgeht der Verwender einem allfälligen Streit über die Frage, ob der Kunde den Hinweis zur Kenntnis genommen hat. Aufgrund der konkreten Ausgestaltung der Erklärung besteht zudem kaum die Gefahr, dass der Kunde das Bestätigungsfeld irrtümlich anklickt, sodass sich eine entsprechende Nachfrage erübrigt.

Für die Übernahme der AGB bedarf es neben dem Erklärungsverhalten auch einen Übernahmewillen, der voraussetzt, dass der Kunde in zumutbarer Art und Weise von den AGB Kenntnis nehmen kann.[655] Selbst eine explizite

---

[654] Vgl. Abb. 1, 3 und 5.
[655] Vgl. § 11/II.

141

§ 13 Praktische Anwendungsbeispiele

Übernahmeerklärung erlaubt damit nicht, einen endgültigen Schluss auf die Rechtsgültigkeit der Übernahme zu ziehen. Dementsprechend vermag auch die Erklärung des Kunden, die AGB gelesen und verstanden zu haben, grundsätzlich keine unmittelbare Rechtswirkung zu erzielen. Da diese Erklärung vermutungsweise global erfolgt, lässt sich daraus nicht in guten Treuen schliessen, dass der Kunde die AGB tatsächlich gelesen resp. verstanden hat. Ein solcher Hinweis vermag daher nicht zu genügen, um in den AGB enthaltene ungewöhnliche Klauseln in den Vertrag zu übernehmen.

B. AGB-Text

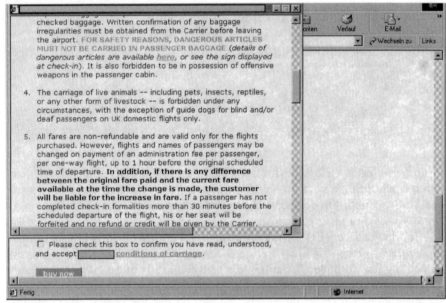

Abb. 8: AGB-Text Flugtickets

Beim Anklicken des Begriffs „conditions of carriage" blendet sich der AGB-Text in einem eigenständigen Fenster auf dem Bildschirm ein. Diese Lösung ist im Interesse der Kundenfreundlichkeit zu begrüssen, erlaubt sie doch eine jederzeitige Rückkehr zum Bestellformular.[656]

Hinsichtlich der Gestaltung sind die vorliegenden AGB nicht zu beanstanden, fallen sie doch sehr übersichtlich aus. Auch das Schriftbild ist auf dem Bildschirm ohne besondere Anstrengung gut lesbar. Schade ist einzig, dass der

---

[656] Vgl. dazu auch die Bemerkungen zum AGB-Text des ersten Beispiels (Abb. 2).

AGB-Text nicht mit einem Inhaltsverzeichnis versehen ist, das es dem Kunden erleichtern würde, sich im Text zu orientieren.

In Bezug auf die Sprache der AGB ist zu bemerken, dass sowohl die Web-Site als auch das Bestellformular in Englisch gehalten sind. Lässt sich der Kunde darauf ein, ist ihm auch zuzumuten, die englischen AGB zur Kenntnis zu nehmen.

V. Transportmittel

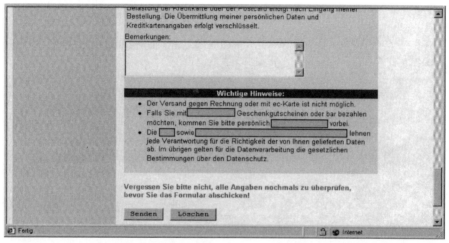

Abb. 9: Bestellformular Transportmittel

In diesem fünften Beispiel findet sich der in Web-Sachverhalten seltene Fall, dass die AGB unmittelbar in das Bestellformular integriert sind. Weil sie sich direkt vor dem Senden-Icon befinden, ist vom Kunden nach den Grundsätzen des Vertrauensprinzips zu erwarten, dass er deren Bestand zur Kenntnis nimmt, zumal sie mit dem Titel „Wichtige Hinweise" gekennzeichnet sind und sich sowohl farblich als auch hinsichtlich der Gestaltung vom übrigen Text abheben. Damit ist nicht anzuzweifeln, dass dem Kunden die Kenntnisnahme zumutbar ist.

Angesichts der Tatsache, dass der Verwender auf eine ausdrückliche Übernahmeerklärung des Kunden verzichtet, hat er im Streitfall nachzuweisen, dass von einem stillschweigenden Einverständnis des Kunden auszugehen ist.

Unter diesem Aspekt ist dem Verwender zu empfehlen, einen Satz in das Bestellformular aufzunehmen, aus dem deutlich wird, dass sich der Kunde mit Absenden der Bestellung mit den rechtlichen Hinweisen einverstanden erklärt.[657]

---

[657] Vgl. die diesbezüglich besseren Beispiele von Abb. 5 und 7 oder den Formulierungsvorschlag in FN 660.

§ 14 Empfehlungen für die Praxis

Die Untersuchung hat ergeben, dass AGB grundsätzlich auch in elektronisch abgeschlossene Verträge rechtsgültig übernommen werden können[658], sofern die dafür geltenden Einbeziehungsvoraussetzungen respektiert sind. Dies beurteilt im Streitfall der Richter nach den Grundsätzen des Vertrauensprinzips, was für den Verwender – der in erster Linie an der Übernahme der AGB interessiert ist – ein nicht zu unterschätzendes Risiko birgt. Er tut daher gut daran, bereits im Rahmen der Vertragsverhandlungen resp. beim Vertragsabschluss möglichst klare Verhältnisse zu schaffen. Denn je deutlicher der Einbezug von AGB zur Sprache kommt und je intensiver sich der Kunde damit auseinander setzt, desto eher lassen sich Streitigkeiten über deren Geltung vermeiden resp. gewinnen. Um die Rechtssicherheit zu erhöhen, empfiehlt es sich daher, die nachfolgenden aus den Ergebnissen der Untersuchung abgeleiteten elf Punkte zu beachten:[659]

1. In Web-Sachverhalten ist der Kunde unmittelbar vor Abgabe des endgültigen Bestellbefehls entweder durch automatisches Einblenden der AGB-Klauseln in einem Pop-up-Fenster oder durch einen besonderen Hinweis auf die AGB aufmerksam zu machen. Im E-Mail-Verkehr wird der Kunde mit Vorteil in einem in die E-Mail integrierten Bestellformular auf die AGB hingewiesen.

2. Im Interesse der Kundenfreundlichkeit empfiehlt sich, den Kunden in Web-Angeboten bloss auf die AGB zu verweisen, statt ihm den Volltext der AGB auf dem Bildschirm einzublenden. Der Verweis muss sich – durch entsprechende Farbwahl sowie vom Schriftbild her – vom übrigen Text optisch deutlich abheben. Inhaltlich ist eine klare und unmissverständliche Formulierung[660] zu wählen.

3. Wird der Kunde im WWW mittels Verweis auf die AGB aufmerksam gemacht, ist dieser durch einen Hyperlink mit der Web-Page zu verknüpfen, welche die AGB-Klauseln enthält. Wünschenswert ist, dass sich diese reinen

---

[658] So etwa auch das Urteil des LG Münster vom 14. Dezember 2000 (2 U 58/00 [CR 2001, 117 ff.]).

[659] Klarzustellen ist, dass AGB nicht nur dann rechtsgültig übernommen werden, wenn diese Empfehlungen respektiert sind (vgl. zu den Übernahmeerfordernissen ausführlich Kapitel 4).

[660] Wie z.B.: „Ich erkläre mich mit dem Absenden der Bestellung mit der Übernahme der ***Allgemeinen Geschäftsbedingungen*** einverstanden, die ich hier einsehen kann."

Textseiten bei entsprechendem Klick des Kunden in einem eigenständigen Fenster auf dem Bildschirm einblenden, das sich auf die gesamte Bildschirmgrösse erweitern lässt.

4. Im E-Mail-Verkehr sind die AGB-Klauseln unmittelbar in die E-Mail aufzunehmen. Einen Link auf die AGB-Web-Page sollte der Verwender nur setzen, wenn ihm bekannt ist, dass der Kunde Zugang zum WWW hat. Auch in einem Attachment ist der AGB-Text nur dann beizufügen, wenn feststeht, dass es dem Kunden tatsächlich zugeht. Ist dies der Fall, ist die AGB-Datei vorzugsweise im pdf-Format zur Verfügung zu stellen.[661] Darüber hinaus ist der Kunde in der E-Mail aufzufordern, das Attachment zu öffnen. Schliesslich empfiehlt sich, in der E-Mail einen Link auf die Web-Page zu setzen, auf welcher der Kunde den Adobe Acrobat Reader beziehen kann.

5. Den AGB-Klauseln ist ein Inhaltsverzeichnis im Hypertext-Format voranzustellen. Auch im Text selber sind, wann immer möglich, Hyperlinks zu verwenden. Dem Kunden ist schliesslich durch einen entsprechenden Link zu ermöglichen, jederzeit sowohl an den Beginn der Klauseln als auch zum Bestellformular zurückzukehren.

6. Für die Darstellung des AGB-Textes ist eine Schriftgrösse von 12 Punkten zu wählen. Dazu ist eine schwarze Schrift auf weissem Hintergrund zu verwenden. Der Text darf nicht breiter sein als das Frame, in dem er abgebildet wird, sodass der Kunde nur von oben nach unten zu scrollen braucht. Ferner ist sicherzustellen, dass sich die AGB-Klauseln in einwandfreier Form ausdrucken lassen, wobei von Vorteil ist, wenn dafür ein spezielles Icon zur Verfügung steht. Schliesslich ist dem Kunden die Möglichkeit zu geben, die AGB so abzuspeichern, dass er sie zu einem späteren Zeitpunkt in gestalterisch identischer Form lesen kann.[662]

7. Die AGB, die über Kleinstkommunikationsgeräte wie Smartphones übernommen werden sollen, sind äusserst kurz zu fassen.

8. Die AGB sind dem Kunden entweder in der Sprache der Web-Site resp. der E-Mail oder – falls diese nicht identisch sein sollte – in der Sprache des Bestellformulars zur Verfügung zu stellen.

9. Vom Kunden ist eine ausdrückliche Übernahmeerklärung zu verlangen, etwa dadurch, dass er eine spezielle Tastenkombination zu betätigen hat. Wird bloss ein Mausklick oder das Drücken der Return-Taste gefordert, ist durch

---

[661] Dem Kunden den AGB-Text im pdf-Format zur Verfügung zu stellen, ist ganz allgemein wünschenswert, da dies die Zumutbarkeit der Kenntnisnahme positiv beeinflusst (vgl. dazu auch Punkt 6).

[662] Dabei ist etwa an eine pdf-Version der AGB zu denken.

Nachfragen[663] sicherzustellen, dass der Kunde nicht versehentlich geklickt hat. Erfolgt der Vertragsabschluss im WWW, ist durch technische Vorkehren ein Absenden der Bestellung ohne explizite Bestätigung des Übernahmewillens auszuschliessen.

10. Enthalten die AGB ungewöhnliche Klauseln, sind diese deutlich zu formulieren und – gleich wie der Verweis – vor dem Bestell-Icon im automatisch eingeblendeten Pop-up-Fenster oder im Web- resp. E-Mail-Formular zu platzieren sowie optisch hervorzuheben. Dem Kunden ist zudem die Möglichkeit zu bieten, durch Anklicken eines Hyperlinks weitergehende Informationen über die Bedeutung dieser Klauseln zu erhalten. Schliesslich ist vom Kunden eine ausdrückliche Erklärung seines Einverständnisses mit der Übernahme solcher ungewöhnlicher Klauseln zu fordern.

11. Durch ein sorgfältiges Datenmanagement ist dafür zu sorgen, dass im Streitfall sämtliche Einbeziehungsvoraussetzungen sowie das Respektieren der genannten Empfehlungen ohne weiteres nachweisbar sind.

---

[663] „Wollen Sie die Allgemeinen Geschäftsbedingungen wirklich in den Vertrag übernehmen?"

Publikationen aus dem Zentrum für Informations- und Kommunikationsrecht der Universität Zürich

erschienen bei Schulthess Juristische Medien AG, Zürich

Band 1   **Neues Fernmelderecht – Erste Orientierung**
          WEBER ROLF H. (Hrsg.),
          mit Beiträgen von Fischer Peter R., Geiser Jean-Maurice, Gunter Pierre-Yves, Haag Marcel, Hoffet Franz, Maurer François, Ramsauer Matthias, Rieder Pierre, Stampfli Katharina und Weber Rolf H., Zürich 1998

Band 2   **Symposium Schluep – Querbezüge zwischen Kommunikations- und Wettbewerbsrecht**
          WEBER ROLF H. (HRSG.),
          in Zusammenarbeit mit von der Crone Hans Caspar, Forstmoser Peter, Zäch Roger und Zobl Dieter,
          mit Beiträgen von von der Crone Hans Caspar/Groner Roger, Mestmäcker Ernst-Joachim, Nobel Peter, Schwarz Mathias/Klingner Norbert und Weber Rolf H., Zürich 1998

Band 3   **Informatik und Jahr 2000 – Risiken und Vorsorgemöglichkeiten aus rechtlicher Sicht**
          WEBER ROLF H.
          Zürich 1998

Band 4   **Daten und Datenbanken – Rechtsfragen zu Schutz und Nutzung**
          WEBER ROLF H./HILTY RETO M. (Hrsg.),
          mit Beiträgen von Druey Jean Nicolas, Gaster Jens-L., Hilty Reto M., Kemper Kurt, Sieber Ulrich und Weber Rolf H., Zürich 1998

Band 5   **Neustrukturierung der Rundfunkordnung**
          WEBER ROLF H.
          Zürich 1999

Band 6   **Rechtsschutz von Datenbanken (EU – USA – Schweiz)**
          KÜBLER PHILIP
          Zürich 1999

Band 7   **Informationsqualität – Ein Beitrag zur journalistischen Qualitätsdebatte aus der Sicht des Informationsrechts**
          ZULAUF RENA
          Zürich 2000

Band 8   **Werbung im Internet – Rechtsvergleichende, lauterkeitsrechtliche Beurteilung von Werbeformen**
          JÖHRI YVONNE
          Zürich 2000

Band 9	**Rechtlicher Regelungsrahmen von raumbezogenen Daten** WEBER ROLF H. Zürich 2000
Band 10	**Geschäftsplattform Internet – Rechtliche und praktische Aspekte** WEBER ROLF H. / HILTY RETO M. / AUF DER MAUR ROLF (Hrsg.) Zürich 2000
Band 11	**Finanzierung der Rundfunkordnung** WEBER ROLF H. Zürich 2000
Band 12	**Der Softwarepflegevertrag** WIDMER MICHAEL Zürich 2000
Band 13	**Datenschutzrecht vor neuen Herausforderungen Marketing – E-Commerce – Virtuelle Bank – Sachdaten** WEBER ROLF H. Zürich 2000
Band 14	**Geschäftsplattform Internet** Zürich 2001
Band 15	**Digitale Verbreitung von Rundfunkprogrammen und Meinungsvielfalt – Entwicklungen, Probleme, Lösungen** WEBER ROLF H. / DÖRR BIANKA S. Zürich 2001
Band 16	**Die Übernahme von Allgemeinen Geschäftsbedingungen in elektronisch abgeschlossene Verträge** KARIN SCHWAB Zürich 2001